使命、挑战与创新
——特区高校学生工作创新与实践

主　编◇王宋荣　杨移贻
副主编◇梁桂麟
参编人员◇杨　平　王志忠
　　　　　刘志山　方　琳

SHIMING TIAOZHAN YU CHUANGXIN
—— TEQU GAOXIAO XUESHENG GONGZUO CHUANGXIN YU SHIJIAN

广东高等教育出版社
Guangdong Higher Education Press
·广州·

图书在版编目（CIP）数据

使命、挑战与创新：特区高校学生工作创新与实践/王宋荣，杨移贻主编. —广州：广东高等教育出版社，2017.9
ISBN 978-7-5361-5902-0

Ⅰ. ①使⋯ Ⅱ. ①王⋯ ②杨⋯ Ⅲ. ①经济特区–高等学校–学生工作–研究–中国 Ⅳ. ①G645.5

中国版本图书馆CIP数据核字（2017）第102208号

出版发行	广东高等教育出版社
	地址：广州市天河区林和西横路
	邮政编码：510500　电话：（020）87553335
	http://www.gdgjs.com.cn
印　刷	佛山市浩文彩色印刷有限公司
开　本	787毫米×1 092毫米　1/16
印　张	13.75
字　数	262千
版　次	2017年9月第1版
印　次	2017年9月第1次印刷
定　价	39.00元

序
不忘初心，立德树人——
充分发挥关心下一代工作委员会在学生工作上的作用

2016年12月7—8日，全国高校思想政治工作会议在北京召开。中共中央总书记、国家主席、中央军委主席习近平出席会议并发表重要讲话。他强调，高校思想政治工作关系高校培养什么样的人、如何培养人以及为谁培养人这个根本问题，要坚持把立德树人作为中心环节，把思想政治工作贯穿教育教学全过程，实现全程育人、全方位育人，努力开创我国高等教育事业发展新局面，他指出，我国高等教育肩负着培养德智体美全面发展的社会主义事业建设者和接班人的重大任务，必须坚持正确的政治方向。高校立身之本在于立德树人。习近平总书记强调，我们的高校是党领导下的高校，是中国特色社会主义高校。办好我们的高校，必须坚持以马克思主义为指导，全面贯彻党的教育方针。要坚持不懈传播马克思主义科学理论，抓好马克思主义理论教育，为学生的一生成长奠定科学的思想基础。要坚持不懈培育和弘扬社会主义核心价值观，引导广大师生做社会主义核心价值观的坚定信仰者、积极传播者、模范践行者。

习近平总书记的重要讲话，为高校进一步加强和改进思想政治工作指明了方向。我们认真学习习近平总书记重要讲话精神，贯彻落实以习近平同志为核心的党中央的部署要求，把高校思想政治工作推向新境界，把深圳大学办好，为开创我国高等教育事业发展新局面做出应有的贡献。

创办于1983年的深圳大学，30多年来在深圳经济特区这块改革开放的试验田里，始终以改革开放为己任，以敢为天下先的勇气和魄力，不断深化包括学生管理体制在内的高校管理体制改革，不断加强和改进大学生的思想政治工作，在事业发展的同时，牢牢把握办学方向，始终把培养全面发展的社会主义事业建设者和接班人作为学校的首要任务。多年来，深圳大学在学生工作上坚持立德树人，不断加强与改善思想政治教育，同时坚持改革创新，不断探索适应新形势、适应当代青年成长的高校学生工作新路。这其中，深圳大学关心下一代工作委员会（以下简称"关工委"）的老教师、老党员、老同志也做出了重要贡献。

深圳大学关工委自1999年成立以来，很好地发挥了老教师、老党员、老同志的作用，配合学校中心工作，为青年学生和青年教师的健康成长做了许多好事、实事。2015年深圳大学关工委把关爱青年教师成长作为一个工作重点，协同学生工作部和校团委，启动了题为"特区高校学生工作创新与实践"的调研课题，吸引了一批青年教师参与，其中以从事学生工作的青年教师和学生工作者为主。

让人感到十分欣喜的是，这一调研课题不但顺利进行，并且取得了丰硕的成果。手头这本沉甸甸的书稿，就是这一成果的集中体现。

深圳大学关工委是党领导下的群众性工作组织，深圳大学关工委的老同志是关心下一代工作的志愿者。深圳大学关工委始终坚持"围绕中心、配合补充，因地制宜、量力而为，立足基层、注重实效"的24字基本方针和"急教育所急、帮青少年所需、尽关工委所能"的职能定位。多年来，深圳大学关工委老同志不断增强责任感和使命感，大力弘扬忠诚、关爱、创新、奉献的"五老"（指老干部、老战士、老专家、老教师、老模范）精神，紧紧围绕学校中心工作，牢牢把握大学生思想动向和需求，充分发挥老同志独特的政治优势和经验优势，积极配合主渠道开展社会主义核心价值体系教育，引导师生以实际行动践行"中国梦"。他们积极开展调研，加强新时期大学生思想特点和高校关工委工作规律的研究，积极为学校发展和青年师生健康成长出谋划策，当好参谋助手，发挥智囊作用。他们的工作，深受青年教师、学生欢迎，取得了显著成效。作为深圳大学关工委组织青年教师参与的"特区高校学生工作创新与实践"调研课题的成果，本书涉及高校学生工作的方方面面，总结了深圳大学在学生工作上的探索实践，有许多经验值得我们去推广，也为全国高校的学生工作提供一些可供借鉴的思路和举措。

党的十八大提出"两个百年"的奋斗目标，以习近平同志为核心的党中央提出中华民族伟大复兴的"中国梦"。实现"两个百年"目标和"中国梦"，人才是核心，科技是关键，教育是基础。高等教育对引领教育整体现代化，提升国家核心竞争力具有不可替代的地位。培养什么样的人和如何培养人始终是教育需要认真研究思考和解决的重大课题。我国高等教育未来发展的战略重点是以立德树人为根本使命，全面推动高等教育内涵式发展和提高质量。高校是我国培养中国特色社会主义事业合格建设者和可靠接班人的重要阵地，同时，也是各种思想文化交流、交融、交锋的前沿，是敌对势力与我们争夺接班人的重要战场。广大老教师、老干部、老同志，要把关心下一代工作作为战略工程、希望工程、民生工程，提高责任感、使命感。深圳大学关工委的老同志接受党的教育培养几十年，政治信仰和理想信念坚定，有丰富的人生阅历和教育青少年的经验，在青少年思想教育中，特别是意识形态领域斗争中具有独特的优势和不可替代的重要作用。相信深圳大学关工委的老同志们一定会牢记近平总书记在中国关工委成立25周年时所做的重要指示，"坚持服务青少年的正确方向，着力加强青少年思想道德建设，引导青少年树立和践行社会主义核心价值观，支持和帮助青少年成长成才，团结教育广大青少年听党话、跟党走"，为完成立德树人的根本任务，不忘初心，大力弘扬忠诚、关爱、创新、奉献的"五老"精神，让生命焕发出更夺目、更炽烈的光和热。

刘洪一

2017年3月1日

（刘洪一，深圳大学党委书记，博士，教授，博士生导师）

目录

第一章　新时期高校学生工作的挑战与应对／1

第二章　深圳大学"大德育"模式的创新与实践／19

第三章　深圳大学思想政治理论课教育教学的探索与创新／25

第四章　试论高校德育情景模拟训练的合理性根据／48

第五章　在大学生中培育与践行社会主义核心价值观／54

第六章　高校辅导员工作的坚守与创新／77

第七章　新媒体与大学生思想政治工作／91

第八章　论校园传统文化在大学生健全人格培育中的作用／100

第九章　基于协同育人理念的特区大学创业教育系统构建与实践／108

第十章　高校学生事务"一站式"服务的创新实践与思考／120

第十一章　以学生发展为本的职业生涯教育与就业指导／125

第十二章　寓教育于资助：高校资助体系构建的创新与实践／134

第十三章　助人自助　全人成长：深圳大学学生心理健康教育与辅导理
　　　　　念与实践／143

第十四章　社区育人——高校社区文化建设初探／162

第十五章　校友资源育人功能研究／173

第十六章　国外大学生事务管理理论与实践及其启示／180

第十七章　高扬主旋律，形成新常态——关工委在培育与践行社会主义
　　　　　核心价值观中的探索／192

参考文献／201

跋　因事而化、因时而进、因势而新，做好高校学生工作／206

后记／209

第一章　新时期高校学生工作的挑战与应对

改革开放以来，我国社会、经济发生了天翻地覆的变化，并带动思想政治、文化教育等各领域的变革和发展。其中，高等教育持续高速发展，大踏步地跨进大众化阶段，总体规模跃居世界第一，取得举世瞩目的成绩。改革开放把中国带入一个历史的新时期，这个时期仍在持续中，全国人民正在中国共产党的领导下，为实现中华民族伟大复兴的"中国梦"而不懈努力。新时期是一个大变革的时期，是一个五彩纷呈的时期。各种问题的重叠，各种矛盾的交织，挑战与机遇并存，失败与成功接替，已经成为"新常态"。对于高等教育来说，这更是挑战与机遇并存的重要时期。可以说，这是我国高等教育发展的最好时期，同时也是高等教育问题最多的时期。高校学生工作，是高等教育中不可或缺的内容，是人才培养的重要一翼。在新时期，高校学生工作遇到严峻的挑战，需要我们去认真应对。

一、我国高校学生工作的使命

如何认识高校的学生工作是应对挑战的首要问题。什么是高校的学生工作？高校学生工作的使命、目标、任务、内涵、特点、途径、手段、措施是什么？要用什么思想和理念来引领高校学生工作？这些都是必须厘清和明晰的。

（一）人才培养是高等教育的首要任务

一般认为，现代高等教育始于欧洲中世纪大学。我国的高等教育是晚清洋务运动时期从西方引进的，至今有120多年的历史。沧海桑田，作为高等教育的机构——大学屹立不倒，高等教育的功能更是与时俱进。1809年，威廉·冯·洪堡参与创办柏林洪堡大学，对高等教育进行卓有成效的改革。洪堡提出通过科学研究方法及教学与科学研究相结合的方法去追求纯粹知识的思想，科学研究第一次和知识传授（教学）并列成为大学职能。

自19世纪60年代，美国向德国学习，并通过增地学院运动大力发展高等教育。1904年，威斯康星大学校长查尔斯·范海斯提出著名的"威斯康星思想"（Wisconsin Idea），即威斯康星大学在教学和科研的基础上，通过培养人才和输送知识两条渠道，打破大学的传统封闭状态，努力发挥大学为社会服务的职能，积极促进全州的社会和经济发展。威斯康星大学以其卓越的成就受到世人的称赞，为各州大学所效仿。"威斯康星思想"创造性地提出了大学的第三职能——为社会提供直接的服务。由此，世界高等教育的职能从教学、科研扩展到社会服务，形成了高等教育的三大职能。

20世纪80年代之后，随着经济全球化和互联网时代的到来，高等教育又有了新的功能——文化交流。正如时任国家主席的江泽民同志在庆祝北京大学建校一百周年大会上所说的，世界先进水平的大学"应该是民族优秀文化与世界先进文明成果交流借鉴的桥梁"。

但是，不管高等教育功能如何与时俱进，其最主要的功能——人才培养是始终如一的。人才培养永远是高等教育的第一功能和首要任务。

（二）关键是培养什么人

人才培养是一种文化传承，教育是人类作为社会存在得以赓续和发展的途径。我们常说教育的目的是"培养全面发展的人""培养健全的人"，但对于何谓"全面发展"、何谓"健全"往往有不同的解释。特别是在不同时期、不同国家、不同民族、不同社会制度下面，高等教育的目的会有所不同，培养什么样的人会有差异。在高等教育的发展史上，就有过以传授知识为目的的"知识论"高等教育哲学、以国家利益为目的的"政治论"高等教育哲学和以提升个人能力为目的的"人力资本论"高等教育哲学交替出现的现象。

我国高等教育始于晚清的洋务运动，是引进西方的"舶来品"，带有十分明显的实用主义倾向。中华人民共和国成立后，我们曾经以"教育为无产阶级政治服务，教育与生产劳动相结合"为教育方针，以"培养无产阶级革命事业的接班人"为教育目的。这些都带有浓重的"政治论"高等教育哲学倾向。改革开放以来，我们对"左"的错误倾向进行批判和反思，却一度走向"唯人力资本论"，忽视了培养人才的人文素质和思想政治素质，其负面影响至今没有完全消除。

毋庸置疑，教育是具有意识形态性质的，不同政治、社会制度下的教育，都有为其制度培养下一代的目的，因而必然对教育对象灌输维护其制度的主流意识形态。我国教育部制定的《国家中长期教育改革和发展规划纲要（2010—2020年）》指出：我国教育发展战略的指导思想是"全面贯彻党的教育方针，坚持教育为社会主义现代化建设服务，为人民服务，与生产劳动和社会实践相结合，培养德智体美全面发展的社会主义建设者和接班人"；战略主题是"坚持以人为本、全面实施素质教育是教育改革发展"，"是贯彻党的教育方针的时代要求，其核心是解决好培养什么人、怎样培养人的重大问题，重点是面向全体学生、促进学生全面发展，着力提高学生服务国家服务人民的社会责任感、勇于探索的创新精神和善于解决问题的实践能力"。

（三）国际高校学生工作的理论和内涵

大学以人才培养为第一要务，学生是高等学校的主体，高校管理必然包括面向学生的管理事务。它与教学管理、科研管理并列为高校管理中的三项最主要工作。其他管理包括后勤管理、人事管理（人力资源管理）、财务管理等，则是为前三项工作服务的，处于从属的地位。这是高等教育管理的一般规律，全世界高校概莫能外（Student Personnel/Student Affair）。

高校学生工作，在中国内地一般称为学生管理，在国外以及中国港澳台地区多数称为学生人事或学生事务。

纵观国际，高校学生管理理论也在与时俱进，其主流大概经历了从替代父母制（In Loco Parentis），到学生人事工作（Student Personnel Work），再到学生服务（Student Service），如今以学生发展（Student Development）为主流的发展过程。早期的替代父母制认为，大学是家庭的延伸，高校对学生犹如父母对子女，因此校长、教师要替代父母行使管教任务。教师与学生同吃同住，学校实施严明的纪律和封闭式管理，教师经常使用体罚甚至肉刑。随着工业化对高等教育发展的推动，学生事务也进入学生人事工作理论指导阶段。这一理论的要点是把学生事务与教学、学术事务分离，强调对学生职业生涯规划的指导，强调对学生进行专业方面的评议咨询，指导学生选择专业、课程、教师、职业等。到了高等教育大众化、市场化阶段，学界出现了学生服务的理论。该理论认为学生是教育产品的消费者，与学校是买方和卖方的关系，因此学校一方面通过提高教育质量和学生服务来吸引"顾客"

(学生),争夺生源,另一方面注意维护学生作为消费者的权益。在这种理论指导下,学生事务服务于学生并努力维护学生的利益。20世纪,心理学和人的发展理论催生了高校学生管理的学生发展理论,该理论把高校学生工作的关注点从学生服务转移到学生成长上面来,更注重人的发展,符合以人为本的发展观和高等教育的本质,因此逐步成为学生工作的主流。

1987年,美国国家学生人事管理者协会(National Association of Student Personnel Administrators,简称 NASPA)的《学生事务工作的未来》(*Perspective on Student Affairs*)提到"提高和支持院校的教学使命是学生事务的宗旨";1994年,美国大学人事协会(American College Personnel Association,简称 ACPA)的《学生的学习是当务之急:学生事务的含义》(*Student Learning Imperative: Implication for Student Affairs*,简称 *SLI*)提到的"我们——学生事务工作者,必须把培养学生学习作为我们的任务和根本目标";等等。这一系列文献,都体现了以学生的学习和发展为导向的美国学生事务工作理念。①

(四)我国高校学生工作的使命与特点

我国是中国共产党领导的社会主义国家,目前处于社会主义初级阶段。因此,我国的高等教育除了遵循世界高等教育发展的一般规律,还具有自己的特色,高校学生工作亦然。

2005年9月1日实施的《普通高等学校学生管理规定》(以下简称《规定》),对我国高校学生管理做出规范性规定。这个规定体现了中国特色高校学生管理的使命和特点。

其一,高校学生管理的目的是"维护普通高等学校正常的教育教学秩序和生活秩序,保障学生身心健康,促进学生德、智、体、美全面发展"。

其二,规定了高等学校的人才培养目标,是"培养社会主义合格建设者和可靠接班人"。

其三,对高校学生提出政治、思想、法律、道德、知识技能和体质上的要求:高等学校学生应当努力学习马克思列宁主义、毛泽东思想、邓小平理论和"三个代表"重要思想,确立在中国共产党领导下走中国特色社会主义道路、实现中华民族伟大复兴的共同理想和坚定信念;应当树立爱国主义思想,具有团结统一、爱好和平、勤劳勇敢、自强不息的精神;应当遵守宪法、法律、法规,遵守公民道德规范,遵守《高等学校学生行为准则》,遵

---

① 唐勤,储祖旺. 美国"学生事务工作实践原则"述评[J]. 黑龙江高教研究,2011(12):35-37.

守学校管理制度，具有良好的道德品质和行为习惯；应当刻苦学习，勇于探索，积极实践，努力掌握现代科学文化知识和专业技能；应当积极锻炼身体，具有健康体魄。

其四，明确了学生的权利和义务。其中，第五条规定了学生在校期间依法享有下列权利：参加学校教育教学继续安排的各项活动，使用学校提供的教育教学资源；参加社会服务、勤工助学，在校内组织、参加学生团体及文娱体育等活动；申请奖学金、助学金跟助学贷款；在思想品德、学业成绩等方面获得公正评价，完成学校规定学业后获得相应的学历证书、学位证书；对学校给予处分或者处理有异议，向学校或者教育行政部门提出申诉；对学校、教职员工侵犯其人身权、财产权等合法权益，提出申诉或者依法提起诉讼等。同时，它规定了学生在校期间必须依法履行的义务：遵守宪法、法律、法规；遵守学校管理制度；努力学习，完成规定学业；按规定缴纳学费及有关费用，履行获得贷学金及助学金的相应义务；遵守学生行为规范，尊敬师长，养成良好的思想品德和行为习惯；等等。

其五，对校园秩序与课外活动做出规范。其中，第四十二条：不得参与非法传销和进行邪教、封建迷信活动；第四十三条：任何组织和个人不得在学校进行宗教活动；第四十六条：学校应当鼓励、支持和指导学生参加社会实践、社会服务和开展勤工助学活动，并根据实际情况给予必要帮助；第四十七条：学生举行大型集会、游行、示威等活动，应当按法律程序和有关规定获得批准；第四十八条：学生使用计算机网络，应当遵循国家和学校有关网络使用的有关规定，不得登录非法网站、传播有害信息；等等。这些都极具中国特色和时代特色。

其六，重视学生权益的维护。第五章奖励和处分中，其中第五十五条规定：学校对学生的处分，应当做到程序正当、证据充足、依据明确、定性准确、处分恰当；第五十六条：学校在对学生做出处分决定之前，应当听取学生或者其代理人的陈述和申辩；第六十条：学校应当成立学生申诉处理委员会，受理学生对取消入学资格、退学处理或者违规、违纪处分的申诉。值得一提的是，第五十七至第五十九条在程序上规范了学校对学生做出开除学籍处分决定。对学生对处分决定有异议的，第六十一至第六十四条也规范了申诉的程序。

从《规定》看，除了学籍管理是由教务管理部门执行的，高校学生管理的职能包括：思想政治教育、道德规范教育和管理、学生社团管理、组织和指导勤工俭学与社会实践、计算机网络管理、宿舍管理、学生奖励和处分等。

2010年出台的《国家中长期教育改革和发展规划纲要（2010—2020

年)》明确提出我国教育必须坚持德育为先。它强调:"立德树人,把社会主义核心价值体系融入国民教育全过程。加强马克思主义中国化最新成果教育,引导学生形成正确的世界观、人生观、价值观;加强理想信念教育和道德教育,坚定学生对中国共产党领导、社会主义制度的信念和信心;加强以爱国主义为核心的民族精神和以改革创新为核心的时代精神教育;加强社会主义荣辱观教育,培养学生团结互助、诚实守信、遵纪守法、艰苦奋斗的良好品质。加强公民意识教育,树立社会主义民主法治、自由平等、公平正义理念,培养社会主义合格公民。加强中华民族优秀文化传统教育和革命传统教育。把德育渗透于教育教学的各个环节,贯穿于学校教育、家庭教育和社会教育的各个方面。切实加强和改进未成年人思想道德建设和大学生思想政治教育工作。构建大中小学有效衔接的德育体系,创新德育形式,丰富德育内容,不断提高德育工作的吸引力和感染力,增强德育工作的针对性和实效性。加强辅导员、班主任队伍建设。"

总之,高校学生工作必须不忘初心,坚持"维护普通高等学校正常的教育教学秩序和生活秩序,保障学生身心健康,促进学生德、智、体、美全面发展"的目的,为"培养社会主义合格建设者和可靠接班人"这一根本使命而不懈努力。

二、 新时期高校学生工作面临的挑战

改革开放以来,我国经济社会飞速发展,高等教育也步入最好的发展阶段。但是,经济社会翻天覆地的变化,对教育、文化既带来千载难逢的发展机会,也带来纷繁复杂的情势和各种各样的困难。那么,高校学生工作面临的挑战也是十分严峻的。归结起来,这些挑战主要有以下八点。

(一) 社会转型和经济发展不平衡带来的挑战

改革开放以来,我们从"摸着石头过河",到明确提出建设有中国特色的社会主义,实现中华民族伟大复兴的"中国梦",经历了一个从模糊到清晰,从探索到自觉的过程。而这30多年中,经济制度、社会形态在急剧嬗变,带来尖锐复杂的矛盾和许许多多的问题,例如市场经济的负面影响、地区和城乡经济发展的不平衡、贫富悬殊两极分化、贪污腐败问题、食品安全问题、环境污染问题等,都无可避免地影响到教育、文化,影响到人才培养的方方面面。高校学生工作在这种时代背景下,不可能躲在象牙塔里独善其身。无论是应试教育带来的文化素质欠缺问题、不同原因导致的贫困家庭学生问题、还是诸如法制观念淡薄、心理健康失衡致使校园凶杀、自杀案件频

发,以及厌学怠学泛滥、极端思想时有发生等,都是这一时代背景的产物。

(二)思想文化多元化的挑战

经济社会的巨变,必然带来思想文化的动荡和重建。同时,国门打开,各种来自世界各地的声音涌入,特别是五花八门的西方意识形态的涌入,一时"众神"喧哗。什么存在主义、尼采主义、后现代主义、民粹主义、民族主义、个人主义、享乐主义等,你方唱罢我登场。我们正处于1949年以来文化最多元、思想最活跃、传播最迅猛、良莠最芜杂、禁忌和限制最少的年代。处于成长期,世界观、人生观尚未成形的青年学子,往往对各种文化来者不拒,乐于吸收,但又缺少辨别能力,容易上当受骗。反之,传统文化在一段时期里不受重视,社会主义核心价值观和主流意识形态未能在大学生中得到很好确立。这种文化多元化的冲击是强烈而深刻的,必须引起我们高度重视。

(三)高等教育大众化的挑战

跨入21世纪之际,中国高等教育迎来大发展,大步跨进大众化阶段。大发展首先是规模的急剧扩张。根据教育部2016年4月7日发布的《中国高等教育质量报告》提供的数据,2015年我国高等教育在校生规模达3 700万人,位居世界第一;各类高校2 852所,位居世界第二;毛入学率40%,高于全球平均水平。报告指出,预计到2019年,我国高等教育毛入学率将达到50%以上,进入高等教育普及化阶段。与扩招前的1998年相比,现在的高等教育办学规模是当年的5倍多(根据教育部《1998年全国教育事业发展统计公报》,1998年全国普通高等学校本专科在校生340.87万人,研究生19.89万人,成人高等教育本专科在校生282.22万人,总计642.98万人)。

1999年以来,我国高校办学规模持续扩大,越来越多的人获得接受高等教育的权利,但由此也带来了校舍不够、教学设备短缺、师资力量不足及管理跟不上和毕业生就业困难等问题。这些都对高校学生工作形成极大的挑战和压力。

(四)国际化、全球化的挑战

国际化、全球化是20世纪下半叶以来世界高等教育的发展趋势,是伴随着经济的国际化、全球化而来的。这个时期适逢我国改革开放,从长期闭关锁国到敞开国门,高等教育国际化、全球化的步伐加快了。大规模的留学生扩招、频繁的国际学术会议、高校间的国际合作办学、跨越国界的科学研究和人才培养等,国际化已经渗透至大学的人才培养、学科建设、科学研究、师资队伍建设、学生管理、人员交流等各个方面。国际化、全球化的趋势总体上当然是大大有利于我国高等教育的发展。一方面，与世界高校的广泛深入交流与合作，有利于我们吸取世界各地高等教育的有益经验。另一方面，中国人的出国留学与外国人来华留学，有利于具有全球化视野、全球化思维、全球化能力的人才培养，有利于国际文化交流。但是，国际化、全球化也给我们带来冲击和挑战。这些冲击和挑战，包括多元经的高校模式对我国高等教育使命、价值观、目标、办学传统和特色的影响，全球教育市场对生源争夺和对学术独立、自由和尊严的影响，以及留学热对学生人生发展规划、价值取向和心理的影响等，都是不容忽视的。

（五）新媒体广泛应用的挑战

20世纪后期，互联网异军突起，深刻影响信息获取、传播模式，进而广泛影响经济、社会发展和人们的生活方式。进入21世纪以来，信息技术的加速发展，即时通信技术、移动互联技术和智能手机的出现，促使数字广播、数字报纸杂志、互动媒体以及博客、微博、MSN、QQ、微信等"自媒体"犹如雨后春笋般接踵而至，引发人类文化传播模式革命性的变革。相对于报纸、杂志、广播、电视四大传统媒体而言，新媒体的交互性、时效性、开放性、广泛性、虚拟性等特点，迎合了当代大学生活跃多变、追求新知、热衷社交、享受自由和展现自我的需求，迅速为大学生群体所认可和接受，成为他们获取信息、沟通交流的主要渠道，并影响和改变着他们的思想意识、日常学习和生活。继电脑成为大学生必备工具之后，智能手机更成为"不可一日无此君"的"标配"和"伴侣"，部分学生对新媒体产生极强的依赖性。

新媒体是一把"双刃剑"。一方面，新媒体丰富了大学生获取信息和表达自我的途径，拓宽了大学生思想政治教育的内容和方式，提高了教育的时效性，为大学生思想政治教育工作创造了良好的机遇。另一方面，青年大学生正处在人生观、价值观、世界观的形成时期，面对丰富多元、良莠不齐的新媒体信息，容易迷失方向，被一些错误腐朽的社会思潮和价值观念误导，给大学生思想政治教育工作带来诸多新挑战。新媒体信息的复杂多变增加了大学生思想政治教育的难度，使高校思想政治教育工作的权威性、主流性受到严重冲击；大学生沉迷网络，厌学怠学，心理失衡和行为异化等问题增加；网络获取信息的便捷性为学术不端提供方便之门，抄袭、剽窃等学术造假防不胜防；敌对势力和错误思潮的代言人有意识地利用网络等新媒体进行蛊惑煽动，更易引诱青年大学生误入歧途。

在新媒体迅速发展的今天，如何有效地利用新媒体的优势，防止和抵消其负面影响，探索大学生思想政治教育工作的新途径，成为当代大学生思想政治教育工作者无法回避的重大问题。

（六）学生素质的挑战

踏入21世纪，我国高等教育迅速发展，大步进入高等教育大众化阶段。仅仅用了17年，适龄青年高等教育毛入学率就从扩招前1998年的9.8%，提高到2015年的40%。这说明高等教育大众化使大量在精英教育阶段跨不进高校门槛的青年有了享受高等教育的权利。这是高等教育民主化、平等化的进步。另外，这也说明高等教育生源平均质量，在大众化阶段明显低于精英化阶段。特别是这一代进入高等学校的青年，以我国实行严格的计划生育政策下诞生的独生子女居多，他们在基础教育阶段所受的教育又是长期实行、至今仍未彻底改变的应试教育。因此，独生子女和应试教育的负面影响，不可避免成为这一代青年学生难以抹去的"底色"。尽管多年来国家针对这些问题大力推行素质教育，但青少年的综合素质并没有得到根本改善。总的来说，当代大学生的政治素质、思想素质、道德素质、人文素质、法律素质、心理素质等都与成长成才、成为社会主义合格建设者和可靠接班人这一培养目标有明显的差距。这也是高校学生工作所面临的一大挑战。

（七）传统思想政治教育模式所面临的挑战

我国高校传统的思想政治教育模式形成于计划经济年代，而且受到过极左思想的影响，思想政治教育工作途径单一、方法简单、课程死板，理论脱离实际，缺乏说服力、感染力、亲和力和吸引力，因而也缺乏实效性。由此带来高校意识形态和宣传工作的弱化和边缘化，思想政治教育工作处于可有可无或力不从心的境地，思想政治教育课教师和政治思想工作队伍地位不高。此消彼长的是，一段时期高校成为推介西方文化和价值观的场所，一些教师没有底线地在大学生面前宣泄情绪、发泄不满，把大学当成社会负面案例的讲坛和哗众取宠的舞台。有的教师混淆经济全球化、政治多极化、文化多元化的概念，盲目主张在文化甚至意识形态上与西方"接轨"，认同西方价值观，模糊、抹杀社会主义意识形态与资本主义意识形态的性质，消解、否定社会主义意识形态的主导作用与话语体系，试图以资本主义意识形态挤压甚至替代社会主义意识形态。他们鼎力推崇西方意识形态，宣扬资本主义功利主义、实用主义的价值观，淡化个人的社会责任。为应对这种严峻局面，高校思想政治教育模式亟待改革。

（八）对学生管理模式的挑战

改革开放以来，我国高校对学生工作进行了许多改革探索，但总体上看来，高校学生管理工作模式依然落后守旧，远远没有跟上时代的发展变化。然而，经济制度从计划经济转为市场经济后，对应的教育制度变革并没有与之同步，因此在转轨过程中新旧体制的碰撞引致高校学生管理的失位和错位。其部分原因来自观念的滞后，高校学生管理还停留在计划经济体制下的"以罚代管""以堵代导"，或者停留在替代父母制、学生人事工作阶段。在新的形势下，学生管理的环境在变化，社会的价值观在变化，学生的思想在变化，现行的管理模式已不适应这些变化。例如：高校对学生管理工作的认识有待提高，高校教师对学生管理工作的认识不足，对学生管理工作内容理解得不够充分，很多教师仅仅把自己的工作定位于科研和教学，重视单纯知识的传授而不顾学生自身的管理培养，教书育人、甘为人梯的职业精神退化；大部分高校学生管理工作体系较为刻板、单调、不灵活，学生管理工作队伍疲于应付日常琐碎事务，而对于学生的思想品德、政治素质、理想情操缺乏翔实的分析研究，也没有将社会主义意识形态、社会主义核心价值观的宣传教育融汇到日常管理工作中去；大多数高校对于学生管理工作仍然囿于行政性的管理，没有形成一套设置合理、管理科学的学生管理工作流程，缺乏"以生为本"，从学生发展的长远目标着眼的人文关怀，管理工作效果甚微；学生管理工作队伍人数不够、素质不高、不够稳定，在处理学生工作时不够细致耐心，对于学生突发问题的处理欠缺一定的处理技巧；等等。

只有明确认清高校学生工作面临的挑战，我们才能知己知彼，心中有底，从容面对，有的放矢，去迎接挑战并战而胜之。

三、深化改革，不断创新，不辱使命

挑战是严峻的，是前所未有的，但是并不是不可战胜的，出路就是改革创新。在这方面，深圳大学做了许多有益的探索。从深圳大学的实践及思考为例，笔者归结为以下八点。

（一）转变管理理念

以人为本在学生管理上就是以学生为本。不仅要抛弃那种将学生作为对立面，对大学生进行"严格规范的管理"的理念，而且要从替代父母制和学生人事工作的旧学生管理理念，向为学生服务和围绕学生发展的新理念转变。要树立服务意识，更要以学生的发展为依归。这就是为学生的利益着想，着眼以学生未来发展为重的管理理念。学校的学生工作部门有其存在的必要性，但这一工作部门必须了解学生中存在的主要问题是什么，学生普遍关心的问题是什么，学生迫切需要解决的问题是什么，学生未来的发展方向何在，学生发展的需求是什么。

转变观念，改革创新，要把握人才培养和高等教育发展规律，同时要善于吸取世界各地高校学生事务的有益经验。

更为重要的是，要把学生的未来发展，与国家的未来发展紧密联系起来，把青年大学生的"青春梦""成才梦"，与中华民族伟大复兴的"中国梦"密切联系起来。换句话说，学生工作的目的，就是学生的成长成才与培养社会主义合格建设者和可靠接班人的教育宗旨的有机结合。高校学生工作只有把握好这一点，才能不忘初心，不辱使命。

（二）重视思想政治教育，加强与改善意识形态和宣传工作

思想政治教育是高校学生工作的灵魂，丢掉思想政治教育，就会"失魂落魄"。高校必须将大学生的思想政治教育作为天职，理直气壮、当仁不让地以各种途径、各种形式做好意识形态和宣传工作，使马克思主义基本原理、共产党的奋斗目标、中国特色社会主义道路、社会主义核心价值观、改革开放和依法治国、中国国情和中国文化等进教材、进课堂、进头脑。

习近平总书记高度重视意识形态工作和青年一代的培养。党的十八大以来，习近平总书记围绕坚持和发展中国特色社会主义发表了一系列重要讲话，这些重要讲话，内涵丰富、思想深邃、博大精深，是一个系统完整的科学理论体系。这个科学理论体系包含着实现中华民族伟大复兴的"中国梦"、坚持走中国特色社会主义道路、协调推进"四个全面"战略布局、牢固树立五大发展理念、统筹推进"五位一体"建设、加强国防和军队建设、推动构建以合作共赢为核心的新型国际关系、学习掌握科学的思想方法和工作方法等。这些重要内容，构成了一个逻辑严密的有机整体，深刻回答了新形势下党和国家事业发展的一系列重大理论和现实问题，进一步深化了我们党对共产党执政规律、社会主义建设规律、人类社会发展规律的认识，是中国革命、建设和改革的历史逻辑、理论逻辑和实践逻辑的贯通结合，升华了马克思主义发展新境界，续写了中国特色社会主义事业新篇章。这是高校学生工作的"指南针"。

2015年1月19日，中共中央办公厅、国务院办公厅印发了《关于进一步加强和改进新形势下高校宣传思想工作的意见》，明确提出加强和改进新形势下高校宣传思想工作的指导思想是：高举中国特色社会主义伟大旗帜，以马克思列宁主义、毛泽东思想、邓小平理论、'三个代表'重要思想、科

学发展观为指导，深入贯彻落实党的十八大和十八届二中、三中全会精神，深入贯彻落实习近平总书记系列重要讲话精神，全面贯彻党的教育方针，强化政治意识、责任意识、阵地意识和底线意识，以立德树人为根本任务，以深入推进中国特色社会主义理论体系进教材进课堂进头脑为主线，以提高教师队伍思想政治素质和育人能力为基础，以加强高校网络等阵地建设为重点，积极培育和践行社会主义核心价值观，不断坚定广大师生中国特色社会主义道路自信、理论自信、制度自信，培养德智体美全面发展的社会主义建设者和接班人。这对加强与改善高校学生工作有重要的现实意义。

高校要传承中华文明最精华文化，涵养中华民族最深厚力量；要加强党史国情教育，引导学生学习中国近代以来的历史，学习中国共产党史、中华人民共和国史，并与学习改革开放史结合起来，进一步坚定走中国特色社会主义道路的自信、理论自信、制度自信、文化自信；要在大学生中培养和践行社会主义核心价值观，弘扬正能量，抵制各种腐朽没落思想和西方文化渗透；要加强高校学生党支部建设，培养高素质的中国共产党新生代。

（三）改革管理体制，重在发挥学生主体能动性，推动学生自我管理

学生工作要体现学生的主体地位。高校学生工作是教育、服务、管理三位一体的系统工程，要构建学生工作新模式，需要立足新形势对学生工作的新要求，克服传统学生工作模式的弊端，系统地把握学生工作各要素的相互联系及组织方式。围绕人才培养这个中心，强调学生工作要体现教育的均衡化、服务的个性化和管理的柔性化，要把着力点放在体现学生主体地位、发挥学生主体作用、激发学生的内在动力上，要紧紧地依靠学生完成学生工作的任务。现代大学生具有强烈的主体意识和社会参与意识，在学生工作中要注意调动和发挥好学生自身参与管理的积极性，让学生积极参与学生管理工作，改变学生在学生管理工作中从属和被动的地位。高校要变学生工作处直接领导下的、以辅导员为中心的学生管理方式为在学校学生工作处和学院党政领导指导下的、以辅导员为辅助和引导（辅导员的本义就是辅助与引导）的、以学生自治为中心的学生工作方式。这种模式目的在于提高学生的主体意识和责任感，增强学生的自我约束、自我管制能力，从而达到联合国教科文组织提倡的"学会认知""学会做事""学会共同生活"和"学会生存"的要求。学生通过校务委员会、校董事会、学生会等组织参与学校的管理。同时，高校要支持和鼓励学生开展各种健康活泼的社团活动，提高学生的社会活动能力和技能，培养学生良好的生活情趣。

高校要重视学生的合法权益。依法治校，建章立制，使学生工作有章可循，同时更要重视学生的合法权益。当今社会利益多元化在高校中的反映是

大学生个体之间、个体与学校之间的权利和利益关系变得更加复杂，学生的法制观念和维权意识大大提高，迫切要求高校在学生工作中运用法律和规章制度来调节规范各主体之间的关系。《规定》强调了法制观念，对高校依法治校、依法对大学生进行教育和管理有较好的指导作用。高校应按照国家有关法律规定，依据本校实际情况制定完整的、可操作性强的程序、步骤和规章制度，并以此规范学生的行为，行使有效的管理。一方面，高校要让学生明确他们在学校里享有什么样的权利和义务；另一方面，高校要十分尊重学生的合法权益并予以维护。凡对于学生的处分决定，学校要做到程序正当、证据充足、依据明确、定性准确、处分恰当，学生对学校的处理享有陈述、申辩和申诉权，学校要有明确的程序并予以确保。

（四）善用新媒体技术

新媒体环境为大学生思想政治教育带来了更丰富的内容、更多元的传播方式及更快捷的信息反馈机制，也带来了前所未有的挑战和机遇。这是新时期高校学生工作的新变化、新特点，高校学生工作者必须高度重视。高校学生工作者要提高媒介素养，主动、充分利用新媒体的优势，防范、克服和转化其负面影响，不断寻求大学生思想政治教育工作的新方法、新对策，促进高校学生工作与时俱进、贴近青年大学生，促使学生工作取得应有的实效。高校除了建立网络平台的专业队伍外，所有教师特别是学生工作者，都要充分了解新媒体技术的特点，掌握计算机技术、网络技术和智能手机新媒体的应用知识，熟练使用QQ、微博、微信等网络即时通信工具，熟悉教育学、心理学、社会学、传播学等多学科融合的基本知识。学生工作者要科学、有效地使用各种新媒体、新设备，及时与大学生进行交流，准确掌握其思想动态和心理情况，有针对性地对其进行思想政治教育，要着力提升网络运用能力，遵循信息网络规律，把掌握运用微信、微博等新媒体操作技术作为思想宣传工作队伍的必备能力，练就运用"网言网语"参与网络文化建设管理的过硬本领。

高校要占领校园网络阵地，建立积极向上、安全可靠的大学生思想政治教育和学生管理的网络平台，使之成为传播社会主义核心价值体系的重要阵地；要合理利用虚拟社区平台的便利性和互动性，实现思想政治教育思想的有效传播，增强大学生思想政治教育的实效性；要切实加强网络互动平台建设，创立并利用好社区论坛、BBS、QQ群、微博、微信等新媒体工具，积极传播先进文化，主动占领育人阵地。透过大学生的信息交流，高校学生工作者能有效地把握他们的思想动态和心理状况，从而有针对性地开展心理辅导和思想疏通，改善他们的思想状况，最终达到思想政治教育的效果；要加强平台的资源建设，增强服务意识，将高校网站、微信公众号打造成一个综合性的服务信息平台，满足大学生学习、生活、情感等方面的需求；要着力增强网络舆论引导能力，培养主动设置议题、研判从网上汇集的思想动态、回应网上关切的能力，熟练掌握网上信息发布、报送和引导舆论的工作规程，不断增强应对网络舆情突发事件的能力；要着力提高网络评论能力，以培育网络名编名师、开办网络名站名栏、发表网络名篇名作为手段，支持学术大师、教学名师、优秀导师积极参与网络评论，着力培育一大批网络宣传骨干人才。

在提高高校学生工作者媒介素养的同时，高校也要加强引导，不断提高大学生媒介素养，加强大学生对媒介信息的选择能力、分析能力、处理能力及传播能力的培养。

高校还要切实增强网络信息安全管理能力，强化学生工作者对网上有害信息甄别、抵制、批判的能力，学生工作者要学习掌握抵御防范网络攻击的技术规范和技巧。高校要切实加强网络监管，过滤和清除网上各种不良信息，定期开展网络安全意识教育，引导学生文明用网、规范网络语言、杜绝网络黑客、禁止网络恶搞，防范和严肃处理别有用心者利用网络散播谣言或传播有害大学生健康成长的文化甚至危害国家安全的信息。

（五）理顺关系、齐抓共管，形成有利于学生发展的工作机制

学校的教学、管理和服务工作，都要围绕育人这个根本目标。学生管理是对在校大学生的全方位管理，内容比较广泛，涉及学校多个部门，需要各部门协调一致、理顺各部门关系，并形成合力，以应对学生管理面临的新问题。在形成有利于学生发展的教书育人、管理育人、服务育人工作机制上，高校要做到"六要"：一要加强学生工作机构的建设、强化其组织协调功能，理顺学生管理系统各部门、各层次、各岗位的职责、权限关系，建立健全责任制，做到责任到岗、到人，责、权、利相统一；二要适当放权，发挥基层作用，适当下放管理权限给学院（系），赋予学院（系）开展学生管理工作的职责和权力，做到责权统一；三要建立党政融洽的学生工作体制，协调统一机制；四要将思想政治教育课程和社会实践等结合起来，克服"两张皮"弊端；五要将学校所有管理机构，包括后勤服务部门等都纳入学生工作齐抓共管的网络；六要充分发挥学校关工委的作用，将学校关工委纳入学生工作齐抓共管的范围。

高校关工委是由离退休教职工组成的一支以关心下一代健康成长为己任的队伍。近年来，深圳大学关工委着力于建立以立德树人为根本任务，积极配合主渠道开展工作，能够充分发挥"五老"优势和独特作用，符合青年大

学生成长需要的科学化、常态化、持续化工作机制，备受师生的欢迎。他们协助学校基层党组织做好学生和青年教师的党建工作；参与教学督导工作，协助青年教师提高教学水平，帮助学生树立良好的学风；积极开展学生思想、学习、生活状况的调研，为领导决策提供咨询服务；热心服务学生思想政治工作，支持学生义工活动和各种社会实践活动，为培育与践行社会主义核心价值观增砖添瓦。这是一支值得重视和利用的高校学生工作队伍。

（六）以生为本，多一些人文关怀

以人为本是科学发展观的理念，也是教育必须遵循的理念。在高校学生工作中，以人为本就是以学生为本。这个以人为本，不仅指我们在人才培养中应该以学生的根本利益为教育目的，而且包含我们在教育手段、教育过程中充分考虑学生的权利，给学生以足够的人文关怀。我们要承认学生个体独立的身份，尊重学生个体的尊严；支持学生自主学习、生活和发展；鼓励学生自我决定、自我负责，促进学生做到自立、自律、自强。

作为一种价值观，高校学生工作中的以人为本，就是要强调唤醒学生的自我意识，确立学生的主体地位，满足学生成长成才和长远发展的主体需要，肯定学生的自我价值，尊重学生的精神诉求，相信学生自我教育的能力。作为一种工作方法，以人为本就是要坚持以学生的根本利益为出发点，既严格教育管理，又注重人文关怀；既严格纪律要求，又注重道德教化；既严格程序规范，又注重内容效果。作为一种思维方式，以人为本就是要转变思想观念，强化服务意识，坚持"一切为了学生、为了一切学生、为了学生一切"，建立平等对话的新型师生关系，逐步实现民主交流、平等沟通、相互理解、和谐统一。

落实到具体工作上，一是要贴近学生实际，坚持精细化的管理理念。所谓"精细化管理"，就是将管理覆盖到每一个过程、控制到每一个环节、规范到每一个步骤、具体到每一个动作、落实到每一个人员。二是要让学生参与到学校管理上来，同时强化他们"自主管理"的能力。学生自我管理就是在学生工作者和专业教师的指导下，学生自我教育、自我管理、自我服务和自我发展的教育管理模式。其核心是关注人的发展，营造一种宽松、和谐、民主的气氛，调动学生的主动性、积极性和创造性，培养学生独立思维、独立想象、独立分析、独立处理与解决问题的意识与能力。三是要加强校园文化建设，构建和谐校园。通过建设多元的校园文化，大学生参加各式各样的校园课外活动和社会实践，有利于学生开阔视野、陶冶情操、锻炼技能，有利于提高学生个人的综合素质和社会交往能力。通过建设和谐校园，学生工作者努力在大学生中培育和弘扬社会主义核心价值观，帮助他们形成和确立爱国主义、集体主义和社会主义的主流意识形态，以及为国家民族而学习、发展的成才观。四是要建立完善的资助系统，为家庭经济困难学生排忧解难。通过设立各种奖学金、助学金、贷学金和提供勤工俭学机会等手段，既要不让一个学生因为家庭经济困难而辍学，更要通过资助系统培养学生的自立自强意识和能力，使资助这种方式也成为学生思想政治教育的能力培养的一个途径。五是做好就业指导和创业教育，指导学生做好人生规划、职业规划，积极为学生开拓就业渠道；将创业教育列入教学计划，开办学生创业园，为学生创业提供实验场地和创业资金，营造良好的创业氛围。六是要把心理健康教育融入大学生思想政治教育的全过程。高校要加强大学生心理健康教育、心理辅导和心理干预，建立心理监督评估机制，开设24小时心理健康咨询热线，吸收学生志愿者全面参与心理健康的教育与引导。高校在进一步普及大学生心理健康知识的同时，还应该重视学生的实际心理需要，及时掌握学生的心理状况。高校可通过定期进行心理普查、举办专题心理讲座等丰富且有效的途径，开展学生心理健康教育工作。高校可通过提高学生的心理健康水平，为思想政治教育的开展奠定良好基础，帮助学生成为身心健康、阳光向上、人格健全的青年。

（七）加强队伍建设

努力建立一支思想好、业务精、作风正、效率高的学生工作队伍，是实现学生工作理念创新的根本，是做好学生工作的关键。从学生工作发展的趋势来看，高校学生工作队伍必须走专业化道路。人才培养是高校的首要任务，要把学生培养成具有高度社会责任感、热爱祖国和人民、有奉献精神的人，培养成全面发展的社会主义事业建设者和接班人。高校以学术为主导，以教学科研为重点，向学生传授知识，同时帮助学生形成正确的世界观、人生观和价值观，完成人的社会化。这就是我们所说的"育人"。高校不是"贩卖"知识的"门店""超市"，而是锤炼和培养人才的"熔炉""田园"。高校的学生工作，是教学科研以外的管理育人、服务育人、环境育人，对学生的成长具有不可缺的重要作用。因此，要实现大学的目标，高校必须把学生工作放在一个十分突出的位置，必须培养一支专业化的学生工作人才队伍。

加强学生工作队伍建设，一是要引进高素质的青年教师，充实学生工作队伍。二是要提升大学生思想政治教育队伍的政治理论素质和学习创新素质。三是要健全学生工作队伍的培养机制，定期进行专业培训，给他们创造学习提高的机会，自觉把学生管理创新理念与学生管理工作实践相结合。四是要从人员结构、职称待遇等方面入手，改善队伍结构、提高相关人员待遇，让学生工作者把学生管理工作作为自己潜心研究的专业、立志从事的职业和乐于奉献的事业。五是要健全考核、评估、激励、反馈机制，坚持实事求是、公正全面的考核原则，努力激发学生工作者的积极性，增强他们的事业心和责任感。

我们所指的学生工作队伍，主要包括学生管理队伍和学生思想宣传工作队伍。前者以辅导员为主体，后者则包括思想政治理论课教师、意识形态和文化宣传人员、新闻传播人员、网络文化建设人员及心理健康教师等。

辅导员在学生管理中的作用是不可忽视的，辅导员与学生接触得较多，可以更准确地了解学生的问题。学校要加强辅导员队伍的建设，不断提高辅导员的工作能力，定期对辅导员进行培训，对辅导员进行管理学、心理学的教育，提高辅导员的知识储备。学校要提高辅导员的待遇，规范辅导员的职称评审体制，使辅导员可以全身心地投入到学生的管理工作中，更好地为学生服务。

2015 年 1 月，中共中央办公厅、国务院办公厅印发《关于进一步加强和改进新形势下高校宣传思想工作的意见》（以下简称《意见》）。《意见》指出，加强和改进新形势下高校宣传思想工作的基本原则是：①坚持党性原则、强化责任。切实担负起政治责任和领导责任，提高领导水平，增强驾驭能力，敢抓敢管、敢于亮剑，做到守土有责、守土负责、守土尽责。②坚持育人为本、德育为先。把坚定理想信念放在首位，始终坚持用中国特色社会主义理论体系武装师生头脑，确保社会主义办学方向。③坚持标本兼治、重在建设。强化依法管理，着力加强制度建设，把高校建设成为学习研究宣传马克思主义的坚强阵地。④坚持改革创新、注重实效。准确把握师生思想状况，创新工作理念和方式方法，把解决思想问题与解决实际问题结合起来，不断增强针对性实效性。⑤坚持齐抓共管、形成合力。推动校内外协同配合、全社会支持参与，构建高校宣传思想工作新格局。

《意见》指出，加强和改进新形势下高校宣传思想工作的主要任务是：①坚定理想信念，深入开展中国特色社会主义和中国梦宣传教育，加强高校思想理论建设，加强具有中国特色、时代特征的高校哲学社会科学学术理论体系和学术话语体系建设，进一步增强理论认同、政治认同、情感认同，不断激发广大师生投身改革开放事业的巨大热情，凝心聚力共筑中国梦。②巩固共同思想道德基础，大力加强社会主义核心价值观教育，把培育和弘扬社会主义核心价值观作为凝魂聚气、强基固本的基础工程，弘扬中国精神，弘扬中华传统美德，加强道德教育和实践，提升师生思想道德素质，使社会主义核心价值观内化于心、外化于行，成为全体师生的价值追求和自觉行动。③壮大主流思想舆论，切实加强高校意识形态引导管理，做大做强正面宣传、加强国家安全教育，加强国家观和民族团结教育，管好导向、管好阵地、管好队伍，坚决抵御敌对势力渗透，牢牢掌握高校意识形态工作领导权、话语权，不断巩固马克思主义指导地位。④推动文化传承创新，建设具有中国特色、体现时代要求的大学文化，培育和弘扬大学精神，把高校建设成为精神文明建设示范区和辐射源，继承和发扬中华优秀传统文化，促进社会主义先进文化建设，增强国家文化软实力。⑤立足学生全面发展，努力构建全员全过程全方位育人格局，形成教书育人、实践育人、科研育人、管理育人、服务育人长效机制，增强学生社会责任感、创新精神和实践能力，全面落实立德树人根本任务，努力办好人民满意教育。这些都是我们加强高校学生工作队伍建设所需要贯彻执行的。

（八）重视和加强学生工作的理论研究

高校学生工作是一个系统工程，也是一门学问。这门学问是教育学、心理学、管理学、文化学、社会学等多门学科的交叉学科，需要我们高度重视和认真研究。学生工作不能陷于埋头苦干、穷于应付而不思考、不总结、不研究的事务主义，不能孤立地看待问题，头痛医头、脚痛医脚，只解决局部的、眼前的问题，而是要以综合的、长远的、全方位的视野去观察、分析。我们要有预案、有规划、有比较、有借鉴、有提升；要敢试验、善总结、能创新；要把握人才培养和高等教育发展规律，同时要善于吸取世界上高校学生事务的有益经验，借鉴国际学生工作理论，迎接新挑战、适应新形势，为建立中国特色高校学生工作理论体系、更好地培养全面发展的新人做出贡献。

地处改革开放前沿之地的深圳大学，从诞生之日开始，就敢为天下先，在高等教育管理体制的改革上做了许多有益的探索，其中包括学生工作。经济特区高校学生工作的创新与实践，是一个很值得研究的案例。

第二章 深圳大学"大德育"模式的创新与实践

"培养什么样的人""怎样培养人",这是当前大学德育教育工作面临的根本问题。深圳大学地处经济特区,毗邻港澳,处在两种制度、文化和观念的交会点。面对21世纪价值多元化、经济全球化和信息网络化;面对特殊的办学环境和教育对象,我们与时俱进地进行了德育理念、方法路径及体制机制三方面的创新,建构了一个以"三项核心教育"为中心、以"三全"路径实现"三个结合"作为工作平台、以"三法三化"为方法路径、以"三项机制"为保障的"大德育"模式。经过多年的实践,深圳大学在育人上取得了非常好的效果,受到学生的极大欢迎和同行的高度肯定。

一、实施德育的创新举措

(一)夯实"三项教育"

过去大学德育最大的局限主要是课堂的时空限制,教师把学生当作单纯的受教育者,以理论教育为唯一途径,进行政治教育和道德教育。这种与学生生活实践相脱离的德育方式在不同程度上导致了学生德育主体地位的缺失,没能解决好德育的有效性和实践性问题。为此,我们创造性地提出并实施了以政治教育、理论教育和行为教育为核心，以德育生活化、社会化和实践化为路径的"大德育"模式，拓展了德育的时空和内涵。

1. 政治教育基地化：以培养学生正确的政治立场、政治观点、政治态度、政治能力为目标

政治素养是社会主义大学对大学生的必然要求，也是能否培养社会主义合格建设者和可靠接班人的关键所在。亚里士多德说过："人是天生的政治动物。"在现代，大学生是民族、国家的一员，以培养大学生的国家意识、民族意识和公民意识为主要内容的政治立场、政治观点、政治态度、政治能力成为大学的内在要求，也是德育的当然环节。在政治教育方面，深圳大学改变过去以正面教育、说理教育为主的方式，实施以政治教育基地为载体，以隐性教育为主要方法，建构了以"三个基地"为依托的政治教育新模式。"三个基地"指新生军训基地、学生社区基地和党校基地。新生军训基地推行"支部建在连上"的做法，通过支部会议、党课、形势报告、主题活动等提高新生对党的感性认识；在学生社区基地，所有学生社区均实行学生党员挂牌制度、党员联系制度、党建激励制度等三项制度，通过学生党员的模范活动，深化学生对党的情感认识；在党校基地，学校力图使党的教育生活化、大众化，主要通过党课，每周一及重大节日、纪念日的升国旗仪式，学生主题形势报告会，参观访问等多种形式，提升学生对党的理性认识。

2. 理论教育多样化：以培养学生科学的世界观、历史观、人生观和价值观为目标

理论教育是德育工作的根基。没有革命的理论，就没有革命的行动，理论是最高形式的实践活动。理论教育就是用科学的理论武装学生的头脑，即用马克思主义的立场、观点、方法来培养学生的世界观、历史观、人生观和价值观，从而树立远大的理想信念，为学生健康成长、成就事业、开创未来提供精神支柱和前进动力。"人生是万米长跑，不是百米冲刺。"为克服理论教育存在一定程度上的教条主义、形式主义以及空对空的现象，深圳大学拓展了思想政治理论课的内容与形式：一是思想政治理论课课程设置结构化。深圳大学创立了"核心课程 + x + y"的课程设置方案，其中"核心课程"是指国家规定的思想政治理论公共必修课程；"x"是指围绕核心课程开设理论素养选修课；"y"是指由核心课程拿出 1/4 的学时开展学生社会实践课。二是引入实验方法，建立德育情景教学实验室。学生通过计算机虚拟现实对生活德育情景进行模拟体验，深化学生对德育的理解和认识。三是建立哲学、社会科学论坛，聘请国内外专家学者面向学生进行学术讲座。

3. 行为教育生活化：以培养学生优良的行为习惯和发展学生的非智力因素为目标

杜威提出教育是行动科学，其实德育也是行动科学。对学生进行道德教育，不能只着眼于智力因素，还要培养非智力因素，因为如何正确对待自己与他人不单是一个道德的认识问题，更是一种行为习惯。德育中的行为教育就是要让学生在具体的生活情景中通过自己的经历和体验来获得是非善恶的判断与认知。

深圳大学将学生的行为教育分为学生实际生活教育、虚拟现实教育与心理教育三个方面，并对学生三个方面的教育采用同等重视、同样对待和同步进行的"三同"模式。

在学生实际生活教育方面，一是为学生搭建了一系列日常生活体验平台，积极引导、组织学生参加义工和志愿者活动。二是高度重视并积极组织学生社会实践活动，主要通过专业见习和实习、假期社会实践、专项社会服务（如西部计划、抗震救灾专项行动、"萤火虫"支教等志愿者服务活动）、勤工助学等途径来实施。

在学生虚拟现实教育方面，一是建立校德育网站。校德育网站及时发布德育工作的最新动态、校园重大活动的具体内容和日程安排、校园的热门话题、组织纪律和规章制度、就业动态与信息等。二是建立校领导与各部门、各学院领导电子信箱，及时了解、发现并解答学生有关德育方面的各种实际问题。三是建立学校先锋网、楼斋网、QQ集群、社区家园网、心理咨询网等网络平台，把德育渗透到网络世界中，形成德育合力。

在学生心理教育方面，一是实行辅导员与学生同吃同住制度，以确保在日常工作中能关注有心理问题的特殊学生，以便对其进行及时疏导和密切跟进，力求杜绝各类恶性事件的发生。二是成立了心理咨询室、心理与行为健康小组，对学生进行心理健康知识宣传、咨询辅导、问卷调查等工作。三是开辟了网络心理咨询方式——"心灵绿洲"，利用QQ、E-mail等网络在线交流方式为学生们提供心理咨询与辅导。

（二）实现"三个结合"

为确保"大德育"的实施，深圳大学形成了"三法"的德育方法与路径，即实施了德育隐性教育法，教室、生活社区和社会的全系统、全方位培育法，以及解决理论问题与解决实际问题相结合的方法；实施了德育路径上的"三化"，即在学生公寓实行德育社区化，在学校实行德育校园化，在校外实行德育社会化。此外，深圳大学还构建并实施了德育过程的"三个结合"。

1. 思想政治理论教育与思想政治工作相结合

深圳大学从根本上改变社科部的思想政治理论教育工作与学生处、团委的思想政治工作相互脱节、各自为政的"两张皮"状况。作为系统化的全校德育工作，深圳大学思想政治理论课的专任教师参加学生处、团委的相关活动，以了解学生的思想实际，避免思想政治理论教育中的空对空现象，从而做到课堂中的德育言之有物；学生处、团委和辅导员中的部分人员参加思想政治理论课的教学活动，通过课堂理论讲解和分析自己实际工作中碰到的学生问题，使学生能提升对相关问题的认识与看法，避免就事论事，做到以理服人。

2. 学校德育与学生生活教育相结合

生活是个整体，因此，德育工作也是一项有机整体的工作，德育不仅仅是"八小时之内"的工作。为改变以往学校德育与学生的业余生活相分离的局面，我们以学生社区和校园为平台，围绕学生的日常生活，加强了以学生为主体、德育工作者为主导（不单单是观念的主导，更多的是活动方式的主导）的校园文化建设、校园社区建设。一方面，校园文化建设、校园社区建设体现德育的主题；另一方面，德育的理论工作者和实际工作者都参与到其中，学校对之进行系统指导。这样一来，德育不仅解决学生的思想问题，也解决学生的实际生活问题。多年来，我们一直把解决学生生活中的实际问题和困难当成德育非常重要的工作来落实，如在贫困生学费、住宿费减免、生活补助、助学贷款、奖学金评定、勤工俭学等方面进行了大量卓有成效的工作，将德育真正融入学生的生活之中。这些做法实现了让学生的德育从书本中走出来，且变成一种行动和习惯。

3. 学校德育与学生社会教育相结合

大学是社会的一部分，社会是一个更大的大学。德育的目标从社会学的角度看就是帮助学生更好地完成社会化的过程，使其成为一个对社会有用、有益的人。多年来，我们一直认真组织暑期学生社会实践活动、学生义工活动和志愿者服务活动。学生暑期社会实践活动中社会调查的选题、实施、撰写报告等各环节，德育工作者都全程参与。学校对于优秀调查报告进行奖励，并组织获奖学生在全校宣讲，将这些获奖报告公开出版发行。

（三）健全三项机制

为保障"大德育"的有效实施，我们建立了三项机制。

1. 固化管理机制

深圳大学将原来分散的、由多家分头管理改变为以校党委书记统一领导下的、分管副校长具体负责的集中统一管理，严格实施由校党委书记、分管副校长、社科部主任、学生处处长、团委书记、社区工作站负责人、校学生会负责人等共同参加的德育工作联席会议制度（平均每学期两次），进行学校德育统一研究和部署，从组织上保证"大德育"模式的实施。

2. 强化运行机制

为确保"大德育"新模式的有效运行，我们将"大德育"运行机制比喻成一架飞机。具体地说，在整个"大德育"运行过程中，我们以思想政治理论课为机身（体现德育的主渠道、主阵地），以党团、学生干部教育为机头（体现德育工作的方向性），以"三育人"（教学育人、管理育人、服务育人）和"三助"（自我管理、自我教育、自我服务）为左、右机翼（体现德育工作的主体性），以心理健康、个案辅导为机尾（体现德育的针对性、时效性），以社会实践（含军训、义工、志愿者等内容）、校园文明（主要指各种行为的养成）、校园文化（含人文讲座、社团活动、文艺活动等）为飞机的三个轮子（体现德育工作的实践性），形成全方位、立体式的"大德育"运行机制。

3. 量化评价机制

为解决过去德育工作难以量化考核的问题，学校实行了一系列德育量化评价制度，主要有：学生掌握思想政治理论课知识的程度与平时行为相结合的考核制；文化素质教育合格证制；暑期社会实践报告评审奖励制；学生校园社区活动手册、军训档案、心理档案、党课教育档案、义工联、志愿者活动档案等登记制度。通过以上措施，我们形成了总体、全面、动态、有效的德育效果评价机制。

二、实施德育创新性举措

（一）实施效果

2004—2007年，实施德育创新性举措，取得的成果主要有：在政治教育方面，深圳大学有15 199名学生参加了党校培训，发展学生党员9 470人，占学生数的13.07%；受到省、市、校表彰的学生基层党组织80个，288名学生被评为省、市、校优秀党员。在理论教育方面，深圳大学开设了60多门理论素养选修课；举办哲学社会科学讲座90余讲；开发德育情景模拟软件10多个；申报并立项的国家级、省部级、校级德育课题25项；出版《踏着长征的足迹》《走进乡土中国》等多部著作、教材。在行为教育方面，深圳大学组织了450支社会实践队伍，投入经费206万元，共撰写了317份调研报告，530多份团队总结，4 500多份个人总结，其中176篇调查报告获得优秀奖励。近3年来，深圳大学共计13 000余名学生参加了社会实践，其中790名学生获得先进个人称号，59个优秀团队得到表彰；德育工作网总浏览量年均超过120 000人次；数千名学生参加深圳大学义工联，56名义工获深圳市义工最高荣誉"五星级义工"；学生心理个别辅导1 426人次，团体辅导3 390次，电话辅导1 751人次，电子邮箱辅导1 941人次。

（二）社会反响

中央电视台《新闻联播》节目，《中国青年报》《中国教育报》等报刊对深圳大学"大德育"的做法和成效都曾有过报道和介绍。2005年10月，广东省高校思想政治理论课现场观摩会在深圳大学举行；2007年，深圳大学被授予"国家文化素质教育基地"称号；2007年5月，教育部文化素质教育指导委员会主任、中国科学院杨叔子院士对此项工作给予高度评价，认为深圳大学"富有创新精神，在德育方面做了不少探讨和尝试，取得了较好成效"；近4年来，全国各地30余所兄弟院校前来深圳大学交流德育方面的做法，该成果在与兄弟院校交流过程中，获得好评，许多举措被兄弟院校借鉴采纳。该模式得到学生家长和用人单位的肯定。问卷调查结果显示，学生家长对学校工作平均满意度达到96.19%；用人单位对深圳大学毕业生的总体评价是"职业道德好，思想观念新，适应能力强，有团队精神，工作认真负责"。被调查的1 172家用人单位的平均满意度达到99.90%。该模式实施后，学生思想道德素质得到提升，违纪处分比例由2004年的0.86%下降到2008年的0.66%。

第三章 深圳大学思想政治理论课教育教学的探索与创新

深圳大学地处经济特区——深圳，是一所年轻的综合性大学，毗邻港澳，市场经济比较发达，面临着特殊的办学环境。她肩负着在经济特区培养中国特色社会主义事业接班人的历史使命，同时，深圳大学思想政治理论课教育教学也面临新形势和新挑战。对此，学校从教学理念、教学模式、教师队伍、教学内容、教学方式、教学手段、考核方式等方面进行了一系列探索，提高了教学的针对性和有效性，取得了明显的实际效果。

一、深圳大学思想政治理论课教育教学的目标和任务

高校思想政治理论课是我国高等教育的重要内容，是中国特色社会主义大学的本质体现。其主要任务是对大学生进行系统的马克思主义理论教育，帮助他们树立正确的世界观、人生观、价值观，提高大学生运用马克思主义的立场、观点、方法分析解决问题的能力。其根本目的是培养千千万万中国特色社会主义事业的合格建设者和可靠接班人。当前，加强高校思想政治理论课工作站在一个新的起点上，面对党的十七大提出的新要求和国内外形势的新变化，面对高校改革发展的新情况和青年学生成长成才的新特点，高校思想政治理论课肩负着用马克思主义中国化的最新成果武装大学生、推动社会主义核心价值体系建设、帮助大学生正确认识我国国情和改革发展稳定实

现问题、促进大学生提高政治鉴别力和增强政治敏锐性、培养高素质人才的重要职责和任务。

（一）用马克思主义中国化的最新成果武装大学生

中国特色社会主义理论体系是马克思主义中国化的最新成果，是全国各族人民团结奋斗的共同思想基础。只有推动马克思主义大众化，用中国特色社会主义理论武装头脑、教育人民、凝聚力量，我们才能把社会主义现代化建设事业不断推进，实现全面建成小康社会的宏伟目标。大学生是未来社会主义事业的建设者和接班人，只有用"一面旗帜"凝聚新一代，用"一条道路"引领新一代，用"一个理论体系"武装新一代，增强大学生对中国特色社会主义的理论认同、政治认同、情感认同，才能确保我们的事业兴旺发达、后继有人。高校思想政治理论课就承载着这样的功能和职责，关系到我们培养的人究竟走什么路、跟谁走的问题。因此，当前高校思想政治理论必须把推动中国特色社会主义理论体系进教材、进课堂、进学生头脑作为首要任务，坚持不懈地加强科学理论武装，教育引导大学生坚定中国特色社会主义理想信念，以及坚定走中国特色社会主义道路的决心和信心。在思想政治理论课教学科研中，我们要在坚持马克思主义指导地位的前提下，尊重多样，包容差异，最大限度地扩大共识，但对违反宪法、违反四项基本原则的错误观点，必须坚持原则、旗帜鲜明地加以批驳，决不能让其占领讲台，误导学生。

（二）推动社会主义核心价值体系建设

建设社会主义核心价值体系，是我们党在思想文化建设上的重大理论创新和重大战略任务。当前，我国进入了发展的关键期、改革的攻坚期，随着经济体制深刻变革、社会结构深刻优化、利益格局深刻调整、思想观念深刻转变，社会思想意识日益活跃，社会呈现出多元、多样、多变的发展态势。现在，高校已不再是远离社会的象牙塔，而是与社会的联系越来越密切，成为各种思想文化激烈碰撞的重要场所，社会发展的阶级性特征都会在高校中有所体现，在大学生思想领域都会有所反映。如今，我们已经进入了网络时代。以互联网为代表的新兴媒体，已成为各种社会思潮、各种利益诉求的集散地，成为社会舆论的放大器。大学生几乎全部是网民，他们把互联网作为获取信息和进行交流的主要渠道，网络对大学生思想观念和行为方式的影响越来越强烈、越来越广泛。少数学生缺失信仰，使不正确的思想意识和精神追求乘虚而入。然而，大学生学识水平较高，对社会其他群体具有重要影响和示范作用。这些都决定了大学生是社会主义核心价值体系建设的重点群体，也决定了高校思想政治理论课在推动社会主义核心价值体系融入国民教育全过程中的重要地位。我们要把社会主义核心价值体系体现到课程设置各领域，贯穿到教材建设和教育教学各环节，帮助大学生在科学理论指导下形成共同的理想信念、强大的精神力量和基本的道德规范，真正成为社会主义核心价值体系的坚定实践者。

（三）帮助大学生正确认识我国国情和改革发展稳定实现问题

建设中国特色社会主义事业是一项长期的任务，现代化国家不会从天上掉下来，需要每一个人付出扎实、艰苦的努力。我国仍处于并将长期处于社会主义初级阶段的基本国情没有变，人民日益增长的物质文化需要同落后的社会生产之间的矛盾这一社会主要矛盾没有变。我们在现代化建设中还会遇到许多复杂的问题和现实的困难，必须通过思想政治理论课帮助大学生正确认识国情，使他们了解我国从沦为半殖民地半封建社会的旧中国到重新走向光明的近现代史，深刻认识历史和人民怎样选择了马克思主义、选择了中国共产党、选择了社会主义道路，使他们准确把握我国的发展阶段、发展水平，深入了解中央确定的发展理念、发展道路和发展模式，从而坚持以经济建设为中心不动摇，坚定走科学发展道路的自觉性；必须通过思想政治理论课帮助大学生深入了解改革开放30多年波澜壮阔的伟大历程，使他们认识到改革开放的伟大意义、巨大成就、成功经验和前进方向，深刻领会改革开放是决定当代中国命运的关键抉择，只有改革开放才能发展中国、发展社会主义、发展马克思主义，从而增强他们坚持改革开放的坚定性；必须通过思想政治理论课帮助大学生解疑释惑，使他们正确认识改革发展中出现的新情况、新问题，社会关注的热点、焦点问题，避免思想出现偏激、行为出现偏差，从而以理性务实的态度正确对待各种社会矛盾；必须通过思想政治理论课教育引导大学生进一步认清自己的历史责任，使他们能够把爱国报国的决心自觉转化为勤于学习、善于思考、勇于实践的精神动力，转化为报效祖国、服务人民、奉献社会的实际行动。当前，我们要紧密联系我党领导人民战胜低温雨雪冰冻灾害、维护西藏社会稳定、开展抗震救灾斗争、筹办北京奥运会、保持改革发展稳定大局的实际，使学生深入了解共产党领导人民妥善应对前进道路上遇到的各种风险和挑战和切实解决改革发展过程中各种重大问题的决策、政策和部署，深刻认识中国共产党是中国特色社会主义事业的坚强领导核心，深刻认识中国特色社会主义制度的巨大优越性，深刻认识共产党以人为本、执政为民的执政理念。

（四）促进大学生提高政治鉴别力和增强政治敏锐性

当前，世界格局正在发生激烈变动，经济全球化、世界多极化趋势深入发展，国家综合国力竞争更趋激烈，世界范围内各种思想文化交流、交融、交锋更加频繁。我党领导全国人民经过长期努力，综合国力不断增强，发展道路和发展模式得到越来越多国家的理解和认同，国际社会更加重视中国的声音和作用。但从世界发展史看，任何大国走向强盛都不会是一帆风顺的，都会受到种种掣肘和无形的羁绊。特别是共产党领导的中国特色社会主义发展模式展现出了强大的生命力和优越性，不仅令世界刮目相看，也令一些国家产生种种不适应，更令一切敌对势力仇视和恐惧。当前，我们面临的考验空前严峻。西方敌对势力对我国实施西化分化的政治图谋从来没有放松，他们宣传推广所谓"普世价值"，在政治制度、人权、民族、宗教等领域对我国进行攻击，将经济问题政治化。他们还利用互联网、非政府组织等形式和渠道，插手我国人民内部矛盾和群体性事件，与我党争夺群众支持、争夺民心。目前，"藏独""东突独""法轮功""民运""台独"等敌对势力在境外合流，已经成为国际敌对势力的"马前卒"。2008年，国际上各种反华敌对势力试图借北京奥运之机，在国际或地区热点敏感问题上向我国施压，煽动抵制北京奥运会，抹黑中国。西方国家凭借其经济和科技的优势，通过各种途径和手段，加大其文化输出和思想渗透，向我国传播西方的政治观点、价值观念和生活方式，企图用潜移默化的方式使年轻一代全盘接受西方的价值观和政治制度。思想政治理论课是大学生接受马克思主义和社会主义教育的主渠道。我们必须从真正赢得青年、赢得未来的战略高度，不断加强和改进高校思想政治理论课，帮助大学生提高政治鉴别力和政治敏锐性，充分认识中国特色社会主义政治制度的科学性、合理性和必然性，筑牢拒渗防变的思想道德防线。这样，无论遇到什么风浪和考验，大学生都能够始终保持清醒的政治头脑，坚定正确的政治方向不动摇。

（五）培养高素质人才

培养造就一批又一批高素质的大学生，是党和国家赋予教育工作的一项神圣使命。目前，高校的学生大部分都是"80后""90后"，独生子女占很大比例，他们成长在我国改革开放和经济发展最好的时期，面对的却是比过去更加复杂多变的社会环境，需要应对未来各种意想不到的挑战，承担起建设社会主义国家的重任，这就要求当代大学生必须全方位提高自身素质和能力，特别是明辨是非的能力，应对复杂问题和突发事件的能力，处理各种社会关系、与社会和谐相处的能力，创造创业的能力等。在这几种能力中，基础和首要的能力就是思想政治素质,它对大学生其他方面素质的培养起着导向和龙头作用。大学生正值青春年华,处于世界观、人生观、价值观的形成阶段,我们把大学阶段的思想政治教育抓好了,他们才会走好人生的道路。加强思想政治理论课建设是提高思想政治素质、帮助大学生成长成才的内在要求,是培养他们坚定信仰、坚强意志、诚实品德和良好修养的重要途径。通过不断加强和改进思想政治理论课,大学生在理想信念和价值观方面、在思想品德方面、在融入社会的意识能力等方面得到进一步提高,在成长成才的人生征途中不迷失方向,真正成长为有觉悟、有才干、品德好、能做事,对国家、对人民、对社会有益的人。

二、 深圳大学思想政治理论课教育教学面临的问题和挑战

深圳大学现有在校本科生21 000多名,硕士研究生1 600多名,其中约60%左右的学生是在深圳长大的。深圳毗邻港澳,处在两种制度、文化和观念的交会点上。深圳作为改革开放的"试验场",率先开始了社会主义市场经济体制的改革,较早在全国进行了以市场为导向的改革试验。作为吸收新生事物最快的社会群体,青年大学生反映着市场经济的变化。经济特区的大学生,学习兴趣、生活爱好广泛;求知、求实、求真的要求迫切;竞争意识、风险意识、自主意识浓厚;成才意识、创新意识、民主意识强烈。他们的价值观更注重个人的发展,就业更看重收入待遇及施展才能的机会。随着市场经济的发展、对外开放的扩大和改革的深化,市场经济的消极因素和西方腐朽思想观念对高校学生的影响也日显突出。市场经济是一把"双刃剑",自由竞争和等价交换的原则有利于大学生树立平等、竞争、效率和创新的意识,但也易于等价交换和利益驱动原则泛化到其他领域。因此,如何既大力发展社会主义市场经济,又抵制拜金主义、享乐主义和极端个人主义对大学生思想、意识的侵蚀,就成为经济特区大学思想政治理论课需要解决的问题。

(一) 深圳大学思想政治理论课教育教学出现的矛盾

在高校思想政治理论课教育教学中存在的深层次问题和主要矛盾在于价值性工具与工具性价值的矛盾、人性化目的与物性化方式的矛盾、人文性内容与科学化方法的矛盾。

1. 价值性工具与工具性价值的矛盾

所谓价值性工具,是指我国教育行政部门把高校的思想政治理论课作为传授和灌输意识形态和价值观念的工具。在国际上,我国高校思想政治理论

课受重视的程度是绝无仅有的。思想政治理论课的课程设置和教育内容的确定由中央政治局讨论审定,然后颁布,全国各地遵照执行。其他高校的课程从未受到过如此的重视和优待,这种高度的重视使思想政治理论课在高校课程中享有至高无上的优先地位。然而,这种自上而下的高度重视并非自始至终,具体而言,就是只重视和关注思想政治理论课的课程设置和内容的确定,而对其教育效果则无人过问。无人过问思想政治理论课中所传授和灌输的价值观念学生是否接受,更无人关注所传授和灌输的价值观念是否已转化为学生的内在的思想意识并体现于道德实践中,同时也缺乏客观、有效的考核评价制度。这种只重内容、不重效果的思想政治理论课不仅造成了教育资源的巨大浪费,而且收效日渐微弱,甚至被看成是一门可有可无的课程,几乎成为一种摆设。高校领导者既无法强化它,又不能砍掉它。于是,高校思想政治理论课的工具性地位由至高无上变为一落千丈,即由形式上的至高无上地位到实际上的可有可无。其结果正是由于把思想政治理论课作为价值性工具所致。

所谓工具性价值,是指我国高校的部分思想政治理论课教师把教授思想政治理论课和灌输价值观念作为保住自己工作和饭碗的价值,教师仅把它当作一种工作而已,教完后便完成任务,而不管所传授和灌输的价值观念自己是否接受和理解。因此,思想政治理论课对他们来说是一种外在的工具性价值。试想,教师传授和灌输连自己都不一定接受和理解的价值观念,学生又怎么能接受和理解?其效果便可想而知了。事实上,在目前的高校中,这部分教师不在少数。为什么会这样,是这部分教师缺乏职业道德吗?笔者的回答是否定的。因为不管这部分教师接受不接受、理解不理解,他们都必须相信,自己向学生所传授和灌输的价值观念是正确的。传授和灌输这些价值观念就是他们的工作。正如当代美国道德认知发展理论的著名代表人物科尔伯格所说:"为了教育,教师不得不相信,某些道德价值是正确的,而不管学生是否接受。"

于是,高校思想政治理论课教育教学便出现了工具性价值与价值性工具的矛盾。具体而言,一方面,教育行政部门自上而下地设置了思想政治理论课并框定了教育内容,而且主观上认为只要高校照章办事,向学生传授和灌输既定的价值观念,就会收到预期的良好效果。另一方面,高校教师按教育行政部门框定的教育内容和价值观念照本宣科,而无法顾及学生的接受程度,仅仅把它当成一种工作,结果收效甚微。这样在高校思想政治理论课教育教学中,教育行政部门的价值性工具的指导思想便与高校教师的工具性价值的工作态度产生了矛盾,从而使高校思想政治理论课教育教学陷入困境。

2. 人性化目的与物性化方式的矛盾

我国高校思想政治理论课教育教学存在一个十分荒诞的悖论：一方面强调思想政治理论课是培养人、塑造道德人格的活动，其目的是人性化的；另一方面又把学生当作被动的接收器，被动接受意识形态和道德灌输的对象（器物）。这种把学生当作被动接收器的方式就是物性化方式，而把学生当作被动接收器本身是非道德的，然而，非道德的物性化方式是不可能培养和塑造出道德人格的，其结果只能是知行脱节的人格分裂。于是，人性化目的与物性化方式之间的矛盾出现了。

高校思想政治理论课教育教学中的这种物性化方式，首先，在哲学层面上是静态主客体观念的具体化和绝对化。所谓静态主客体观念是指把主客体的地位及其相互关系看成是一成不变的、静止的、绝对的，即主客体观念的绝对化。这种观点在思想政治理论课教育教学过程中则用静态的或静止的眼光看待师生关系，认为教师是绝对的主体，学生是绝对的客体，师生之间的主客体关系是一成不变的。因此，对于教师主体而言，学生是完全被动的，是被动的接收器，于是物性化方式和观念由此而生。其次，这种物性化方式在心理学层面上源于心理发展的线性观念。所谓心理发展的线性观念是指把人的心理发展、成熟看成线性状态，认为人的心理成熟程度是随年龄、受教育程度、社会阅历等而递增的，呈线性发展趋势。换句话说，年龄较大、受教育程度较高、社会阅历较深的人，其心理发展和成熟程度必然高于或优于年龄较小、受教育程度较低、社会阅历较浅的人。这种观点在高校思想政治理论课教育教学中则被认为教师在年龄、受教育程度、社会阅历等方面优于学生，因此教师的心理发展和成熟程度也必然高于学生。教师在思想政治理论课教育教学过程中是绝对的权威，学生始终是也只能是被动的接收器，教师采取物性化的强制灌输方式是理所当然的。最后，这种物性化方式在教育学层面上直接发端于主从型师生角色观念。所谓主从型师生角色观念，就是在思想政治理论课教育教学过程中把教师看成灌输知识、课堂管理的"教头"角色，把学生看成被动接受的"依从"角色，认为教师是绝对的主导，学生依从教师。根据这种主从型师生角色观念，在高校中教师可以采取有利于发挥其"主导性"的任何教育方式，自然也可以采取物性化的方式，用以完成知识灌输和课堂管理的任务。

人性化目的与物性化方式的矛盾在我国高校中十分突出，它集中体现为人性化目的与强制灌输方法之间的矛盾。在我国高校中，思想政治理论课被列为大学生的必修课，没有这门课的学分或考试不及格便不能毕业，这相当于一票否决。于是，大学生只好在规定的时间到规定的地点接受教师灌输规定的内容。在这种简单的思想政治理论课教育教学过程中，教师的任务就是将教材中现成的内容灌输给学生，学生几乎没有思考和选择的余地。这种物性化的强制灌输方法与思想政治理论课的人性化目的是背道而驰的，其结果只能是收效甚微。显然，这一矛盾的根源在于思想政治理论课"目中无人"，忽视了学生的主体性和能动性，把学生当作被动的物而不是当作能动的人来看待。因此，高校思想政治理论课教育教学要走出这一矛盾所造成的困境，就必须改变高校思想政治理论课"目中无人"，不把学生当人看的非人性、非道德的观念，实现从物性化方式向人性化方式的转化。

3. 人文性内容与科学化方法的矛盾

高校思想政治理论课的人文性内容与科学化方法之间的矛盾也日渐突出，成为困扰高校思想政治理论课教育教学的一个重要因素。高校思想政治理论课从人文教育与科学教育的角度来看，它属于人文教育，其内容具有人文性特点，如精神性、体悟性、思辨性等。而人文性思想政治理论课内容（如世界观、人生观、历史观和价值观等）是难以通过成果转让、科学实证、精确量化等科学化方法来传授和验证的，两者之间存在一定的矛盾，并且在我国高校中逐渐凸显出来。

（1）思想政治理论课内容的精神性与成果转让方法的矛盾。

思想政治理论课教育教学是传承人类精神文化成果的活动，而作为思想政治理论课内容的精神文化成果具有不可转让性的特征，即不可能像物质财富那样通过简单的遗留和赠送的方式来转让，或通过简单的购买和继承的方式来获得。我们购买了一件文物，但绝不意味着我们就获得了这件文物所蕴含的精神文化；我们可以把自己的著作赠送给朋友，但并不说明获得赠送的朋友就一定把握了著作中的思想和精神；我们可以继承前人的文献典籍，但并不意味着我们就拥有了这些文献典籍所承载的精神遗产。思想家可以引导我们的思想，但代替不了我们的思想，精神的财富只能通过思考的方式去获得和享用。同样的道理，在思想政治理论课教育教学过程中，教师可以引导学生思考，但不能代替学生思考，试图通过成果转让的方法把现成的思想政治理论课内容当作某种成果（产品）转让给学生的做法是行不通的。这种以代替学生思考和选择的教育理念来建构的思想政治理论课教学模式势必造成其人文性内容与成果转让方法之间的矛盾。而实际上，这一矛盾在当前高校思想政治理论课教育教学中十分突出。在我国高校思想政治理论课教育教学过程中，对于既定的教学内容，教师成为成果（教学内容）转让的中介。所谓成果转让过程就是教师讲授思想政治理论课的过程，课程讲授完毕，转让过程也就宣告结束。这种转让根本无视思想政治理论课内容的人文性特点，更不考虑学生是否乐意接受这些被转让的成果，因此，其效果甚微也就不足为奇了。

(2) 思想政治理论课内容的体悟性与科学实证方法的矛盾。

思想政治理论课的内容来自于社会生活（包括前人的已成为历史的社会生活和当代人的现实的社会生活），它不像自然科学的理论可以在实验室里通过科学实证的方法反复验证，因此对思想政治理论课内容的把握不能通过科学实证方法来验证或停留于字面上、逻辑上的理解，而需要特殊的心灵体悟。只有通过心灵体悟，思想政治理论课内容才能内化为学生的思想信念。因为系统化的思想政治理论课内容大多是抽象化、理论化、概念化了的表达式，对这些东西的把握不仅仅在于理解文字的意义，而且还在于通过体悟，通过内心思想的再现，通过设身处地的联想，学生尽可能领会其内在的意蕴，从而在深入体悟的基础上使思想政治理论课内容融入身心的真实存在，内化为学生的思想信念。所以，试图撇开学生的体悟，通过科学实证的方法来把握和检验思想政治理论课内容的做法是不理智的。然而，在当前高校思想政治理论课教育教学中却存在一种实证主义的倾向，即在思想政治理论课科学化的幌子下引入科学实证方法，用来论证和检验思想政治理论课内容及其效果。比如，以拾金不昧的次数和数量来评定学生的品德，以是否听话和服从长辈的意志来衡量学生是否尊敬师长等。这些做法看似科学，但实际上无法检验学生对思想政治理论课内容的接受程度，以及思想政治理论课内容在学生身上产生的真正影响，并且对学生容易产生误导，使学生表面上一套私下里又一套，甚至导致学生的人格分裂。于是，思想政治理论课内容的体悟性与科学实证方法的矛盾出现了。

(3) 思想政治理论课内容的思辨性与精确量化方法的矛盾。

自然科学中公式、定理具有精确性、清晰性，与此相反，人文性的思想政治理论课内容则具有复杂性、模糊性和思辨性的特征，比如，哲学世界观中的许多用语，如"思维与存在""现象与本质""原因与结果""必然与偶然"等，往往没有清晰的所指物，并不代表某一真实的客体和对象。因此，在思想政治理论课教育教学过程中，教师的任务既不是用概念来解释概念，也不是通过量化方法使复杂、模糊的思想政治理论课内容简单化、精确化，而是给出一个语境，给出一个使思想政治理论课内容的意义在其中得以显现的场景，从而激发学生的想象力，使其思维不至于束缚和停留于个别之物、特定之处境，而进入本质性、语境性的意义领域，进入思想的状态，在思考和辨析中提高判断能力，达到更高的心灵境界。这也正是苏格拉底的哲学对话方法和科尔伯格的道德两难故事讨论法所要达到的目的。然而，在当前的高校思想政治理论课教育教学改革中却出现了一些受线性思维左右的精确量化的评价模式和表达方式。比如，照搬自然科学中知识测验和考核的方法来评价德育内容的教学效果，并将它量化为具体的分数，以知识测验的分数来衡量思想政治理论课教育教学的效果，这种方法显然是极端片面的；再如，运用现代多媒体技术将具有复杂性、模糊性、抽象性的思想政治理论课内容转换为一系列简单、具体、形象的三维动画和精美画面。这种做法虽然有益于感官，却无益于思想。因为许多人文性的思想政治理论课内容是无法通过具体形象的动画形式来表达的，而只能通过思辨和体悟内化为学生的思想信念。所以，一厢情愿地将精确量化的科学方法引入并广泛运用在人文性思想政治理论课内容的教学中是不适宜的，其结果只能造成思想政治理论课内容的思辨性与精确量化方法之间的矛盾。这一矛盾目前虽然还不突出，但其趋势和后果是十分危险的。

可见，科学方法本身是好的，但一味地科学化不一定是好事。在当前高校思想政治理论课教育教学改革中，如果打着思想政治理论课科学化的旗号，不顾思想政治理论课内容的人文性特点，仅凭主观想象和臆断，将科学化的方法移植到思想政治理论课教育教学中，不仅不能增强思想政治理论课的效果，还会造成许多新的矛盾，甚至给本来就步履艰难的高校思想政治理论课带来一系列负面影响。

（二）深圳大学思想政治理论课教育教学面临的挑战

在新形势下，高校思想政治理论课教育教学面临市场体制和经济全球化、科技发展和社会信息化、对外开放和多元文化的挑战。

1. 市场体制和经济全球化对大学生思想政治理论课教育教学的挑战

市场体制和经济全球化，是推进当代社会发展的主要机制与潮流，两者是不可分割的。市场体制以其自主、竞争、效益机制，推进经济全球化进程；经济全球化则扩展市场体制范围、完善市场体制规范。江泽民同志在党的十六大报告中，对世界范围的市场体制和经济全球化发展态势做了一个概括："世界多极化和经济全球化趋势在曲折中发展，科技进步日新月异，综合国力竞争日趋激烈。"这一概括，揭示了整个世界在市场体制作用下和经济全球化进程中的特征与背景。这一时代特征与背景，昭示了大学生思想政治理论课教育教学所面临的新挑战。

（1）市场体制向大学生思想政治理论课教育教学提出新课题。

市场体制赋予社会主体与个体自主性，维护社会主体、个体提高效率与获取利益的正当性；在市场竞争机制的作用下，社会主体与个体的自主性、获利倾向充分发展，呈现出个性化发展状态，从而使我国社会经济成分、组织形式、就业方式、利益关系和分配方式日益多样化。这种多样化发展状况，是现代社会的特征之一，是现代社会丰富性的标志。我国自改革开放以来，从改革计划经济体制开始，到建立市场经济体制，极大地增强了社会主体与个体的积极性、自主性和创造性，使我国社会充满活力与生机。但是，这种多样化发展状况，往往伴随着有些社会主体与个体的自发性、分散性、个体性趋向，其具体表现就是急功近利，即对具有全局性、长远性的公共资源——政治、法规、道德的忽视、漠视，甚至损害。这就势必造成社会主体与个体在利益获取与发展上的矛盾甚至冲突。而解决矛盾与冲突的一个重要方式，就是思想政治教育，特别是要对大学生进行主旋律教育，因为他们缺乏社会经验，政治社会化程度有待提高，他们长时间在学校学习，缺乏在实践中对社会关系的正确认识与把握，我们需要把个体性、分散性的学习活动，引领并提高到一种具有自觉性、全局性、长远性取向的高度。

同时，市场体制的竞争与激励机制，促进了社会主体与个体之间直接比较和强大动力的形成，使整个社会充满自主发展的活力，有效地解决了我国在计划经济体制下的依赖问题，推进了我国经济与社会持续、快速发展，深刻改变了我国的社会面貌，改善了广大人民群众的物质与文化生活条件，提高了我国的国际地位。但是，在市场竞争过程中，由于竞争规则不完善，同样也由于受一些社会主体与个体自身利益的驱使，竞争往往陷于有形的、具体的、眼前的、可量化因素的比较。经济的、业务的因素则具有这种可直接比较的特征，显示出价值优位，而无形的、难指标化的因素，诸如精神的、政治的、道德的因素，则容易被忽视甚至漠视。其实质是经济、科技价值对政治、道德价值的替代，是市场价值规律的泛化。这种现象严重影响和冲击着大学生思想政治理论课教育教学，成为大学生思想政治理论课教育教学的新课题。

（2）经济全球化条件下大学生思想政治理论课教育教学面临的新挑战。

经济全球化是当代人类经济社会生活跨越国家和地区界限，在全世界范围内展现全方位的相互沟通、相互联系、相互影响和相互作用的一种整体化过程和趋势。经济全球化发展，促进了各国的频繁交往，加强了各国相互之间的沟通。在交往与沟通中，各国不仅可以学习、借鉴别国许多有益的知识、文化而融入进全球化潮流，而且在相互比较中，有利于各国更好地认识本国的特点和优势，强化民族的认同意识，从而使思想政治教育在经济全球化发展中，能够得到延伸、充实与巩固。这是经济全球化发展对思想政治理论课教育教学所提供的有利条件，也是大学生思想政治理论课教育教学应当明确的世界背景和可以利用的教育资源。

同时，我们应当清醒地看到，由于经济全球化实际上由西方发达资本主义国家引导和推动，发达国家与发展中国家不仅存在不平等的经济关系，而且存在不平等的政治关系。以美国为首的发达国家依仗其经济、军事、科技的优势，在全球范围内推行其强权政治、价值观念、文化方式和谋取利益，使包括中国在内的发展中国家面临国家主权、经济安全、民族文化等方面的新挑战。这些新挑战主要表现在如下两个方面。一是民族意识、国家观念面临挑战。世界范围的生产全球化、贸易全球化以及金融全球化，在信息网络、相互开放与市场竞争的推动下，现代经济的各种要素日益冲破民族国家的壁垒，在全球范围内自由流动。同时，经济全球化的运行又催生了各种世界性管理和协调机构的建立和运行，以前属于国内可以解决的问题现在日益国际化。这样，民族的地域疆界日益模糊，民族文化的边界也在与其他民族的文化进行交流和交会当中模糊起来。民族国家疆界和民族边界在一些学生思想上的模糊，一些学生对经济全球化实质缺乏正确的认识、对民族国家历史缺乏体验、对民族国家发展不平衡的根源缺乏了解。二是国家意识形态面临挑战。资本主义一出现，就开始了通过包围非资本主义地区来谋求生存与发展。资本主义的经济扩张与思想渗透总是紧密联系在一起的，经济是资本主义扩张的前提与基础，思想渗透则是资本主义扩张的目的与保证。我国是一个发展中的社会主义大国，对发达资本主义国家来说，是一个很大的"非资本主义"环境，不仅在经济上是发达资本主义国家竞相争夺的最大市场，而且在意识形态上也是渗透的重点。我国社会主义制度建立以来，西方意识形态的渗透就没有停止过。我国改革开放以后，西方文化大量涌入，西方意识形态的影响更加直接。这种影响的主要表现是：西方发达国家利用信息技术直接向青年学生传播政治规则与价值观念；凭借经济与科技优势抢占文化市场，直接着力于对青年思想的影响和"思想争夺"；通过文化渠道向青年学生散布西方思潮与宗教影响。因此，大学生思想政治理论课教育教学在经济全球化进程中直接面临着发达资本主义国家经济与政治的双重挑战。

（3）市场体制和经济全球化对民族精神的自发性冲击。

市场体制下放自主权，增强社会主体与个体的主体性，激励竞争与多样化发展，往往造成了国家内部对整体界限、集体观念有所模糊。随着经济全球化的发展，特别是加入世贸组织后，我国必须向世界经济、政治组织让渡部分权力；我国所面临的国际经济、政治格局再不是过去时代的割裂、分离状态；外资的大量引进、人员的大量国外输出，以及现代传媒、网络等传播途径的大量增多，国家外部对国家界限、民族文化产生了冲击。于是，传统的民族国家经受着变革，传统的民族精神经受着新浪潮的冲击。

而高校作为科技、文化发展的前沿领域，直接面临发达资本主义国家的经济、科技挑战。发达资本主义国家经济扩张的结果，不仅拉大了国内雇主与劳工的贫富差距，而且拉大了发达国家与发展中国家的贫富差距。这一差距过去对大多数师生来说，在很大程度上是一种比较抽象的"数字差距"，是比较间接的一种认识与体验，而加入世贸组织后，这种差距将被大多数师生从不同途径、以不同方式直接感受到。面对这一客观事实，一些对国家发展的历史，以及当今世界的发展状况缺乏全面、历史认识的青年学生，往往只以现有的经济差距作为价值判断标准，对资本主义产生向往之情，对社会主义产生怀疑。因此，在国内层面上，我国大学生面临市场体制条件下的竞争性、自主性、多样性发展，需要弘扬和培育民族精神，以奠定共同思想基础，增强民族团结统一，维护国家安定有序，保证社会协调发展。在国际层面上，我国大学生面临激烈的国际竞争和发展的巨大风险，面对发达国家强势经济与先进科技的严峻挑战，面向世界复杂多变的开放格局，更需要众志成城、团结一致，大力弘扬和培育富有时代特色的民族精神，以增强民族凝聚力和竞争力。

2. 科技发展和社会信息化对大学生思想政治理论课教育教学的挑战

进入20世纪90年代以后，现代科学技术的发展，特别是计算机的广泛运用。信息技术的成熟、数据库应用的普及，许多发达国家不断加强各种形式的信息基础建设，有效地开发利用信息资源，促进人类进入了社会信息化的阶段。在社会信息化条件下，高校学生获取信息的渠道增多、获取的信息量空前增大。这既为大学生思想政治理论课教育教学提供了丰富的信息资源和新的教育空间，也向大学生思想政治理论课教育教学提出了发挥正面主导作用的新挑战与新要求。

（1）社会信息化对大学生思想政治理论课教育教学的积极推动。

社会信息化对大学生思想政治理论课教育教学的积极推动，实际上是通过科学技术促进思想政治理论课教育教学的现代化和思想政治理论课教育教学的科学化。社会信息化加速了世界各国文化的交会、碰撞与融合，拓展了思想政治理论课教育教学的文化环境，开阔了思想政治理论课教育教学的文化视野，丰富了思想政治理论课教育教学的文化资源，对思想政治理论课教育教学具有积极推动作用。

第一，社会信息化为培养大学生的现代文明观念提供了有利条件。一是社会信息化开创了全新的思想政治理论课教育教学文化环境。社会信息化把世界各个国家、地区、部门、企业、个人的知识成果连接了起来，促进了人类文明成果的大交流和世界文化的大交会，丰富了大学生思想政治理论课内容，为大学生提供了学习、借鉴的广阔空间，有利于思想政治理论课教育面向现代化建设、面向世界和面向未来，有利于培养学生的开放意识与现代观念。二是社会信息化有利于培养学生的主体精神。互联网具有平等性、交互性与自由性，学生可以根据自己的兴趣爱好和自身需要，自主地选择、加工、创造信息，自由地选择教学内容、专业课程和授课教师，自觉地制订学习计划、安排学习进度。这就改变了学生在传统教学过程中的被动方式，使学习成为学生的自主选择，有利于培养学生的独立性、主动性与创造性。三是社会信息化有利于培养学生的创新精神、竞争精神与协作精神。现代信息技术本身就是在不断比较、竞争、借鉴、创新的过程中发展的，信息量的不断增加与信息的不断更新，信息方式的不断改变与创新，不但激发了学生掌握新信息和运用新信息方式的热情与欲望，而且为培养学生的竞争、协作、创新精神提供了广阔的平台。四是社会信息化有利于形成大学生的民主、公平观念。远程教育网络的建立，使每个人都有可能在计算机前接受由自己选择的各类各层次的教育，对实现人类的教育公平理想具有促进作用。信息技术使人们在共享资源的同时，也提供了发表个人意见的便利条件，使人们有更多的参与和影响政治的机会，有力地促进了社会政治民主化，这就为培养大学生的民主、平等观念提供了良好的条件。

第二，社会信息化为提高大学生思想政治理论课教育教学效果创设了新的条件。一是社会信息化为促进学生的全面自由发展提供了新条件。实现人的全面自由发展不仅需要社会物质条件、政治条件和文化条件，在社会信息化条件下，还需要时空条件。现代信息技术的应用大大提高了劳动生产率，也可以提高学习、研究的效率，节省了社会必要劳动时间，使个人自由支配的时间增多。学生有了自由支配的时间和展示自我的信息活动的平台，可以参与、组织更多的文化活动，发展自己的兴趣爱好，丰富精神生活，从而为个人全面而自由的发展提供了时空条件。二是社会信息化有利于提高思想政治理论课教育教学的针对性。社会信息化可以让我们了解到大学生更为真实的思想动态，这是因为网络行为的虚拟性，让用户可以隐匿自己的真实身份，用户能更自由地、真实地表明自己的想法，网络因之成为我们了解大学生思想和心理变化的"观察室""晴雨表"。特别是一些受到普遍关注的校园和社会热点问题，大学生都会在网上发表各自的观点、意见，进行交流、讨论，只要我们认真收集、整理这些材料，我们就能及时了解大学生的思想动态，使大学生思想政治理论课教育教学更具有主动性、针对性。三是社会信息化提供了新的思想政治理论课教育教学途径和方式。利用网络开展大学生思想政治理论课教育教学，开辟了思想政治理论课教育教学的新领域，创造了网络思想政治理论课教育教学新形式。网络的自主性与交互性特点，使学生既是受教育者，也是教育者。学生可以在网络中提供教育资源，做出教育贡献和显示自身价值，学生也可以与喜欢的教师、专家、可信赖的人交流思想、相互启迪、共同提高，从而使思想政治理论课教育教学由双向方式发展为多向方式，由现实途径扩展到虚拟途径。四是社会信息化有利于增强大学生思想政治理论课教育教学效果。利用网络的虚拟功能、图像显示及音频、视频功能和多媒体的交互性，可以发挥学生视、听、思维等器官的感受作用，形成综合教育情景，改变传统思想政治理论课教育教学的单一状况，增强思想政治理论课教育教学的感染性与影响力。

第三，社会信息化使大学生思想政治理论课教育教学的社会化程度提高。传统的大学生思想政治理论课教育教学往往局限于课堂教育，校园文化对大学生的影响起主导作用。网络的出现，把大学生带入一个更为广阔的天地。通过网络，大学生能了解现时的生活世界，了解不同国家的各种社会现象、思想观点、文化思潮、学术流派。这造成了大学生在价值取向、文化选择上的困难，导致大学生思想上的迷茫困惑，给思想政治理论课教育教学带来新的困难，但同时可以推动大学生思想政治教育改变"象牙塔"方式，以面向社会和世界的方式，提高社会化程度，及时跟踪大学生的思想发展变化轨迹，有效解决大学生的各种思想问题。

（2）社会信息化对大学生思想政治理论课教育教学的负面影响。

社会信息化对大学生思想政治理论课教育教学的负面影响，实际上是科学技术在推进思想政治理论课教育教学进化过程中的某些退化。社会信息化的迅猛发展，使社会信息压力空前增大，也使社会信息因难以监控而导致信息混杂，使大学生在信息化过程中容易丧失主体性和受到不良信息影响。

第一，社会信息压力冲击人文教育。现代科学技术的迅猛发展，不仅使社会的信息与知识总量急剧增加，而且加快了信息与知识的传播与交流。随着科技、社会综合化发展，越来越需要人们除了掌握自己所学专业知识之外，还要学习相关专业的知识。这种逐渐增加的知识压力，使许多学校、学生忙于应付智育与业务学习，以应对日益增加的社会信息所带来的挑战。于是，在不知不觉之中，我们忽视了道德教育与道德生活。正如联合国发展计划署教育顾问德怀特·艾伦所说的："20世纪，高等教育自发地把如何使学生变得'聪明'当作了主要目的。当今，知识量已经翻了好几倍。高等教育忙于应付令人头晕目眩的新知识，无暇顾及价值观和道德教育。"针对这种情况，他明确提醒并警告人们："教育有两个目的：一个是要使学生变得聪明；一个是要使学生做有道德的人。如果我们使学生变得聪明而未使他们具有道德，那么，我们就为社会创造了危害。"所以，在信息压力下所发生的人文缺失，并不是信息、知识本身的原因，而是因为一些学生专注于信息与知识，忽视了自身的道德生活。

第二，信息环境的开放性和难以监控性，削弱了大学生思想政治理论课教育教学的影响力。社会信息化使大学生思想政治理论课教育教学处于一个完全开放的社会环境中，学生可以通过大众传媒、互联网络等多种途径快捷地获取大量信息，形成某些先入为主的看法。面对这种情况，教育者一是很难具体准确了解学生受到哪些信息的影响，使教育的针对性不强；二是教育者的正面教育可能与学生已经形成的想法相矛盾,使教育效果下降。也就是说,社会信息化既开辟了广阔的思想政治理论课教育教学领域,又挤占了思想政治理论课教育教学的空间;多样、多变、多质的信息,冲击着思想政治理论课教育的主导价值取向。大学生受到各种文化、信息影响,需要他们自己进行辨别、选择、认同的时候,难免因缺乏对历史的了解和社会生活经验,或受西方文化与信息的影响而疏离思想政治理论课教育的主导内容,或受到不良信息与错误价值观影响而对思想政治理论课教育的主导内容不感兴趣。

第三,信息诱惑容易使一些学生丧失主体性。由于网络开放、交互式、终端用户独立自由等特点,网络本身对不良信息难以设置"天然屏障"。网络内容良莠不齐、泥沙俱下,网上不仅有毒害青少年身心健康的黄色信息,也有制造社会政治、经济混乱的黑色信息,还有引发学生成瘾的诱惑信息。大学生由于生理、心理等因素,他们的世界观、人生观和价值观尚处于发展阶段,可塑性大,容易受到不良信息的诱惑和虚假信息的欺骗,有的甚至沉醉于虚拟生活,漫无目的地飘荡于信息之中,不能自已。这样的学生不仅思想道德发生偏离,而且学业出现荒废,成为大学生思想政治理论课教育教学的难题。

3. 对外开放和多元文化对大学生思想政治理论课教育教学的挑战

随着人类交往范围的扩大和日益频繁,不同民族的多元文化激荡新景象出现了。而我国正处在对外开放时期,多元文化激荡自然更为明显,因此,如何在这种多元文化激荡中保持民族文化的主导地位,是大学生思想政治理论课教育教学面临的新问题。

随着我国对外开放的扩大,中西文化碰撞和交融日益激烈,中华民族文化既获得了发展的大好机会,同时也面临着文化多元化的冲击和文化霸权主义的侵害。

文化多元化的冲击导致民族文化传统在"断裂"中发生激变。这是当今时代各国社会结构变迁所面临的一个普遍性问题。在外来文化的冲击面前,人们往往陷入一种两难选择的困境:如果固守原有的民族文化方阵,在纯洁的文化基地上确保民族性特色,则民族文化只能沿着传统固有的轨道以不变的节奏缓慢发展,致使民族的发展跟不上时代的节奏;如果听任民族文化经受多元文化交融,又难以保持文化的主导性,导致传统的断裂,则文化的变化状态会导致民族性的失落,甚至使民族沦落到灭亡的命运。

在多元文化激荡中,不同民族文化出现了中心与边缘的分野。在相对封闭的过去,由于受到地理与生态条件的限制,不同社会群体之间的文化交往通常是有限的,世界是相对封闭的几个系统,不存在中心与边缘,或者说世界是多中心的。到了经济全球化发展进程中、不同文化交往的过程中,强势的文化将依靠着它多年所蓄积的落差,势不可当地冲击着处于弱势的文化体系,西方国家特别是美国充当着世界文化"总裁""判长"的角色,认为只有西方文化才是优秀的,企图用美国的文化统一全球,这就是文化霸权主义。

文化霸权主义者依仗其强势经济与科技,对发展中国家,特别是社会主义国家的民族文化产生巨大冲击。这主要表现在西方发达国家以其先进的科技,大量传播、输出文化产品,并以潜移默化的方式向我国传播生活方式、价值观念与政治制度。如美国中央情报局的一份行动纲领指出:"一定要尽一切可能做好宣传工作,包括电影、书籍、电视、无线广播,只要他们向往我们的衣、食、住、行、娱乐和教育方式,就是成功了一半。"[1] 西方发达国家的文化传播与输出,在开放条件下,是无法避免的,我国对西方发达国家的文化,进行学习、借鉴也是必要的。但在这个过程中,学习、借鉴什么,批判、抵制什么,如何进行比较、鉴别,对广大学生来说,是有困难的。因为大学生社会生活经验不足,对历史了解不多,对社会主义与资本主义的本质缺乏认识。一些大学生往往以好奇的心态,不加分析、鉴别地对待西方文化,甚至对自己接近与熟悉的民族文化缺乏兴趣。这种在西方文化与民族文化上的亲近与疏离、认同与排斥现象,如果超过了一定限度,就会对大学生思想道德观念的形成产生严重的负面影响。

三、 深圳大学思想政治理论课教育教学的改革与探索

在中国社会主义市场经济的建设时期,思想政治理论课教育教学面临着新的大环境,面对新的教育对象,同时也面临自身的改革。面对以上的环境和教育对象,思想政治理论课教育教学存在不尽如人意之处,与时代和社会发展的新要求还存在很大的距离。在大学中,由于种种原因,学生学习思想政治理论课的积极性不高,应付考试成为学习动机。出现这种情况的原因是多方面的,但从根本上讲,是由于思想政治理论课教育教学未能适应社会转型所带来的整体环境和个人思想意识的变化。因此,为了使思想政治理论课的教育教学适应这种新的变化,克服以往教学过程中的弊端,进一步增强思想政治理论课教育教学的针对性、吸引力和实效性,深圳大学对思想政治理论课教育教学进行了大胆的改革与创新。

---

〔1〕 俞可平. 全球化与政治发展 [M]. 北京:中央文献出版社,2003.

（一）教学理念的创新

教学改革的先导是教育思想和教育理念的转变。为使思想政治理论课教育教学与社会主义市场经济的发展相适应，我们必须改变制约和影响思想政治理论课教学的旧思想和旧观念，把过去思想政治理论课教育单一的政治功能，转变到引导大学生形成正确的世界观和培养健康、高尚人格上来；从过去认为思想政治理论课教育单纯是灌输意识形态的观念，转变到"教学为育人"的观念上来；从思想政治理论课教育单一的教学为本的观念，转变到"教研共进"的观念上来。

我们认识到，高校思想政治理论课固然是对青年学生进行思想政治教育的主阵地，但它同时又具有培育学生人文修养、丰富人文精神的作用。思想政治理论课内容本身就是以人文社会科学知识为基础，同时也渗透着许多其他人文社会科学知识。不懂得德国古典哲学，就很难理解马克思主义哲学；不懂博大精深的中国文化和几千年中华文明史，就难以真正理解毛泽东思想、邓小平理论、"三个代表"重要思想、科学发展观，以及深入贯彻习近平总书记系列重要讲话精神。如果剔除其丰富的人文内涵，思想政治理论课教育将难以实现其目标和价值。

我们处在一个科学技术发展迅速、知识经济特征越来越显著的时代，提高人的基础素质显得格外重要。教育既要给学生以知识和能力，又需要提高人才的整体素质，处理好基础性与前沿性、专业性与综合性的关系，体现科学精神与人文精神的和谐统一。人文素质教育是人才培养的一个重要方面，是人才质量的基础因素。这要求我们的思想政治理论课教育在培养人的过程中注重他们基本的内在素质，特别是他们的人文素质，从而适应时代的要求。

（二）教学模式的创新

面对思想政治理论课改革不断深化和素质教育全面推进，面对跨世纪人才培养的新要求，单一的课堂理论教学已难以适应形势的发展。要想让思想政治理论课教学真正做到"入脑、入耳、入心"，思想政治理论课教学必须适度地走出校园，加强实践教学环节。

具体而言，我们的实践教学主要分为以下两种方式。

第一，建立实践教学基地，分期分批组织学生参观学习。根据教学实际，深圳大学明确了建立实践教学基地的原则：一是理论联系实际。实践教学基地要紧密配合课堂理论教学，是理论教学内容的延伸。二是突出深圳的地方特色。深圳是中国最早的经济特区和最大的移民城市，实践教学基地要着重体现深圳经济发展和社会进步的历史背景、地理环境、人文精神等。三是由于思想政治理论课学生人数众多,实践教学基地的接待能力要大、容纳能力要强、参观费用要低廉或者减免。遵照上述原则,在深圳市委宣传部的帮助下,深圳大学在20世纪90年代中期便选择了深圳石化集团、赛格集团以及金地集团、华侨城、龙岗区南岭村、宝安区万丰村等地的单位,前几年调整为南岭村、华侨城、深圳市博物馆、深圳中英街历史博物馆、深圳科技工业园等,建立起经常性的教学、实习、调研基地,开通了多方面的教育学习渠道。

深圳大学按计划分期分批地安排学生赴各基地进行参观调查,同时组织学生撰写心得体会、社会调查报告。以上实践教学,有利于学生更深入地思考问题,有利于学生写作水平的提高,有利于学生理论联系实际,更深入地了解社会现实。有的同学在参观南岭村后写道:"今天,我参观了南岭村,我不仅了解了深圳从贫穷落后到繁荣富强的发展变迁,而且深刻体会了马克思主义历史观阐述的生产力和生产关系、经济基础和上层建筑之间矛盾运动的规律,以及发展才是硬道理等重要原理。"

第二,组织学生开展暑期社会调查。学生暑期社会调查采取课题招标、项目资助的方式进行。由社科部拟订并公布一批指导性调研课题在全校学生中进行公开招标或者学生围绕社会热点问题自拟课题申请项目资助。每一个课题竞标团队由10名学生组成,由深圳大学社科部组织教师进行评标,确定中标团队,签订课题合同,并安排教师对学生的调研实践活动给予指导。在调研经费上,深圳大学给予每个调研团队1 000元人民币的经费资助。在学生提交社会调研报告后,由校团委、社科部共同组织对社会调查实践活动进行评比、表彰和奖励,并推荐和指导优秀团队到新生中宣讲。

(三)教学内容的创新

在思想政治理论课教学的内容上,固然应该系统地进行,就一个观点的来龙去脉要讲深讲透,但并不是片面追求系统性,不是越多、越全、越好,而是关键要从实际出发。这个"实际"包括两方面,一是当代大学生的人生经历和思想实际,特别是他们关注的理论热点、难点问题和思想上的困惑。二是改革开放和社会主义市场经济建设中的重大现实问题。深深扎根于当代中国全面改革和现代化建设的实践进程,是思想政治理论课的生命力之所在,也是思想政治理论课教学改革取得成功的关键所在。教育者要善于引导学生从理论层面上分析各种现实问题,使学生感受到思想政治理论的生机与活力,感受到思想政治理论课教育的强烈现实感和时代感。

根据上述要求,我们在思想政治理论课的教学时不再采取平铺直叙、面面俱到的,按章、节、目讲授的方式。而是按教学大纲和内容要求,我们将课程设计成若干专题，紧扣理论，结合现实生活中的热点问题进行讲解。各专题要依据教学基本要求，但不拘泥于教材的体系结构，突出重点和核心部分。教材上的非重点、非核心内容则要求学生自学完成。在这方面，我们的指导思想是，教学既要围绕教材，但又高于教材。"围绕教材"有利于学生系统学习基本知识和基本理论。"高于教材"体现在两个方面：一是要"深"，即将重点的知识和理论予以延伸、提高和升华；二是要"宽"，即将重要的知识和理论予以拓展、充实和补充。

（四）教学方法的创新

通过教学方法的创新，增强学生的主动性、参与性，提高教学效果。

第一，开展启发式、参与式、案例式教学。创新始于问题，问题是激发学生学习兴趣的重要方法，也是激发学生的主动性与创造性的根本动力。在教学中，教师为学生设计各种各样贴近实际的情景，激发学生独立提出问题，启发学生根据不同条件，从不同角度和不同方法去解决问题。如在讲述唯物主义问题时，我们从"法轮功"以及世界上形形色色的邪教组织等问题出发，让学生认真思考，为什么在科学发展的今天，一些封建迷信以及邪教组织活动还如此猖狂。教师根据教学内容提出若干问题，并给出多种观点或多种答案，由学生组织讨论或辩论，同时，学生又可向教师提问。教师与学生平等、自由地发表各自的见解。教师在每次课或每个专题结束前安排一定时间集中进行讲解，消除学生在讨论中出现的错误思想和认识，这种平等对话和讨论，加强了教与学的交流，消除了教师与学生认识上的差距，增强了教师理论讲解的可信度。

第二，聘请外校大师、著名学者进行专题讲座，开设深圳大学"哲学社会科学论坛"。受教材、大纲和教师知识面的影响，课堂教学知识面的宽度和深度毕竟有限，为弥补这一缺陷，深圳大学采取本校教师教学与"请进来"教学相结合。一所大学在人文领域有造诣的学术大师毕竟有限，但可利用国内外大学，以及社会上的教学资源，利用兄弟院校的力量。根据课程教学内容的需要，我们请来校内、外的专家学者，社会各个领域中有成就的实际工作者给学生做学术报告，补充和丰富课堂教学。近年来，我们先后聘请中国社会科学院、北京大学、南京大学、东北师范大学、中山大学、华南师范大学等单位的知名学者，就美国对华政策、马克思主义哲学、大学生健全人格的塑造等问题，向广大学生做专题报告。同时，深圳大学思想政治理论课的任课教师也精心准备若干专题，作为教学内容的扩展和延伸，从而提高整个课程的教学质量。

（五）教学手段的创新

随着科学技术迅速发展，教育教学手段的不断改革，传统"黑板＋粉笔"和以教师口授为主的教学方式越来越不能适应教学的要求。融文字和声像为一体的多媒体教学和网络教学，则以其形象性、生动性、开放性受到学生的青睐。

深圳大学从 20 世纪 90 年代中期开始实施多媒体教学，90 年代末开始实施网络教学。我们社科部承担和完成了教育部思想政治理论课（政治经济学）多媒体课件的课题项目研究，组织教师进行多媒体教学和网络教学的培训，使其系统了解和运用多媒体教学和网络教学。

同时，深圳大学也避免陷入现代化教学手段的工具主义倾向。这种工具主义倾向将多媒体和网络教学视为思想政治理论课教学的中心与主导，而教师的讲解与分析则处于次要地位。我们不把多媒体和网络技术产生的新鲜感和好奇心作为教学改革的动力，感官刺激、兴趣和好奇不能代替理论思维。因为如果对教学手段采取工具主义的态度，则会误导学生对这门学科的认识。

（六）考试方式的创新

思想政治理论课的教育不是要学生死记硬背一些马克思主义的理论教条，而是要提高学生利用理论分析问题、解决问题的能力；提高学生对党和国家所采取的方针政策的理解和认同；提高学生在生活中实践道德修养的自觉性。因为思想政治理论课教育的这种特殊性，深圳大学在 20 世纪 90 年代中期开始，便对考试方式做了改革，由闭卷改为开卷。近几年，我们进一步改革了考题形式。考试题目全部是材料分析题，这种题型既考察了学生对知识点的掌握，也考察了学生分析问题和解决问题的能力。

为了对学生在思想政治理论课学习中的表现做综合的、全面的考评，深圳大学采取期终考试和平时表现相结合的考评方法，期终考试占考评的 70%，平时表现占 30%。平时表现包括课堂讨论发言情况、出勤情况、完成作业情况、社会实践等。

（七）教师队伍建设的探索

思想政治理论课自身的特点使其不同于其他专业课，它要求教师的授课必须思想性强、知识面广、信息量大、内容新颖、理论联系实际，建立一支稳定、高效的思想政治理论课教师队伍是提高思想政治理论课教学质量的重要条件。

为进一步加强和改进深圳大学思想政治理论课，促进教师队伍的职业化、专业化、专家化、合理化建设，在校人事处的大力支持下，深圳大学本着"五湖四海"的原则，通过积极接收优秀博士毕业生，调进高水平、高职称的教师，大力支持在岗中青年教师继续学历教育等再教育方式，初步建成了一支数量基本够用、结构比较合理、素质相对优良的师资队伍。近五年，深圳大学共接收博士毕业生10位，调入高水平、高职称的教师4位，在职攻读博士学位的中青年教师有4人，其中2人已博士毕业，2人正在攻读博士学位。并且学校提供条件，让多名思想政治理论课教师前往美国、英国、日本等国交流访问。

目前，深圳大学共有35位思想政治理论课专职教师。在职称方面，有教授9人、占25.7%，副教授16人、占45.7%，讲师7人、占20.0%，助教3人、占8.6%；在学历方面，有博士学位的教师20人、占57%，有硕士学位的教师9人、占25.7%。在年龄方面，35岁以下的青年教师10人，占28.6%，36~45岁的中年教师有14人，46岁以上的教师11人。

从现有师资整体来看，五年来我们的师资队伍建设无论在数量方面，还是在职称结构、学历结构、年龄结构、专业结构等方面都取得了长足的进展。但我们同样看到差距与不足，主要表现在如下方面：一是年龄结构急待改进。35岁以下青年教师数量不足，比重偏小；二是职称结构有待优化，高级职称的人员占的比重偏大，占64.7%，而且过两年这个比重还会继续增加，而中级职称的人员不足，初级职称的人员为零；三是在学缘、地缘方面也需改进，来自一两所学校、一两个地方教师偏多的情况一定程度上还存在。

为此，我们确定了今后深圳大学思想政治理论课教师建设规划：一是继续按"五湖四海"的原则大力接收名牌大学优秀青年博士毕业生；二是要引进高水平的学科带头人；三是继续鼓励、支持45岁以下的中青年教师参加学历等继续教育；四是争取学校的支持，让具有高级职称的教师赴国外一些知名大学做访问学者；五是争取吸收一些有海外知名大学留学背景的高学历、高职称的教师。

通过以上措施和途径，深圳大学拟建设一支总体数量充足、各种结构优化、综合素质精良的师资队伍。具体目标有两个：一是要引进和培养一到两名在全国有较大影响的学术带头人和三到四名省级骨干教师；二是教师总量拟达50人左右的规模，且进一步优化师资队伍的职称结构、学历结构、年龄结构、专业结构和学缘结构。在学历结构方面，博士学位的人员应占到50%以上；在年龄结构方面，35岁以下占30%左右，36~45岁占40%左右，45岁以上占30%左右；在专业结构方面，使其更趋合理；在学缘结构方面，要进一步本着"五湖四海"的原则加大教师引进力度。

同时，深圳大学每年组织思想政治理论课教师赴国内其他高校与同行进行学术交流、访问，学习兄弟院校的做法和经验。把"请进来"与"走出去"相结合，这不仅对教学、教改工作有许多直接的借鉴与启迪作用，而且对建立院校间部际交流与合作关系大有裨益。

第四章　试论高校德育情景模拟训练的合理性根据

随着整个社会步入信息化时代，高校德育面临着诸多新的问题与困境，其中一个比较突出的问题与困境是：传统的以成人说教、知识传授为主导的高校德育手段越来越显露出巨大的局限性。因此，与时俱进地革新高校德育方法，这对于大学生成长无疑具有现实意义与实践需要。

高校德育情景模拟训练是指按照大学生全面成长的整体要求，通过现代多媒体技术手段将现实生活中的高校德育案例转化为互动可视的情景模拟，并制作成相关软件，以直观的方式运用于高校德育活动中，使大学生有身临其境之感，从而实现大学生对德育内容的体悟和理解，并在一定程度上完成德育在大学生身上的内化。当然，对于这种新型的高校德育模式，人们有足够的理由追问这样一个问题：高校德育情景模拟训练对于实现大学生健康成长的目标，其合理性能否得到保证？为此，本文拟从高校德育的知识性、社会性与实践性三方面对高校德育情景模拟训练的合理性根据进行分析与探讨。

一、高校德育情景模拟训练的知识性根据

包括高校德育在内的任何教育活动，都离不开且需要相关知识的到场。而高校德育情景模拟训练第一个合理性根据就来自对高校德育的知识本性。

总体来看，大学生活动的最大特质就是缺乏科学意义上的"齐一性"，由此导致高校德育的知识本性也必然具有非科学意义上的确定性，这必然性地决定大学生获得德育知识的基本路径不是自然科学意义上的"教导"，而是生活实践意义上的"训练"。以上论断可以从亚里士多德与伽达默尔等人的思想中得到阐释与证明。

亚里士多德认为，包括高校德育在内的所有德育说到底是对有别于自然世界的人的行为的理解而开展的一种教育类型，而人的行为在本性上属差异性与多样性，由此决定了"对人的行为理解"而产生的德育知识的不确定性，而德育知识的不确定性又进一步决定了德育知识的"训练性"，而非"教学性"。由此亚里士多德公开宣称，德育知识在本性上不同于自然科学知识，正如道德知识不可能具有像"$1+1=2$"及"三角之和等于$180°$"等自然科学知识那样的确定性。因为科学的品质决定了人们必须在非常准确的意义上而非粗略意义上使用科学术语。换言之，正是科学的确切性品质决定了其知识的"可传授性"。而德育知识的不确定性也决定了其知识的"可训练性"。作为家长，"他应当着眼于他的特殊对象，并且研究到适合他的目的的程度。追求过分的确定性将要求烦冗的工作，这会超出我们的目的"。

可见，在亚里士多德看来，就科学知识的确切性而言，科学是可教的。然而，高校德育则是大学生对自身行为的一种理解与把握，就知识本性而言具有不确切性。毫无疑问，作为一种"成就自我"的高校德育，从确切性的知识传授角度看，显然是不可教的，只能是"理解"与"行动"，属"训练"的范畴与对象。

当代解释学大师伽达默尔和德性伦理学家麦金泰尔完全赞同亚里士多德的以上真理性论断。按照伽达默尔的理解路径，就高校德育而言，"一般来说，它根本就不是为了构造一种能满足科学方法论理想的确切的知识"。麦金太尔更是强烈主张回到亚里士多德那里，他认为："自然，在许多不同领域中都有真正的专家，我对这一点毫不怀疑。比如，在研究胰岛素的生物化学中……都有这种专家……我将得出的最终结论是，这种专门知识（如果主张在道德领域也有这种专门知识的话）实际上会变成一种道德虚幻，因为需要用来维持它的那种知识并不存在。"

因此，基于高校德育指涉的是不确切的大学生行为。从德育知识本性上看，引入情景模拟训练进行高校德育不仅可能而且是必须的，这也为高校德育情景模拟训练开辟出了新的空间。换言之，高校德育情境模拟训练正是基于对德育知识本性的深刻领会与把握的基础上，通过大学生生活情境的模拟，以此来完成德育知识在大学生身上的"成长"，从而实现高校德育方式变革。它毫无疑问打破了传统高校德育以知识传授为主导的界限与品格，通过对大学生行为的"模拟"与"训练",从而使高校德育真正走向并走入大学生的"生活世界"。

二、高校德育情景模拟训练的社会性根据

既然包括高校德育在内的德育知识的"非确定性、非唯一性"决定了它在知识意义上的"不可传授性",即我们不可能像通过科学知识教育的方式那样来开展高校德育。那么,高校德育的出路在哪里呢?

正如唯物史观所指的那样,社会存在是一切社会现象得以存在、发展的本体论依据。因此,高校德育的真正出路也必须立足于现实的社会存在,并在此寻求问题的真正解答,而高校德育情景模拟训练正是在此种"解答"中获得它的第二个合理性根据。也就是说,当前我们现实的社会存在已经是信息社会,社会的信息化存在必然为高校德育情景模拟训练的可能性与必要性打开"现实之门"。总之,新时期高校德育将不可避免也毋庸置疑地要接受信息社会到来的全面挑战,并以此寻求突破。

高校德育说到底其实就是要完成对大学生行为习惯的养成,而大学生行为习惯的养成又必然性地与社会捆绑在一起。亚里士多德认为,道德德性则通过习惯养成,因此它的名字"道德的"也是从"习惯"这个词演变而来。由此可见,我们所有的道德德性都不是由自然在我们身上造成的。因为由自然造就的东西不可能由习惯改变。例如,石头的本性是向下落,它不可能通过训练形成上升的习惯,即使把它向上抛千万次。火也不可能被训练得向下落。出于本性而按一种方式运动的事物都不可能被训练成以另一种方式运动。因此,德性在我们身上的养成既不是出于自然,也不是反乎于自然的。也就是说,大学生道德品质的获得"既不是出于自然,也不是反乎于自然",而是一种社会性"习得",现实社会才是高校德育的真实基础。

可见,高校德育情景模拟训练之所以可能,除了本性上德育知识要靠训练之外,其更深刻的基础在于现实社会。基于现代社会信息化这一新的特性(与以往社会本性上的差异),我们完全可以就此做出这样的论断:没有社会的信息化,高校德育情景模式训练就缺乏现实的社会根基。从这个意义上说,高校德育破译当代社会信息化这一独特本性的过程,其实就是在寻求高校德育情境模拟训练社会基础的过程。正是在这个意义上,1995年《数字化生存》一书的出版及尼葛洛庞帝对未来数字化和虚拟化世界的描述,既强烈地冲击着人们旧有认识,也引发我们思考改进高校德育的方式方法等问题。

进入21世纪,高校德育面临着从工业社会向信息社会的转型是不争的

事实。信息网络化、社会虚拟化已渗透到社会生活各个方面,人们开始从"可视的世界"过渡到了"信息的世界"与"虚拟的世界"。我们正在进入信息网络化、社会虚拟化的时代,并已经成为人类历史发展中不可逆转的走势。"与历史上其他技术革命相比,这一次的变革范围不仅限于技术层面,更涉及人类生活的方方面面,前景更加难以预测。这场变革有哪些内容,它以怎样的方式和程度影响人类生产和生活,如何迎接它的挑战,如何看待和评价这场变革……这诸多问题绝不只是专家学者们的研究课题,更是每一个当代人应该深入思考的问题。因为网络的浪潮正在且必将把世界上每一个人(如果他不会拒绝道德文明的话)和每一个角落卷入其中。"美国学者巴伦·李维斯在《媒体等同》一书中也精辟地指出:"从人们的反应中可以看出,媒体不仅仅是工具。媒体受到礼貌的对待,媒体能侵占我们的身体,媒体有着和我们一样的个性,媒体能激发感情,需要我们注意,使我们害怕,能影响记忆力,还能改变人们固有的观点","在20世纪末和21世纪初,规定世界上权力与财富性质的游戏规则已经改变","一个比黄金、货币和土地更灵活的无形的财富和权力基础正在形成。这个新基础以思想、技术和通信占优势为标志,一句话,以信息为标志"。

与现实社会相比,大学生通过专门制作的、模拟现实世界的软件,使得在现实世界中的沟通障碍可以在软件制造的模拟世界中得到一定程度的弱化与克服。因为正是通过这样一个过程,家长可以将大学生与世界打交道的必然性、被动性在一定程度上转换成可能性与选择性。其实"孟母三迁"这个典故讲的就是这个道理。只不过孟母是通过现实世界的空间转换来完成这种选择与安排,而在信息社会,家长则在一定程度上可以通过高校德育情景模拟训练的方式来实现"孟母三迁"所欲实现的育人目标。甚至可以进一步地讲,大学生的德性养成提供这种情景模拟的世界比现实世界更自由、更开放,因为家长们可以根据大学生发展的需要任意创造模拟游戏软件中的各种"角色"与"情节"。

高校德育情景模拟训练正是以这样一个社会存在变革为前提,并必然性地拓展出属于自己的领地。可以这样说,社会虚拟化、网络化在为高校德育提供了以前无法想象的可能性的同时,也为高校德育情景模拟训练提供了极大的社会基础与便利条件。这可以从如下两方面得到进一步的证明。一方面,高校德育情景模拟训练可以最大限度地拓展高校德育空间。高校德育情景模拟训练借助信息技术这样一个现代交互式多媒体系统,有效地将分散性的社会诸多信息系统融为一体,使之成为大容量、高速度的数据传输系统,从而拓展高校德育的空间,将原先相对狭隘的高校德育空间变成了全社会的、开放性、可选择的高校德育空间。另一方面,高校德育情景模拟训练可以提高高校德育的针对性。高校德育情景模拟训练具有信息资源共享性以及虚拟性等特点，它无疑可以使高校德育工作者通过高校德育情景模拟训练了解大学生的真实思想实际，从而提高高校德育的针对性与实效性。

由于高校德育不是教师的自我筹划，其中起作用的主要不是大学生的自然禀赋与能力，而是决定于大学生的存在方式。也就是说，大学生必须、也只能在现实的"生活世界"中才能现实地"成就自我"。由此，高校德育情景模拟训练正是在此种意义上生长出来的高校德育新模式，也是在信息社会条件下开辟出的一种互动式高校德育新模式。它的优越性在于：充分利用信息社会这一新的社会存在，针对现实中出现的高校德育热点难点等问题，通过游戏软件进行现实模拟训练，从而达到情景交融、寓教于乐的高校德育效果。

三、 大学生德育情景模拟训练的实践性根据

高校德育情景模拟训练的合理性根据除了德育知识的不可教性，以及德育的社会性基础外，其最深刻同时也是最大的合理性根据则是大学生属于活动性存在物这一属性。从某种意义上来说，高校德育情景模拟训练就是对大学生属于活动性存在物的一种对应性也是非完全性的解答。也就是说，大学生属于活动性存在物是高校德育的本质属性，也是高校德育的最高原则及其生命线，而高校德育情景模拟训练就是对此本质属性的有限回归。

亚里士多德正是通过实践概念才使包括高校德育在内的所有道德教育成为一种与其他教育相区别、独立的教育，从而为德育开辟出了独立的地盘。对此，亚里士多德论述道："既然我们现在的研究与其他研究不同，不是思辨的，而有一种实践的目的（因为我们不是为了解德性，而是为了使自己有德性，否则这种研究就毫无用处），我们就必须研究实践的性质，研究我们应当怎样实践。"因此，"生活、实践的观点，应该是认识论的首要的和基本的观点"，也是高校德育中首要的和基本的观点。毛泽东也曾经说过："我们强调社会实践在认识过程中的意义，就在于只有社会实践才能使人的认识开始发生，开始从客观外界得到感觉经验。一个闭目塞听、同客观外界根本绝缘的人，是无所谓认识的。"马克思更是从实践哲学的角度而不是从实践与认识的关系角度，来阐明实践的本源性意义与价值。为此，他指出："哲学家们只是用不同的方式解释世界，而问题在于改变世界。"

可见，作为针对大学生的成长而言的高校德育必须与大学生生命的实践性过程融为一体。遗憾的是，当前高校德育有时习惯性地遗忘了大学生的实践性本质，以为高校德育只是将现有的储存在"真理箱"中的道德真理拿出

来展示给大学生。事实上，高校德育一定要将大学生属于实践性或活动性存在物作为其探究的最高问题，并使其成为一条普遍性原则。真正使"实践性"变成高校德育工作的内在品格，让其成为高校德育的"血和灵"。唯有如此，高校德育才可能将"育人"宗旨和主题"换算成"真理性实践课题。在此基础上，我们才可能将高校德育中的理论命题在"人的本质在于实践"这个平台上得以真正开启和展开，并在实践的逻辑中深化、拓展理论命题的边界。因此，高校德育中的问题从来就是在实践活动的基地上真正拓展开来的，也只有在实践的意义中才能得到真正的回答。

当今社会一个公认的事实是，人的实践性活动边界正在扩展，其内在的丰富性正在逐步展开。高校德育必须清醒地面对这样一个事实：大学生的生存方式、交往方式、思维方式都在不知不觉中与信息时代融为一体。信息技术在全世界迅猛发展，开始向社会生活各个方面渗透，成为改变传统的生活方式和生产方式。大学生的实践性活动不再局限于与人直接面对面地进行交往和活动，而是越来越多地通过信息化、虚拟化、网络化等方式与世界打交道。随着大学生的实践活动样式或存在方式的变革，特别是虚拟实践活动的产生必然导致高校德育方式的创新，高校德育情景模拟训练正顺应了这一变革的需要。高校德育情景模拟训练说到底不是认识活动，而是通过虚拟性软件（虚拟性软件其实就是一种人为创设的"时空压缩体"）的训练，来再现大学生真实的实践活动场景，从而有限[1]地呈现高校德育的实践本性，最大限度地实现高校德育的目标与宗旨。

---

[1] 笔者并不认为高校德育情景模拟训练能完全呈现大学生的实践活动场景，因为现实生活中大学生的实践活动具有不可重复性及不可复制性。所以，从这个意义上讲，高校德育情景模拟训练当然会有自己的局限性。

第五章 在大学生中培育与践行社会主义核心价值观

社会主义核心价值观是社会主义制度内在精神的根本体现，集中反映着人们在社会主义意识形态中长期稳定所持有的最根本、最核心的观点和思想。社会主义核心价值观是社会主义核心价值体系的内核和精髓。社会主义核心价值观在中国特色社会主义建设的发展过程中发挥着导向性、规范性的重要作用，同时也驱动着中国特色社会主义事业向前发展。[1] 少年强则中国强，作为社会主义接班人，大学生的价值观念决定国家未来发展的方向。在北京大学的师生座谈会上，习近平总书记强调：未来整个社会的价值取向主要在于青年的价值取向。[2] 根据人生理和心理的物理成长时间，青少年时期是青年价值观形成和确立的关键时期。如何培养青年的价值取向，就在于抓好这一时期价值观的培育和践行。大学生作为青年队伍中的主力军，对其社会主义价值观的培育成了较为重要的部分。然而，我们明白，对大学生社会主义核心价值观的培育和践行是一项长期的任务，需要我们系统地进行实践。

---

〔1〕 吴倬. 关于社会主义核心价值观问题的理论思考 [J]. 教学与研究，2008 (6)：92-96.

〔2〕 徐京跃，霍小光. 青年要自觉践行社会主义核心价值观 与祖国和人民同行努力创造精彩人生 [N]. 人民日报，2014-05-05 (1).

一、社会主义核心价值观内涵与特征

社会主义核心价值观是社会主义意识形态下的价值观念的标准,在其形成和发展过程中,我们需要在结合中国特色社会主义基本国情的基础上,不断丰富其实践内涵、时代内涵以及民主内涵,凸显其在中国社会主义事业建设过程中的引导性、规范性和发展性。[1] 社会主义核心价值观是经历长期社会主义实践凝练所得的,有其丰富的时代内涵和鲜明的社会特色。在大学生中培育与践行社会主义核心价值观,我们必须首先深入理解和正确把握社会主义核心价值观的内涵和特征。这是培育与践行社会主义核心价值观的基础和前提,同时也是人生征程的指明灯。

(一) 社会主义核心价值观的内涵

党和国家经历长期的社会主义实践形成了社会主义核心价值观。党和国家在凝练社会主义核心价值观的过程中大致经历了三个阶段,分别是单纯理论化提出阶段、全面系统化构建阶段、深入大众化渗透阶段。改革开放以来,随着经济全球化时代的到来,西方文化不断影响着我国人民价值观念的发展和变化,如何在文化多元化发展的背景下保持独立、科学、民主的价值观念是党和国家的重要战略任务,此时,党和社会各界深入研究具有中国特色社会主义核心价值观,纷纷从理论层面提出相关观点。2006年,社会主义核心价值观进入理论化构建阶段,同年10月,党的十六届六中全会首次明确提出"建设社会主义核心价值体系"的战略任务,并将"社会主义核心价值体系"概括为:"马克思主义指导思想,中国特色社会主义共同理想,以爱国主义为核心的民族精神和以改革创新为核心的时代精神,社会主义荣辱观"。[2] 这一明确的概括清晰地向人们表达了社会主义核心价值体系的构成要素,具有重大意义。2012年,党的十八大报告在强调进一步加强社会主义核心价值体系建设的基础上首次提出:"倡导富强、民主、文明、和谐,倡导自由、平等、公正、法治,倡导爱国、敬业、诚信、友善,积极培育社

---

[1] 钟明华,黄荟.社会主义核心价值观内涵解析 [J].山东社会科学,2009 (12):14-18.

[2] 中共中央关于构建社会主义和谐社会若干重大问题的决定 [N].人民日报,2006-10-19 (1).

会主义核心价值观。"[1] 倡导的 24 个字，从上到下，从大到小，在理论上系统全面地涵盖了国家、社会和个人三个价值群体的价值追求。这 24 个字不仅便于社会大众直接认知、领悟、记忆和传播，同时也便于在世界范围内以其"普适性"达至"普世性"，这预示着社会主义核心价值观进入深入大众化的渗透阶段。

1. 国家层面——富强、民主、文明、和谐

为什么"富强、民主、文明、和谐"是国家层面的社会主义核心价值观呢？当我们结合我国的基本国情进行理解，我们可以清楚地了解到，我国仍然处于社会主义建设的初级阶段。中国特色社会主义现代化建设的总体布局由经济建设、政治建设、文化建设、社会建设和生态建设共同组成，简称"五位一体"，现阶段我们的主要任务就是积极推动"五位一体"向前发展。从国家层面的价值追求"富强、民主、文明、和谐"来看，需要做到经济建设越来越富强，政治建设越来越民主，文化建设越来越文明，社会建设和生态建设越来越和谐，这与中国共产党、中华民族寻求复兴和国家繁荣发展的共同愿望相一致。

中国从古至今，从君王到老百姓都希望"国富民强"。在建设中，没有国强，就没有民富。要实现国家富强，就必须发展经济、提高生产力、改善生产关系；只有实现国强才能达到民富的目的，才能为社会主义建设奠定坚实的物质基础，从而实现物质文明建设的宏伟目标。国家和社会践行"富强"这一核心价值理念的科学内涵在于，为了更好地让社会主义经济事业更加健康、快速地发展，让身处其中的每一分子都能共享国家经济实力强大带来的益处、在生活中都能体会生活水平提高的好处。国家在坚固东部沿岸经济带发展的同时，在 2015 年倡行"一带一路"，以此联合周边各国，同时也发展落后的中部、西部地区，真正做到《孟子·梁惠王上》提出"七十者衣帛食肉，黎民不饥不寒"的政治理想。

"民主"是社会主义核心价值观在政治生活领域的体现，反映了人民当家做主的价值愿望，社会主义民主不仅能够充分调动人民群众的积极性和创造性，推动社会主义建设，而且还有利于化解人民的内部矛盾，促进社会和谐安稳，从而有助于建立安稳有序的政治局面。春秋战国时期著名的政治家子产，因为身穿戎服献礼，被严厉责备。一个国家的代表，一个实力强大的人，因为服装的问题尚且如此，何况是现在的国家呢？中国自古是礼仪之邦，今天一个国家的服装代表的就是她的"文明"。随着全球化不断发展，

---

[1] 胡锦涛. 坚定不移沿着中国特色社会主义道路前进　为全面建成小康社会而奋斗：在中国共产党第十八次全国代表大会上的报告 [J]. 前线，2012（12）：6-25.

文化在综合国力竞争中的地位和作用日渐凸显,增强本土文化和民族文化实力是一项紧迫而重要的任务,提升文化的文明程度不仅能够提高国家综合竞争力,而且也是促进社会主义精神文化建设的重要举措。

司马相如曾言"交情通体心和谐"。社会主义核心价值观中的"和谐"主要集中在社会关系和人与自然关系领域的体现,充分反映当代人与他人关系、人与社会关系及人与自然关系的价值理想和追求。和谐社会是中国特色社会主义的鲜明特征,也是国家富强、民族振兴以及人民富裕的根本保障。[1]

"富强、民主、文明、和谐"的倡导集中体现了中国特色社会主义现代化建设的价值目标和追求,与当代中国共产党人和全体中国人民寻求民族复兴的共同愿望相契合,是一个能够凝聚人心、鼓舞士气、激发活力、振奋精神的价值目标。

2. 社会层面——自由、平等、公正、法治

自由、平等、公正和法治是中国共产党一如既往的价值追求。建党初期,中国共产党人就把自由、平等、民主写到党的旗帜上,并为之努力奋斗;中华人民共和国成立后同样把这些目标写在社会主义的旗帜上。在建设社会主义事业的过程中,党和国家带领全国人民逐步实现社会层面的自由、平等、公正和法治。

"自由"是社会主义社会发展的永恒价值追求,根据马克思主义经典作家的看法,自由是活动主体在认识活动和实践活动中追求和表现出的一种状态、一种境界。促进人的自由而全面发展是社会主义发展的最终落脚点和归宿,保障人的自由不仅能够提高人建设社会的积极性,而且也能最大限度地挖掘人的创造力。"平等"作为一个历史产物,伴随着阶级的存在而存在,社会主义已经消灭了剥削阶级,但阶级斗争在一定范围内还将长期存在,因此,对平等的追求是尊重和保障人民权利的价值目标。国家在社会生产发展、物质材料丰富、道德层次提高的基础上,要让全国人民共享社会发展的实质效益,进而逐步兑现党对人民许下的共同富裕的承诺。"公正"是人们对当今社会的一种诉求,意味着人在各种社会关系中要达到"相称"或"平衡",反映在政治公正、分配公正、法律公正等多个领域。中国目前处于发展机遇和矛盾凸显并存的时期,社会公正问题越显突出,需要通过社会主义核心价值观教育积极引导人们营造公平正义的社会环境。"法治"是国家的一种治理方式,也是人们的一种生活方式,依法治国是社会主义法治的核

---

[1] 李纪岩. 当代大学生社会主义核心价值观培育研究[D]. 山东师范大学, 2010.

心内容，建设社会主义法治国家是中国共产党在科学社会主义领导下根据我国实际发展情况的必然选择。

社会主义核心价值观倡导"自由、平等、公正、法治"集中体现了当代中国共产党人的社会理想，其内部紧密相连，只有通过法治才能保障平等，平等能够有效维护自由，公平正义是平等的重要体现。

3. 个人层面——爱国、敬业、诚信、友善

"爱国、敬业、诚信、友善"的价值理念与社会主义国家公民的基本价值追求和道德准则相适应，体现了社会主义国家公民应当追求的价值观念和遵守的道德准则，是社会主义核心价值观从公民个人层面价值追求的高度凝练。作为社会主义核心价值观实践主体，人民群众的价值追求显得尤为重要，如何在利益主体多元化、分配方式多样化，以及自身不断增长的精神文化需求的背景下，公民价值观始终能够保持在一个领先水平上是一个重要课题。中国共产党历来重视公民价值观的正确引导工作，从2001年印发的《公民道德建设实施纲要》到2006年提出以践行社会主义荣辱观为主要内容的社会主义荣辱观，都对公民道德建设提出了具体的要求，为社会主义核心价值观中公民层面的价值取向奠定了理论基础，是中国共产党对马克思主义公民道德和价值理念的新发展和新成果。

"爱国"是民族精神的重要体现，有国才有家，国家强盛人民才能安居乐业，因此，人必须热爱自己的祖国；以爱国主义为核心的民族精神是社会主义核心价值体系的精髓，爱国主义是一个历史范畴，不同时期有着不同的内容和主题，在当代中国，爱国主义和爱社会主义相统一，可归纳为爱国、爱党、爱社会主义。"敬业"是社会主义核心价值观在职业道德方面的体现，要求人们热爱岗位，忠于职守，全身心地干好本职工作。"诚信"作为为人之道、立身处世之本，是社会主义和谐社会的基本特征，也是中华民族的传统美德；中国共产党历来重视诚信建设，强调诚信是和谐社会的基石。"友善"是人与人之间相处的态度，也是公民道德的基本规范之一，更是中华民族的传统美德；它不像"敬业"等指向特定人群的价值追求，而是提倡人与人之间亲近和睦，是一个具有普遍适用性和基础性的价值观念。

社会主义核心价值观倡导"爱国、敬业、诚信、友善"集中体现了社会主义国家的公民基本价值追求和道德准则规范，有助于提高国民素质、提升国家综合竞争力及建设社会主义和谐社会。

（二）社会主义核心价值观的特征

中国共产党结合中国实际情况，秉持实事求是、脚踏实地、认真务实的作风，不断地发展"社会主义核心价值体系"。社会主义核心价值观的提出，

符合时代的需求、国家的需求、人民的需求，同时也进一步丰富了"社会主义核心价值体系"的内容。

1. 社会主义核心价值观的科学性

中国共产党执政是历史和人民的选择，是时代的选择。社会主义核心价值观的科学性体现在其可行性。正如列宁曾经说过："他们（马克思主义者）在评判自己对社会关系的估计时，完全不是以抽象公式之类的胡说为标准，而是以这种估计是否正确和是否同现实相符合为标准的。"[1] 即马克思主义是以事实，而不是可能性为依据的。社会主义核心价值观是马克思主义理论中国化最新成果，它的科学性和先进性体现在以人为本、科学持续发展的理念创新。执政党提出建设社会主义核心价值体系的动力在于人的精神力量可以在实践过程中成为现实的物质力量。科学的社会主义核心价值观不仅能够把价值力量转化为人民群众共同奋斗的物质力量，提高人民群众参与国家经济建设的积极性、主动性和创造性，而且能够丰富我国精神文明建设内容，引领当代中国不断向前发展。

2. 社会主义核心价值观的民族性

中国要发展，必须深深扎根于中国的社会。社会主义核心价值观是党和人民深深扎根于社会主义事业建设土地上繁茂的大树。党和人民在经历特定的实践和历史的沉淀，结合本国文化传承久远、精神积淀深厚的民族特性，发展了具有鲜明民族性的社会主义核心价值观。社会主义核心价值观既体现出中华民族文化中的民本主义精神，坚持以人为本的价值理念；同时也体现出中华民族文化中的"和合"思想，坚持推进社会主义和谐发展。总而言之，社会主义核心价值观符合中华民族根本利益的追求，代表着广大人民的共同愿望，并获得各族人民广泛认同，是具有鲜明民族特色的价值体系。

3. 社会主义核心价值观的时代性

马克思主义认为，任何一种社会意识都源于社会生活，是社会生活的思想反映和心理感知，其内容和形成发展取决于特定的社会经济基础和政治上层建筑，受制于当时社会生产力发展水平和与之相适应的全部社会生产关系。[2] 可见，任何意识形态的思想理论想要保持旺盛的生命力，就必须与时代发展的进程相统一。社会主义核心价值观是中国共产党在新时期结合新的理论现实所提出，具有鲜明的时代性特征，主要表现在两个方面：一是表

---

[1] 中共中央马克思恩格斯列宁斯大林著作编译局. 列宁选集：第1卷 [M]. 北京：人民出版社，1995.

[2] 中共中央马克思恩格斯列宁斯大林著作编译局. 马克思恩格斯选集：第2卷 [M]. 北京：人民出版社，1995.

现在其理论内容和思想形式都是随着时代的发展而发展的，并且得到不断的充实和完善；二是表现在其具有强烈的包容性，尊重差异、包容多样，既能在多元价值环境下坚持自身的主导地位，又能平等地对待各种不同价值观的存在。可见，社会主义核心价值观着眼于当今时代的快速发展实际情况，顺应时代发展的需求，把握时代脉搏，紧跟时代潮流，具有十分鲜明的时代特色。

4. 社会主义核心价值观的引领性

人们常言谋定而后动，执政党作为整个中国的大脑，尤其需要科学、明确地谋划中国所走的每一步。改革开放以来，面对西方文化影响的冲击，我国经济和社会发生了重大变革。人们思想观念在深刻变化下呈现出多元化、差异化和个性化的特征，就如一个交响乐团需要一个指挥。在中国社会的实情下，急需科学、有效的价值观念引领人民群众坚持自身价值的主导地位。社会主义核心价值观作为社会主义意识形态的美好价值目标，有利于澄清人民群众在思想上的种种迷雾，也有利于人民群众增强自身民族自信心和自豪感，引领人民群众坚持理想信念不动摇，激励人民群众勇往直前。正确、有效地理解社会主义核心价值观的引领性特征，要求广大人民群众在积极主动地学习和领会社会主义核心价值观内涵的同时，坚持运用马克思主义中国化最新理论成果武装自己，积极营造社会主义核心价值观在新时代发挥引领性的全新氛围，最大限度地发挥社会主义核心价值观引领性的作用与价值。

二、社会主义核心价值观在大学生中培育的必要性

正如习近平总书记在北京大学的师生座谈会上强调：青年的价值取向决定了未来整个社会的价值取向，而青年又处于价值观形成和确立的关键时期，抓好这一时期的价值观养成十分重要。[1] 社会主义核心价值观的培育与践行是党的十八大提出的重要课题，是凝聚全国各族人民团结一致促进国家繁荣、社会和谐、人民幸福的重要助推器。当代大学生作为未来社会主义事业的建设者和接班人，肩负着重要的历史使命。对大学生进行社会主义核心价值观培育，使其积极主动地践行社会主义核心价值观，无论对于增强国家综合国力、构建社会主义和谐社会，还是对于大学生个人全面发展都具有重要的意义。

---

〔1〕 吴倬. 关于社会主义核心价值观问题的理论思考 [J]. 教学与研究, 2008 (6): 92-96.

（一）大学生社会主义核心价值观培育是实现"中国梦"的必然选择

当代大学生肩负着国家富强、民族复兴的历史使命，培育和践行社会主义核心价值观，是推进中国特色社会主义伟大事业、实现中华民族伟大复兴"中国梦"的战略任务。[1] 这就要求大学生具备远大的理想和坚定的马克思主义信仰，积极响应中国共产党的号召及适应社会的需要，投身于社会主义建设当中。从现实角度来看，大学生正处于价值观和世界观形成的关键期，如何在国内经济社会发展快速变革期及国外各种思想、势力的冲击下，建设中国特色社会主义和实现中华民族伟大复兴"中国梦"，保持大学生思想价值观念独立性和正确性是关键。社会主义核心价值观有助于凝聚大学生的精神力量，有助于建立其科学的人生观、世界观和价值观，有助于明确自身理想信念，提高其历史使命感，敢于肩负起实现中华民族伟大复兴"中国梦"的历史重任，将大学生塑造成建设中国特色社会主义事业的坚实力量。

构建具有强大凝聚力和精神动力的社会主义核心价值观，是实现中华民族复兴"中国梦"这一伟大而又具有划时代意义的目标的"稳定器"，关乎国家的长治久安和繁荣富强，也关乎人民群众的幸福稳定和富裕安康。为早日完成全面建成小康社会的目标，实现中华民族伟大复兴"中国梦"，在社会各阶层全面加强社会主义核心价值观的培育建设，有助于巩固党和国家各族人民共同奋斗的思想基础，有利于充分凝聚实现中华民族伟大复兴"中国梦"的各界力量。作为国家建设和未来发展的中坚力量，大学生对中华民族伟大复兴"中国梦"的实现具有举足轻重的作用，正如毛泽东所说："世界是你们的，也是我们的，但归根结底还是你们的。"[2] 由此可见，对大学生进行社会主义核心价值观的培育是实现"中国梦"的必然选择。

（二）大学生社会主义核心价值观培育是构建和谐社会的必然要求

当前，我国正处于社会经济转型期，由此产生的诸多社会问题和经济问题严重影响到社会和谐，面对这样的形势，党的十六届四中全会第一次提出要构建和谐社会，这不仅是党的一大理论创新成果，也是党执政理念的进一步完善。大学生作为社会活跃的群体之一，是构建社会主义和谐社会的重要组成部分，通过运用社会主义核心价值观教育和培养大学生，使其形成坚定

---

[1] 中共中央办公厅印发《关于培育和践行社会主义核心价值观的意见》[N].人民日报，2013-12-24（1）.

[2] 共青团中央，中共中央文献研究室.毛泽东邓小平江泽民论青少年和青少年工作［M］.增订本.北京：中央文献出版社，2003.

的信念，并积极履行自由、平等、公正和法治的社会发展价值理念，引领全社会共同参与社会主义和谐社会的构建。可见，对于构建社会主义和谐社会这一项具有现实意义和时代意义的重要工程来说，大力培育和践行大学生社会主义核心价值观是必然的要求。

构建和谐社会作为中国当今时代的主题，对于中国整个社会的发展起着重要的作用。构建社会主义和谐社会的一个关键点在于构建和谐的社会文化，通过和谐的社会文化引领社会和谐发展，而大学作为社会文化的聚集地，对构建和谐的社会文化具有至关重要的作用。当今大学倡导的主流文化是积极向上的，但也不排除存在由于部分大学生自身对社会上纷繁复杂的现象认识不足，导致低俗文化和消极文化混杂其中，这对和谐校园文化的构建产生了较大的冲击和侵蚀。在大学生当中开展社会主义核心价值观教育和培养活动，就要从个体上加强大学生自身社会主义理想信念的教育，树立远大的理想；从群体上提高大学生的凝聚力和提升大学生的精气神，坚定社会主义信仰，自觉抵制低俗消极文化，引领社会先进文化发展的潮流，为构建社会主义和谐社会提供强大的精神支撑。

（三）大学生社会主义核心价值观培育是学生全面发展的内在需求

社会主义核心价值观在个人层面提倡"爱国、敬业、诚信、友善"，是所有学生在学习成长为国家和社会一分子的过程中必须发展的内在价值观。人无信不立，一个人立起来了，自然就会爱国、敬业、友善了。

培育大学生社会主义核心价值观的必要性不仅仅体现在国家战略和社会发展的层面，而且对于大学生自身成长成才也是一个内在需求。加强对大学生进行社会主义核心价值观的教育和培养，首先，有利于大学生建立科学的人生观、世界观和价值观，引导其朝着正确的方向发展；其次，有利于促进大学生形成良好的道德素养，树立高尚的道德品质；再次，有利于对大学生进行"灵魂"教育，消除大学生群体中存在的诸多负面的、消极的价值影响；最后，有利于对大学生智育的补充，促进大学生全面发展。

社会主义社会追求的目标是实现人的自由而全面发展，同样，大学生发展的目标也是促进自身综合素质包括德智体美劳等方面内在的全面发展。培育大学生社会主义核心价值观能够促使大学生树立"富强、民主、文明、和谐"的价值观，形成当代大学生应有的时代使命感；能够促使大学生达成"自由、平等、公正、法治"的社会价值共识，促进大学生引领社会和谐发展；能够促使大学生践行"爱国、敬业、诚信、友善"的价值追求，培养当代大学生良好的精神风尚。个人价值观是社会价值观的基础，加强个人价值观的科学引导是促进社会核心价值观形成的重要举措，积土成山、积水成海、积小我为大我、积个体为群体，方能塑造一个国家的时代气质。积极引导大学生践行社会主义核心价值观，使其牢固树立科学正确的价值观和全新的思维方式，关乎中国特色社会主义现代化建设的成败，关乎党和国家的前途命运，关乎中华民族伟大复兴"中国梦"的现实进程。

三、大学生社会主义核心价值观培育的思路与内容

通过从整体到局部、再从局部到整体的思路，我们开展培育大学生社会主义核心价值观的各项事务，各部分之间独立分工，但又共同作用于整个大学生社会主义核心价值观的培育，以求达到各个局部的整合大于整体的培育效果。根据"木桶理论"，整体水平往往由最短部分所决定，所以，只有整体推进，协同发展，才能促进整体水平提高。清晰的思路和明确的内容是培育大学生社会主义核心价值观工程整体推进、协同发展的基础和前提。

（一）大学生社会主义核心价值观培育的思路

清晰的思路不仅能够指明培育工作的方向和目标，而且还能检验培育工作的成效。根据"一个整体，三个统筹"的思路，以科学发展观为指导思想，坚持系统分析、全面把握、统筹兼顾地进行大学生社会主义核心价值观培育工作。"一个整体"是指整体推进大学生社会主义核心价值观培育工作，强调一个整体地进行，而不是部分与部分之间严重脱节，是为了达到更好的培育效果。"三个统筹"包括：统筹培育主体、统筹培育载体、统筹培育阶段，细细地统筹每一个行动的肢体，有助于整体更好地发展。

1. 整体推进大学生社会主义核心价值观的培育工作

大学生社会主义核心价值观的培育工作应遵循科学发展观指导思想，重点运用科学发展观的方法论，系统分析、全面把握、统筹兼顾，整体推进大学生社会主义核心价值观的培育工作。在科学发展观的方法论指导下，大学生社会主义核心价值观的培育工作是一个由多个部分组成的整体，协调各部分的关系，分析各部分的作用和功能，把握各部分的关键点，致力于整体推进的工作。在整体推进的基础上，它应重点解决培育内容的认识、培育思路的构建、培育方法的把握、培育途径的选择以及培育队伍的建设等问题。

认识问题是解决问题的前提，提高大学生对社会主义核心价值观重要性的认识是培育工作的前提，应当立足于大学生全面发展，深入分析其功能和作用，提升认识层面的整体水平。培育思路是培育工作的方向，建构清晰的培育思路方能取得显著的效果。培育方法是培育工作的根本，把握正确的培育方法不仅能提高培育的效率，而且还能促进培育效果，应当对培育方法进

行融合与创新,在继承传统优秀方法的基础上积极融入创新元素。培育途径是培育工作的关键,选择恰当、合适的途径能事半功倍。培育队伍是培育工作的保障,建设一支可靠、出色的队伍是整体推进大学生社会主义核心价值观培育工作的根本保障。培育内容认识到位、培育思路清晰、培育方法科学、培育途径畅顺、培育队伍健全,是整体推进大学生社会主义核心价值观培育工作的落脚点。

2. 统筹培育主体:学校教育、社会教育和家庭教育

大学生主要活动于学校、社会及家庭。在培育的过程中,我们需要统筹规划各个环境中大学生的培育情况,并且通过互相联系、相互补充、相互监督和制约形成一股劲,提高培育工作的效率,改善培育工作的效果。

学校、社会及家庭是培育主体主要的生存环境,其中,学校是尤为关键的培育场所。学校是大学生成长成才的主要环境,学校教育对大学生社会主义核心价值观培育优势在于其拥有一套完整而规范的教学体系,是其他教育主体难以相比的。当今世界,各国都把学校教育作为价值观教育的主要阵地,也是统治者用于向青少年灌输其所需要的政治价值观和政治立场的场所。因此,我们要充分认识学校教育的特点和功能,把握学校教育的规律,充分发挥学校教育的原有的优势。社会教育是学校教育的补充,尤其在当今高校社会化程度越来越高的背景下,显得尤为重要。社会教育具有自然性和渗透性等特点,对大学生发挥着潜移默化的教育功能。在充分认识社会教育作用的基础上,我们要调动社会各组织的积极性,整合社会各方面的教育资源,最大化发挥社会教育的优势,形成大学生社会主义核心价值观培育的合力和整体效益。家庭教育作为个体最早接受的教育,伴随着个体成长的全过程,有着学校教育和社会教育不可代替的作用。当代我国以独生子女为特征的家庭结构为主,家庭教育受重视程度高,因家庭教育具有连贯性和终身性的特点,家庭成员的言传身教潜移默化地在大学生成长、成才道路上发挥着不可缺少的重要作用。可见,我们应当深入把握家庭教育的特点和规律,发挥家庭教育的优势,为大学生社会主义核心价值观的培育奠定基础。

以上分析了每一个培育主体的优点和特点,在实践中,我们需要统筹培育主体,把握培育主体各自的特点和规律,形成相互补充、相互作用的合力,要加强学校教育、突出社会教育、巩固家庭教育,为大学生社会主义核心培育工作增添生机与活力。

3. 统筹培育载体:课堂教学、校园文化和社会实践

课堂教学、校园文化和社会实践都是大学生社会主义核心价值观培育工作的载体,通过它们,社会主义核心价值观将渗透到大学生的心里。

大学生社会主义核心价值观的培育工作反映在高校育人各个环节当中,

教学育人、管理育人和服务育人是高校全方位育人的三把利剑。课堂教学是学生获取知识最直接的途径，也是培育大学生社会主义核心价值观的主渠道；校园文化活动作为大学生的第二课堂，不仅能丰富大学生课余生活，也能对价值观形成与培育产生重要的作用；社会实践是高校课堂在社会的延伸，也是大学生展示自身才能才干的重要平台。统筹课堂教学、校园文化和社会实践，通过三者的有机结合、相互补充、相互促进，从而推进大学生社会主义核心价值观的培育工作。作为社会主义核心价值观培育的主载体，课堂教学应当得到足够的重视，对其深入研究，明确教学目标和内容、完善教学方法和手段，并形成有效、科学的教学体系。价值观培育的课堂教学不限于思想政治教学，而是贯通于整个大学课堂教育，还应当包括人文社科教育、专业教育以及其他课堂教育。通过教育实践证明，校园文化活动是学校实施德育工作的有效载体和提高德育效果的有效途径，具有认知导向功能、熏陶感染功能、心理调节功能、人格塑造功能、约束规范功能以及辐射功能。[1]充分发挥校园文化本有的特点和功能，对大学生社会主义核心价值观培育有着重要的促进作用。社会实践作为大学生走上社会的预演，对大学生实践能力的提升和价值观的形成有着不可替代的作用，不仅有利于大学生在实践中树立艰苦奋斗的思想观念，而且还有助于增强大学生的社会责任意识。高校应当认真规划并组织大学生参与社会实践活动，把社会实践活动与大学生学术科研结合起来，把社会实践活动与专题教育结合起来，不断拓展社会实践的覆盖面，切实提高社会实践的实效性。

中共中央办公厅印发的《关于培育和实践社会主义核心价值观的意见》指出，培育和践行社会主义核心价值观应当坚持育人为本，德育为先，围绕立德树人的根本任务，把社会主义核心价值观纳入国民教育总体规划，贯穿于基础教育、高等教育、职业技术教育、成人教育各领域，落实在教育教学和管理各环节，形成课堂教学、社会实践和校园文化多位一体的育人平台。[2]因此，应当重视统筹课堂教学、校园文化和社会实践等不同培育载体对大学生社会主义核心价值观的培育，充分发挥课堂教学主载体作用，突出校园文化和社会实践的延伸作用。

4. 统筹培育课堂：思想政治理论课教育、人文社科教育与专业教育

作为大学生社会主义核心价值观培育的主渠道，课堂教育发挥着重要的

---

[1] 李纪岩.当代大学生社会主义核心价值观培育研究[D].山东师范大学，2010.

[2] 中共中央办公厅印发《关于培育和践行社会主义核心价值观的意见》[N].人民日报，2013-12-24（1）.

作用，但课堂教育不只限于思想政治理论课，还包括人文社科课程教育和专业课程教育，三者各有侧重、相互贯通、互相补充，分别实施于高校教育教学实践的不同领域，共同贯穿于大学生社会主义核心价值观的培育与成长成才的全过程。

思想政治理论课是培育大学生社会主义核心价值观最直接、最突出的课堂教育，也是我国高校大学生公共必修课，承担着对大学生进行系统的马克思主义基本原理教育、马克思中国化成果教育、思想道德修养与法律基础教育等教育任务，加强和改进思想政治理论课教育是培育大学生社会主义核心价值观的重中之重。人文社科教育是以人文视角关注人和社会的发展，学会正确处理人与人、人与社会、人与自然的关系，关注人类社会的可持续发展问题，其中蕴含着多方面的价值选择，是培育大学生价值观的重要课程，通过人文社科课堂教育大学生以科学、正确的价值观念去处理各种问题，从而培育大学生社会主义核心价值观。专业教育是大学生教育重要组成部分，往往也是学生和教师特别注重的部分，专业课程中蕴含着许多思想政治教育的资源。专业教育往往是学生和教师重视的课堂教育，占所修学分一半以上，在专业课程教学中，教师应当充分挖掘专业课程的思想政治教育资源，把培育社会主义核心价值观融入大学生专业教学和学习的各个环节，渗透到教学、科研和社会服务各个领域，发挥专业教育的独特魅力。

加强统筹培育课堂，充分发挥思想政治理论课程、人文社科课程以及专业课程各自特点和优势，形成一套完整的课程体系，在高校课堂教学中全面渗透培育社会主义核心价值观内容。

（二）大学生社会主义核心价值观培育的内容

党的十八大报告在强调建设社会主义核心价值体系的基础上，第一次提出"三个倡导"，即倡导富强、民主、文明、和谐，倡导自由、平等、公正、法治，倡导爱国、敬业、诚信、友善，积极培育社会主义核心价值观。[1]这是社会主义核心价值观的最新诠释，也是当代大学生培育社会主义核心价值观的主要内容。当代大学生不仅要树立个人层面的价值追求，规范个人的行为准则，更要树立国家层面和社会层面的价值追求，实现国家远大理想和引领社会的价值选择。

1. 培育"富强、民主、文明、和谐"价值观，实现国家远大理想

社会主义核心价值观倡导的"富强、民主、文明、和谐"，是立足于国

---

〔1〕 胡锦涛. 坚定不移沿着中国特色社会主义道路前进 为全面建成小康社会而奋斗：在中国共产党第十八次全国代表大会上的报告［J］. 前线，2012（12）：6-25.

家层面的现实需求，分别体现在经济领域、政治领域、文化领域、社会领域和生态领域，形成"五位一体"的总体战略布局。"富强"是人民的热切期盼，是最具有全局性和根本性的符号，实现国家富强、人民富裕的目标，要求当代大学生肩负起时代所赋予的使命和责任，坚定理想信念，将个人发展同国家和民主的命运紧密联系起来，坚持科学发展观，努力钻研科学知识，为中国特色社会主义建设贡献力量。"民主"是一个具有鲜明阶级性的政治范畴和历史范畴，也是人民追求的一种政治权利，社会主义民主充分反映和代表广大人民的愿望和意志。实现人民当家做主的愿景，需要当代大学生坚定不移地发扬社会主义民主精神，坚持民主与集中相统一，在日常的学习生活中对民主持有正确、科学的认识，绝对的、不受限制的民主是不存在的。"文明"是人类社会发展的目标，侧重体现在精神、思想、文化的先进性。弘扬社会主义先进文化，是中华民族的普遍价值追求，更是社会主义文化的核心价值，对于大学生而言，发展社会主义先进文化就要努力学习科学文化知识，掌握更多的知识和本领，推动社会主义先进文化向前发展。此外，高校自古以来也是多元文化撞击最猛烈的地方，处在时代最前端的大学生更要具有明辨是非的能力，时刻站在文化的最前沿，引领社会主义先进文化，为社会主义精神文明做出贡献。"和谐"是中国传统优秀文化的重要体现，和谐社会与和谐生态是中国特色社会主义建设所追求的目标，作为社会青年知识分子，大学生应当从自身做起，从小事做起，运用科学的知识改造社会、改造自然，促进人与人、人与自然、人与社会和谐共处，推动社会与生态可持续发展。

2. 培育"自由、平等、公正、法治"价值观，引领社会价值选择

社会主义核心价值观倡导的"自由、平等、公正、法治"，是立足于社会层面的价值需求，这一倡导为公民在社会行为中的价值判断提供强而有力的参考，反映了社会价值选择的核心要求，表达了社会主义中国应当追求的理想价值属性。"自由"是人类永恒的追求，人的自由而全面发展是社会主义的终极价值，表现在人的需要和人的活动的全面发展，更表现在人的社会关系的全面发展。当代大学生的自由而全面发展是社会主义高等教育的目标，大学生应从德、智、体、美、劳多方面发展自身，力求从知识系统、能力系统和价值观念系统三个方面准确把握大学生自由全面发展的主要内容。[1] "平等"是公民权利的反映，尊重和保障公民的平等权利是构建社会主义和谐社会的根本保证。大学生在培育社会主义核心价值观中，要充分认

---

[1] 王芳. 科学发展观与大学生全面发展[J]. 当代青年研究, 2005 (12): 8 - 10.

识平等的内涵，坚持平等原则，力争政治平等、机会平等、劳动平等及尺度平等，同时也要反对绝对性的平等，每个人在思想、文化、生理和心理等个人素质方面存在不平等，这属于正常现象。"公正"是社会发展目标之一，也是保证全体社会成员平等的基石，在社会主义核心价值观培育与践行中，大学生应当时刻持有公正之心，努力维护社会公正，以正确的心态和辩证的方法面对社会上的种种不公正的现象，切记不要采取过激的行为表达。"法治"是治理国家的一种方式，依法治国是社会主义公平正义的重要保障，随着我国法律体系不断完善，依法治国的力度也不断深入，作为未来依法治国的重要参与者，大学生应当树立法治意识，深入学习各类法律法规，争当一名学法、懂法、守法、用法和护法的当代大学生，同时也要深入开展法制宣传教育，大力弘扬社会主义法治精神，为我国法治建设贡献力量。

3. 培育"爱国、敬业、诚信、友善"价值观，规范个人行为准则

社会主义核心价值观倡导的"爱国、敬业、诚信、友善"，是立足于公民个人层面的价值规范，这一倡导集中体现了我国社会主义公民应当遵循的基本道德价值准则，为我国公民争当合格的公民提出明确的参考。"爱国"是公民对祖国的最高表达方式，列宁指出爱国主义就是千百年来巩固起来的对自己祖国的一种最深厚的感情。爱国主义表达了个人对祖国的热爱与忠诚，对民族的自信心和自豪感。在社会主义核心价值观培育与践行中，大学生以爱国主义为核心的民族精神，深刻领会爱国主义精神的时代内涵，坚持爱国主义与爱社会主义相统一，时刻心系民族命运，成为一名爱国、爱社会主义的现代大学生。"敬业"是人们对自己所从事职业的尊重和敬仰，体现在职业道德层面，扎实推进职业道德建设是国家各项事业发展的动力。对于即将走上社会岗位的大学生来说，加强大学生职业道德素养培养至关重要，不仅能够提升个人综合素质，促进个人在工作岗位上取得良好的发展前景，还有利于社会的和谐进步。"诚信"是做人之本，也是社会主义和谐社会的基本特征，更是中华民族的传统美德。大学生应当认识到诚信对自身发展的重要性，积极主动地遵守各种规章制度，诚实对待每一件事情，做到言而有信，争当一名诚信的大学生。同时，高校也应该有计划地针对大学生开展诚信教育活动，深入挖掘诚信教育资源，大力营造以诚实守信为荣、以弄虚作假为耻的教育氛围，培养"有理想、有文化、有道德、有纪律"且德、智、体、美、劳全面发展的社会主义事业建设者和接班人。"友善"是反映人与人关系的心态，也是为人处世的社会基础，在社会主义核心价值观培育与践行中，大学生应当树立友善待人的意识，要多看别人的长处，对别人的缺点宽容，严于律己、宽以待人，建立友善的人际关系。

四、 培育大学生社会主义核心价值观的方法与载体

培育大学生社会主义核心价值观的主要方法是上行下效,培养符合党和国家、人民利益的先进个人,并对其事迹进行宣传,形成优秀人物特有的向心力作用,在培育的过程中,自然而然地达到社会主义核心价值观培育的目标。

(一) 培育大学生社会主义核心价值观的方法

从康德认识论的角度讲,人们认识事物的过程也是一个不断接受事物的过程。大学生社会主义核心价值观的培育与践行的过程模式是认知、认同和践行三个环节有机统一。[1] 如何使大学生对社会主义核心价值观从表面认知到内心认同,再到自觉践行,这一过程涉及培育方法的问题,恰当、有效的方法能使培育工作事半功倍。在这些方法基础上,我们应进行重新整理,融入更多符合现代大学教育规律及契合现代大学生特点的有效元素。

1. 理论教育法与以理服人相结合

理论教育法是思想政治教育的主要方法,又称理论宣传学习法,是指有目的、有计划地向大学生宣讲马克思主义基本理论、中国特色社会主义共同理想、民族精神和时代精神、社会主义荣辱观等相关内容与其理念,积极引导大学生掌握科学理论。坚定理想信念,树立科学的世界观、人生观、价值观,成为有理想、有道德、有文化、有纪律的社会主义新人的方法。[2] 大学生思想尚处于未成熟阶段,具有较强的可塑性,要使他们形成正确的价值观念,首先要做的是清晰地告诉他们哪些是正确的价值观念,需要学习和巩固它们,哪些错误的价值观念,需要摒弃与远离。经历长期实践所得的社会主义核心价值体系包含丰富的内容,这样一个体系是不会自动在大学生头脑中形成,而是需要经过有效的理论灌输,才能被其所认知、认同,直到其自愿自觉践行。

理论教育法通常包括课堂讲授法、专题讲座法、会议学习法、媒体宣传

---

[1] 覃轶珊. 大学生社会主义核心价值观培育和践行的过程模式研究 [J]. 思想教育研究, 2014 (4): 56-60.

[2] 李纪岩. 当代大学生社会主义核心价值观培育研究 [D]. 山东师范大学, 2010.

法等多种形式。其中，课堂讲授法在大学生思想政治教育中最为常见[1]。无论采用哪一种形式，理论教育法都必须遵循以理服人的原则，尤其对于具有一定判断能力的现代大学生更加需要突出这一点，价值观教育解决的是价值选择的问题，解决这样的问题需要摆事实、讲道理，以理服人。要做到以理服人，首先，我们要因材施教，对于不同的学生，要根据学生各自的特点进行教育内容和目标的选择，采用不同的教育方法和教育渠道；其次，说理要充分透彻，符合逻辑，通过举例子、摆事实、打比方等方式把所要讲道理的含义讲准、内容讲清、实质讲透，同时也可以运用实践和事实来印证理论，使大学生能够在事实面前转变思想；最后，不夸大事实，就事论事，我们不能为了一时让学生注意到某件事或某种观念而刻意夸大事实，而是实事求是地讲理和推理。为适应当代大学生教育特点以及巩固理论教育法在大学生培育社会主义核心价值观中的地位，我们应坚持理论教育法与以理服人相结合，充分发挥理论教育法本有的作用和优势。

2. 榜样示范法与以情感人相结合

榜样示范法又称典型示范法，是指通过具有典型、榜样意义的人或事（正面的、先进的或者反面的、落后的人或事）的示范引导、警示警诫作用，教育人们提高思想认识、规范自身行为的方法[2]。在现实生活中，榜样是人们成长过程中不可或缺的重要元素，人们的价值观念形成往往与身边的人或经历过的事息息相关，个体的思想品德的升华往往需要一个良好的社会氛围，在这样良好的社会氛围中有不少人成为榜样，起到表率作用，促使更多的人按照高标准严格要求自己，从而形成好的社会风气。学校课堂教育注重典型示范法，在课堂中深入讲解各样优秀人物的典型事迹，引导大学生接触典型人物和分析认识典型现象。大学生通过对这些典型人物和现象的深入了解和认识，形成共鸣、学习效仿，进而自觉按照社会主义核心价值观的基本要求规范自己的言行。

运用榜样示范法，应当遵循以情感人的原则。榜样示范本身就是通过典型人和事件促进人们对其进行深入的反思与吸收，这样的过程带有极强的感情色彩。因此，具体的教育过程应当坚持榜样示范法与以情感人相结合，首先，尽可能让榜样人物现身说法，这样才能产生更强的感染力和说服力，能够触碰受教育者内心深处，打动人心，效果甚佳；其次，榜样素材的选择要

---

[1] 张福记，李纪岩. 高校思想政治教育研究[M]. 成都：四川教育出版社，2009.

[2] 陈万柏，张耀灿. 思想政治教育学原理[M]. 2版. 北京：高等教育出版社，2007.

实事求是，榜样的力量源于真实，只有真实发生的事件与真实的人物特点才能使受教育者从心底里产生学习的冲动，相反，虚拟的人物和事件让教育效果大打折扣；最后，从人的情感特点出发，大力培养和宣传正面典型，发挥先进典型的示范引领作用，同时也要善于利用反面例子，发挥其警示、劝阻与威慑的作用。

3. 实践锻炼法与以实促人相结合

实践锻炼法，又称为实践塑造法，是指"教育者组织、引导受教育者积极参加各种实践活动，在改造客观世界的过程中改造自己的主观世界，不断提高思想觉悟和认识能力，养成良好的思想品德的方法"[1]。对大学生社会主义核心价值观培育与践行有着重要的作用，具体表现在三个方面：首先，参与实践活动是大学生形成科学的世界观、人生观和价值观的必由之路，实践锻炼是大学生运用社会主义核心价值观等理论知识的主要平台，有助于大学生学会明辨是非、善恶、美丑和对错；其次，实践锻炼是检验大学生言行一致的重要渠道，有助于养成良好的行为习惯；最后，实践锻炼是大学生践行社会主义核心价值观的舞台，大学生经过反复的实践锻炼来巩固社会主义核心价值观，有助于社会主义核心价值观在大学生中内化。由此可见，在培育大学生社会主义核心价值观中，要取得知行一致的教育效果，仅仅依靠理论教育和榜样示范是不够的，还需要与社会实践活动相结合，才能有效地把社会主义核心价值观转化为大学生日常行为的价值观念。

实践锻炼具体表现形式多种多样，包括劳动实践、服务体验、社会考察及社会调研等[2]。无论采取哪一种实践形式，都必须遵循以实促人的原则，避免实践活动流于形式。具体要注意几点：首先，选择的实践活动具有锻炼价值，尤其是对于大学生社会主义核心价值观的形成和巩固；其次，实践活动需要具有延续性，使大学生在反复实践锻炼中不断提高认识，以便最终将社会主义核心价值观转化为内心信念；最后，建立实践活动基地，打造系统化、经常化和制度化的大学生社会实践平台，为大学生开展社会实践活动创造条件。在理论教育法和榜样示范法的基础上，力争通过开展社会实践活动促进大学生社会主义核心价值观的培育与践行，坚持实践锻炼与以实促人相结合，有效地加强社会主义核心价值观在大学生中的培育与践行。

---

[1] 陈万柏，张耀灿. 思想政治教育学原理 [M]. 2 版. 北京：高等教育出版社，2007.

[2] 刘新庚. 现代思想政治教育方法论 [M]. 北京：人民出版社，2008.

（二）培育大学生社会主义核心价值观的载体

培育大学生社会主义核心价值观是一个不断实践的持续过程，培育的途径和载体是培育工作的关键，只有把培育的内容落实到每一个载体上，才能有效地促进大学生社会主义核心价值观培育与践行。在培育的实践中，我们需要在继承传统优秀、有效途径的基础上，积极探索大学生社会主义核心价值观培育的新途径、新载体，注重课堂内外结合、学校内外结合及其他现代新载体的作用。

1. 主载体——思想政治理论课

思想政治理论课作为大学生社会主义核心价值观培养的主载体，是由其课程性质、教学任务、教学宗旨和教学内容等方面所决定的。高校思想政治理论课充分体现了中国高等教育的社会主义性质和方向，其根本任务是培养社会主义意识形态，引导大学生掌握马克思主义理论体系，帮助他们树立正确的世界观、人生观和价值观；其教学宗旨是引导大学生运用马克思主义方法论解决实际问题，坚定理想信念，树立正确的价值观念；其教学内容是马克思主义理论教育和思想品德教育，其中马克思主义理论教育主要包括马克思主义哲学、政治经济学、科学社会主义理论，以及马克思中国化的理论成果等，思想品德教育主要是社会主义法制观念和思想道德素质教育。由此可见，无论从思想政治理论课的课程性质和教学任务来看，还是从其教学宗旨和教学内容分析来看，高校思想政治理论课在大学生社会主义核心价值观培育中的主载体地位是毋庸置疑的。

从思想政治理论课课程设置的历史经验来看，要把社会主义核心价值观这样一种新的思想理论纳入思想政治理论课的教学体系，至少需要解决两个问题：即教什么和怎么教。大学生社会主义核心价值观的培育工作要充分凸显思想政治理论课的主载体作用，必须将社会主义核心价值观培育内容融入课程设置、课程改革和课程建设当中，既要整合现有的多门思想政治理论课与社会主义核心价值观培育的内容，又要以社会主义核心价值观为纽带，加强各门课程间的联系，推进教学内容与理论相统一，使社会主义核心价值观更加理论化和系统化。

在高校思想政治理论课中推进大学生社会主义核心价值观培养，至少要把握好以下四点原则，一要树立以人为本的育人理念，尊重大学生的主体地位，紧跟大学生实际需求，关注并解决大学生的思想困惑和人生矛盾。二要坚持理论联系实际，准确把握以理服人和以情感人的结合点，通过经典案例教学引导学生分析问题、解决问题。三要坚持精选与实用相统一，根据当代大学生的思想特点和现实中最突出的重大问题选择重点的教学内容，突出某些前瞻性问题，注重针对性教学。四要注重方法和策略的创新性，充分利用多媒体教学、经典案例教学以及社会调研教学等途径创新课堂教学方法和策略，提高课堂教学的有效性，巩固思想政治理论课的主载体地位。

2. 软载体——校园文化

高校校园文化作为社会主义文化的重要组成部分，对大学生社会主义核心价值观的培育起到潜移默化的作用，是高校实施德育工作和提高德育效果的软载体。一个学校的校园文化往往隐含着学校师生共同的价值理念、价值目标和价值追求，对在校生具有较强的内在号召力。校园文化软载体作用体现在它能够绕开强制性制度的障碍，在学习生活中潜移默化地影响和规范大学生的价值选择和取向。中共中央办公厅印发的《关于培育和践行社会主义核心价值观的意见》指出应当"注重发挥校园文化的熏陶作用，加强学校报刊、广播电视、网络建设，完善校园文化活动设施，重视校园人文环境培育和周边环境整治，建设体现社会主义特点、时代特征、学校特色的校园文化"[1]。可见，开展先进的校园文化活动有助于大学生社会主义核心价值观的培育与践行。一个校园的校园文化很好地体现了一个校园里学生的价值取向。

当前，高校校园文化活动存在诸多问题值得我们深思，例如：校园文化活动目的功利化、活动内涵贫乏化以及活动内容娱乐化等。高校和教育管理部门应该重视校园文化活动存在的种种问题，以打造纯洁、内涵丰富、内容恰当、学生们喜闻乐见的高校文化。不要让校园文化从蜜糖成为砒霜。

就目前实际情况来看，改善高校校园文化活动整体质量应当做到以下五点。一是重视校园文化活动对学校整体发展和大学生培养的重要作用，把校园文化建设纳入学校发展的总体规划。只有提高校园文化认识程度，才能从根本上摆脱目前的困境。二是建立完善的且符合新时代特点的校园文化活动管理体制。随着新时期的到来，尤其是西方文化强力渗透的背景下，高校应当注重校园文化活动管理的制度建设。三是加强大学精神文化建设，传承学校传统优秀文化。文化传承贵在长期积淀，没有经过长期积淀的文化是难以植根于学生心中的。四是打造品牌的校园文化活动。高校校园文化活动重点不在于多，而是在于精，品牌的校园文化活动不仅能够在一代又一代的学生中传承，而且能够成为学生期待、喜爱的校园节日。五是注重校园文化活动的娱乐性与政治性相结合，让大学生在轻松、愉快的气氛中培育社会主义核

---

〔1〕 中共中央办公厅印发《关于培育和践行社会主义核心价值观的意见》[N]. 人民日报，2013 - 12 - 24（1）.

心价值观，充分发挥校园文化软载体的作用。[1]

3. 硬载体——社会实践

社会实践是大学生成长成才的必经之路，也是大学生进入社会前检验个人知识能力的重要途径。对于大学生社会主义核心价值观的培育来说，社会实践是大学生培育与践行社会主义核心价值观的硬载体，也是大学生其对社会主义核心价值观从认同到内化的关键环节，具有突出的价值导向作用。首先，社会实践活动有助于大学生养成良好的行为习惯。遵守实践活动的规章制度、执行实践活动的任务，有利于大学生良好行为习惯的养成。其次，社会实践有助于提高大学生社会责任感。通过实践活动，大学生能够深入社会基层、生产前线，了解国情和社情，进一步对国家发展、社会民生以及党的方针路线提高认识，从而明确自己的历史使命，增强社会责任感。最后，社会实践有助于树立大学生吃苦耐劳、艰苦奋斗的精神。有效的社会实践能够让大学生感受社会激烈的竞争、创业的艰辛。学校应该在学生学有余力的基础上，积极为学生创造经历社会实践的机会。[2] 中共中央办公厅印发的《关于培育和践行社会主义核心价值观的意见》指出"拓展青少年培育和践行社会主义核心价值观的有效途径。注重发挥社会实践的养成作用，完善实践教育教学体系，开发实践课程和活动课程"[3]，如果理论没有实践，就一直只能是理论。大文学家胡适教导我们要大胆假设、小心推理。从理论到实践，是一个必然的过程。社会实践载体所能带来的效果是其他载体不可替代的。

然而，在高校大学生社会主义核心价值观的培育工作中，社会实践的硬载体养成作用并没有得到充分的发挥，原因是多方的、综合的。首先，各方对大学生社会实践重视程度不够；其次，社会实践活动组织流于形式；再次，社会实践活动管理制度不完善；最后，就是实践形式过于陈旧，无法满足当代大学生发展的需要。

在新的形势下，开展符合当代大学生特点、满足社会发展需要以及富有创新的社会实践，需要做到以下三点。一是加强各方对大学生社会实践的重视程度。高校要充分认识到社会实践活动是培养大学生综合素质的重要途径，应加强重视和领导，认真安排组织；大学生充分认识到社会实践对自身

---

[1] 占永琼. 当前高校校园文化存在问题与对策分析[J]. 福建工程学院学报，2008（4）：405-408.

[2] 王彬. 论大学生社会实践活动[J]. 思想政治教育研究，2005（4）：25-26.

[3] 中共中央办公厅印发《关于培育和践行社会主义核心价值观的意见》[N]. 人民日报，2013-12-24（1）.

发展的重要性，应积极争取实践机会，并认真完成各项实践活动；社会各界应转变观念，积极支持大学生社会实践，为大学生实践提供可靠的平台。二是建立大学生社会实践的保障制度。首先，学校要承担大学生社会实践管理和调控的任务，促进全体大学生积极参与社会实践；其次，通过激励机制鼓励教师和教辅人员参与到大学生社会实践工作中，充分调动他们的积极性和主动性，为大学生开展社会实践活动提供有效的指导和帮助；最后，教育管理部门和学校应建立起经费保障机制，划拨专项经费，并利用自身优势吸收社会资金支持，为大学生开展社会实践活动提供强而有力的保障。三是打造具有创新性且与自身专业培养目标相一致的实践形式。在继承传统优秀的大学生社会实践形式基础上大胆创新，依照自身专业培养目标的要求，创新大学生社会实践形式，努力打造产学研一体化的社会实践基地。

4. 新载体——网络、社区

日新月异的科学技术和不断改革的高校管理，成为培育大学生社会主义核心价值观中的新载体。网络和社区是大学生集聚度最高的两个空间，前者是虚拟的空间，而后者是实体的空间。2004年，中共中央、国务院颁布的《关于进一步加强和改进大学生思想政治教育的意见》提出，高校要紧紧围绕育人这个中心，大力推动大学生思想政治教育"进网络、进社团、进公寓"。如今，网络成了大学生日常生活的重要组成部分，从触手可及的手机到遍布校园的网络系统，大学生生活在一个无线的数据网络之中。在大学生社会主义核心价值观培育中，应当充分发挥网络和社区固有的优势和作用，促进大学生社会主义核心价值观培育的工作。

互联网在大学生中越来越普及，这对于高校思想政治教育工作来说既是一个机遇，也是一个挑战。一方面，网络飞速发展方便了大学生的生活，拓宽了大学生学习渠道和学习信息来源，提升了大学生的知识量；另一方面，互联网的出现也带来一些不良信息，对大学生的价值观念、思想意识和伦理道德等形成强烈的冲击。因此，在大学生社会主义核心价值观培育工作中既要充分利用它的作用，又要积极应对它所带来的严峻挑战，加强网络的管理，趋利避害，牢牢占领网络这一思想政治教育和价值观念教育的新阵地，是大学生社会主义核心价值观培育工作取得实际成效的关键环节。

网络是一把"双刃剑"，要避免人被物质操控的悲剧。网络作为思想政治教育的有效载体，其价值既在于它网络本身，又在于它所传播的信息内容，利用网络这一新载体进行大学生社会主义核心价值观的培育需要把握三个方面。首先，树立运用网络载体实施培育的新理念。网络作为培育工作的新阵地，必须牢固树立阵地意识，抢先占领阵地的控制权，为运用网络新载体开展大学生社会主义核心价值观培育工作打下坚实的基础。其次，完善网络管理体系，掌握网络舆论。网络是一个开放的空间，各监管部门应当加大对网络监管力度，打击不良网站的信息传播，努力以社会主义核心价值观引领方向，营造良好的网络氛围，为青少年提供丰富的精神食粮。最后，拓宽网络载体的渠道。高校应当充分利用校园网络资源，例如：校园网站、校园论坛、微信公众号以及网络课堂等，建设专题的"红色网站"或"红色专栏"，为大学生社会主义核心价值观的培育提供"多位一体"的学习渠道。

随着我国高等教育改革和高校后勤社会化管理的不断深入，社区作为思想政治教育的新载体越显重要。作为大学生日常生活的重要场所，社区生活几乎占据了大学生一半的时间，把握好社区这个新阵地、新载体对于大学生社会主义核心价值观的培育工作具有重要的意义。社区管理是21世纪以来高校扩招所产生的一种高校管理模式，随着这种管理模式不断深入，部分高校已经成立学生社区管理中心，引进专职的社区辅导员，在实践中取得许多社区管理的宝贵经验，为大学生社会主义核心价值观的培育"进社区"奠定了坚实的基础。在大学生社会主义核心价值观的培育实践中，高校运用"三个依托"：一要依托社区管理中心做好培育的规划和组织工作。社区管理中心在总体管理规划上考虑大学生思想政治教育的内容，以社会主义核心价值观统领整个社区管理工作，为大学生社会主义核心价值观培育"进社区"创造条件与提供保障。二要依托社区辅导员实施各项具体的培育活动。社区辅导员在日常的工作中要时刻关注学生的思想动态，根据学生的需求和社区实际情况开展形式多样、内容丰富的教育活动，为大学生社会主义核心价值观的培育"进社区"工作找到具体的落脚点。三要依托学生党员和学生干部发挥模范带头作用。社区成立学生党支部和社区大学生自主管理组织，引导学生自我管理、自我教育和自我服务，充分发挥学生党员和学生干部模范带头作用，并将学生在社区表现作为评优评奖的重要依据。

在大学生社会主义核心价值观的培育中，学校紧跟党和国家的步伐，从上到下、从大到小，落到实处，细细地培育与践行大学生社会主义核心价值观。大学生社会主义核心价值观培育与践行是一项长期的系统工程，培育的载体也会随着社会发展而不断变化，把握传统主载体的优势，在结合软、硬载体的基础上，不断挖掘符合现代教育特点的新载体，积极推动大学生社会主义核心价值观的培育与践行工作向前发展。

第六章　高校辅导员工作的坚守与创新

"上面千条线，下面一根针"，是人们对辅导员队伍管理机制的形象比喻；"两眼一睁，忙到熄灯"，是人们对辅导员日常焦头烂额地忙于事务性工作的形象描述；"说起来重要，做起来次要，忙起来不要"，表达了人们普遍存在的对辅导员职业价值的一种现实认知；"种了别人的地，荒了自家的田"，隐喻着人们对辅导员职业发展的一种现实担忧；"身在曹营心在汉"，说明了人们认为辅导员是职业情感无以为系的过渡职业；"不求有功，但求无过"，揭示了辅导员缺乏内在工作动力的心理状态……

以上种种，都是从事高校学生思想政治教育的工作者对辅导员这个具有中国特色职业的自我隐喻。从心理调适的视角来看，这何尝不是一种自我解嘲式的幽默？而从逻辑思维的角度来分析，这更是身处其中辛勤工作的辅导员内心情感的真情释放。尽管如此，纵使工作中有万般艰辛，高校辅导员却依然用他们的青春与热情、爱心与智慧奋战在大学生思想政治教育的第一线，真情地付出而又不苛求回报。高校辅导员朝气蓬勃的身影不仅活跃在大学生当中，也一直跃动在同行的视野里，自始至终感动着他们周围许许多多的人，也使得越来越多的人开始关注并了解高校辅导员。

一、高校辅导员的角色定位

(一) 高校辅导员工作现状概述

高校辅导员的主要工作是对学生进行思想政治引导、学习生活指导、心理健康辅导和日常事务管理。但是,高校辅导员角色错位和越位情况严重,他们成为"知心姐姐""宿管员""话务员""办事员""会务员""勤杂工""保姆"……辅导员的思想政治教育功能却被弱化甚至被忽视,而辅导员的管理职能被更多地强调。由于辅导员工作角色没有明确地被界定,每当找不到一个对应的部门来处理问题时,只要和学生有关的事情,学校必定会找辅导员。辅导员平时做得最多的工作是一些琐碎的事务性工作,如相关通知的传达、突发事件的处理、各类会议的参加、学生活动的组织等,很多辅导员陷入了事无巨细的学生日常杂务中。这些繁杂事务严重占用了辅导员从事思想政治引导工作的时间和精力。

从实际思想政治教育工作的效果来看,辅导员在实际工作中并未很好地承担思想政治教育工作。辅导员不仅在扮演好学院学生事务工作者和班级领导者与管理者的角色方面显得吃力,而且由于不定时、不定量的日常事务性工作,无法去认真地研究教育对象的心理特点及其在不同时期的需要,更谈不上因材施教,针对每个学生的不同特点加以具体的引导了,用新知识、新科技、新方法培养学生成才也就成为一纸空谈。

(二) 高校辅导员工作角色澄清

"辅导员是高等学校教师队伍和管理队伍的重要组成部分,具有教师和干部的双重身份。辅导员是开展大学生思想政治教育的骨干力量,是高校学生日常思想政治教育和管理工作的组织者、实施者和指导者。辅导员应当努力成为学生的人生导师和健康成长的知心朋友。"[1] 这是对高校辅导员工作角色最为清晰的定位。辅导员作为我国高校大学生思想政治教育的骨干力量,理应站在大学生思想政治教育工作的最前沿。

关于高校辅导员应该承担的工作和扮演的角色,《教育部关于加强高等学校辅导员班主任队伍建设的意见》(教社政〔2005〕2号)中明确指出:

---

〔1〕 中华人民共和国教育部令(第24号)〔EB/OL〕. (2006-07-23)〔2016-06-28〕. http://www.moe.edu.cn/moe_879/moe_165/moe_0/moe_1443/moe_1463/tnull_21506.html.

辅导员、班主任是高等学校教师队伍的重要组成部分，是高等学校从事德育工作，开展大学生思想政治教育的骨干力量，是大学生健康成长的指导者和引路人。[1] 相关文件将高校辅导员的工作界定为开展思想政治教育工作。在当前的办学模式下，学校对辅导员工作至少进行了六种角色的界定，分别是：专业学习和就业指导的咨询者、学习生活秩序的服务者、心理健康的辅导者、多渠道多层面多维度思想政治教育的发起者、大学生人格的主要塑造者及大学生人生发展的主要引领人。

第一，高校辅导员是专业学习和就业指导的咨询者。辅导员需要对学生开展专业学习和就业指导的咨询工作，教育和引导学生在整个学习过程中始终关注专业学习和就业问题，明确职业方向、开展职业规划、积累职业经验。一般来说，高校大学生在入学之后，对即将学习的专业不仅不够了解、不知道学什么，而且对怎么学、学了之后做什么也很迷茫。因此，明确专业培养目标和未来就业方向，以增强高校学生学习专业的主动性和自觉性，也必然成为高校的当务之急。高校辅导员自然成为这项工作的主力军。

第二，高校辅导员是学习生活秩序的服务者。进入大学后，面对一个新的学习环境，每个学生都需要一个对新环境的适应期。在此期间，高校辅导员需要做大量学习生活秩序服务的工作。一方面是做好高校大学生日常学习秩序的服务工作。这类工作大致包括监督学生按时上课、认真听课、按流程请假、遵守纪律，以及日常选课、学籍处理、学期操行鉴定等工作，进而培养良好班风学风。另一方面是做好学生生活秩序服务工作，包括校园文明礼貌、奖助学金的检查与评定、勤工俭学岗位设置、校园安全与稳定教育等。毋庸讳言，中学时代学生在家生活由父母包办，学校有班主任"贴身盯防"。进入大学以后，辅导员要肩负起父母和班主任两份工作，既要帮助学生学会独立生活，更要引导学生从"学会"向"会学"转化。这种情况下，辅导员付出的辛劳是其他教师难以想象的。

第三，高校辅导员是心理健康的辅导者。象牙塔里的学习生活看似轻松，但实际上，大学校园里学生承受着太多学习、就业、交友、生活、情感等方面的多重压力。不断发生的校园事件，如因迷恋上网萎靡不振而学业成绩下滑，因情感或其他纠葛发生的自杀、他杀案件等。一些反常或恶性事件的发生，使得大学生心理健康状况已经渐渐成为社会关注的焦点。心理健康一般是指具有正常的智力、积极的情绪、适度的情感、和谐的人际关系、良

---

[1] 教育部关于加强高等学校辅导员班主任队伍建设的意见 [EB/OL]. (2005 - 01 - 13) [2016 - 06 - 28]. http://old.moe.gov.cn/publicfiles/business/htmlfiles/moe/s3017/201001/xxgk_76797.html.

好的人格品质、坚强的意志和成熟的心理行为等。从高校大学生出现的心理问题来看，可以归纳为以下四类：恋爱与交友、忌妒和自卑、孤独和逆反、竞争和挫折。针对不断发生的大学生心理健康方面的问题，教育部在《关于加强普通高等学校大学生心理健康教育工作的意见》（教社政〔2001〕1号）中指出，要依据大学生的心理特点，有针对性地开展心理辅导或咨询活动，帮助大学生树立心理健康意识、优化心理素质、增强心理调适能力和社会生活的适应能力、预防和缓解心理问题，提高大学生心理健康水平，促进和实现一个人的全面发展[1]。虽然各高校普遍设立了心理咨询中心，但不可否认的是，与学生接触时间最长、最能了解学生的辅导员，才是这项工作真正的承担主体。

第四，高校辅导员是多渠道、多层面、多维度思想政治教育的发起者。辅导员工作是高校思想政治工作的重要组成部分，是贯彻党的教育方针、对大学生进行思想政治教育、培养大学生具有较高思想政治觉悟的领航者。关于辅导员在高校思想政治教育工作中的定位和作用，国家相关文件进行了明确的界定。《教育部关于加强高等学校辅导员班主任队伍建设的意见》中明确指出，加强辅导员、班主任队伍建设，是加强和改进大学生思想政治教育和维护高校稳定的重要组织保证和长效机制，对于全面贯彻党的教育方针，把大学生思想政治教育的各项任务落到实处，具有十分重要的意义。需要指出的是，辅导员所从事的思想政治教育工作与思想政治理论课教师、各级行政管理工作者所从事的思想政治教育有所不同。高校辅导员所从事的思想政治教育包含了高校所有部门思想政治教育工作的内涵和要求，它看起来是一份工作，实际上则是诸多学生工作的万流归宗。在高校，学院、系部、班级开展的各项学生活动每一项都有辅导员的参与。鉴于此，高校辅导员作为日常学生各项工作活动的执行者、实施者和发起者，其开展思想政治教育工作的路径也是多渠道、多层面、多维度的。

第五，高校辅导员是大学生人格的主要塑造者。高校辅导员的人格表现直接影响到学生的人格塑造。人格魅力是一个人思想修养、道德品质、知识底蕴、心理素养、工作态度、举手投足等方面的综合反应，具体地体现为思想积极、品质高尚、学识渊博、心理健康、爱岗敬业、办事公正、举止文明等，它们是一个人内在学识和修养外化的一种吸引力和感染力。大学阶段正是大学生思想和人格形成的关键阶段，这一阶段的大学生具有较强的可塑性，他们思想活跃，容易接受新鲜事物，然而，由于思想和心理还不成熟，

---

〔1〕 教育部关于加强普通高等学校大学生心理健康教育工作的意见[J]．思想理论教育导刊，2001（4）：4-6．

以致他们容易受到不良思潮和行为的诱惑。高校辅导员对他们开展正面引导无疑会帮助他们塑造正能量的人格和品质。美国著名心理学家雷蒙德·卡特尔（R. B. Cattell）提出了基于人格特质的一个理论模型，即个别特质和共同特质、表面特质和根源特质、体质特质和环境特质、动力特质、能力特质和气质特质。在充分研究分析的基础上，他提出了乐群性、聪慧性、情绪稳定性、恃强性、兴奋性等 16 种不同的人格特质。辅导员人格特征的差异性一般表现在乐群性、聪慧性、兴奋性、幻想性、独立性等几个方面。不同人格特征的辅导员对大学生的影响也不是完全一样的。比如，乐群性人格显著的辅导员，多热情大方、爱岗敬业，所培养的学生也多是外向开朗、尽职守责的；人格特征聪慧性显著的辅导员，他所带的学生往往会格外注重学识素养；而人格独立性显著的辅导员，其所带的学生往往个性独立、做事果断。显而易见，高校辅导员的人格魅力直接影响到学生的人格塑造。

第六，高校辅导员是大学生人生发展的主要引领人。在高等教育中，人们经常用"教书育人""为人师表"来赞美任课教师，而对于辅导员却很少有溢美之词。殊不知，高校辅导员对学生的深远影响是一生的，是其他任何任课教师都无法比拟的。在日常工作中，作为各种学生活动的参与者、服务者和管理者，辅导员不断向学生展示对世界的看法、对人生的看法、对是非美丑善恶的看法，是大学生树立科学世界观、人生观和价值观的典范和标杆。同时，他们熟练运用心理学和教育学方面的知识，或严肃批评，或谈心帮扶，或通过开展各种活动，帮助那些在认识问题、分析问题、待人接物、为人处世，以及情感和意志行为等诸多方面表现不佳的学生，是学生人格缺陷的矫正者。高校阶段的学习生活是大学生人生发展中最重要的时刻。对于大学生来说，人生的理想将在这里产生，人生的道路将在这里起步，美好的生活将从这里开始，而辅导员无疑是他们的领航者。高校辅导员正在扮演着大学生人生发展主要引路人的角色。正如教育部《普通高等学校辅导员队伍建设规定》（教育部 24 号令）中所期望的那样："辅导员应当努力成为学生的人生导师和健康成长的知心朋友。"[1]

---

[1] 中华人民共和国教育部令（第 24 号）[EB/OL].（2006 - 07 - 23）[2016 - 06 - 28]. http://www.moe.edu.cn/moe_ 879/moe_ 165/moe_ 0/moe_ 1443/moe_ 1463/tnull_ 21506.html.

二、高校辅导员工作的职责

2004年，中共中央、国务院发出的《关于进一步加强和改进大学生思想政治教育的意见》强调："大学生是十分宝贵的人才资源，是民族的希望，是祖国的未来。加强和改进大学生思想政治教育，提高他们的思想政治素质，把他们培养成中国特色社会主义事业的建设者和接班人，对于全面实施科教兴国和人才强国战略，确保我国在激烈的国际竞争中始终立于不败之地，确保实现全面建成小康社会、加快推进社会主义现代化的宏伟目标，确保中国特色社会主义事业兴旺发达、后继有人，具有重大而深远的战略意义。"文件着眼于中国社会长远发展，对加强和改进当代大学生思想政治教育、提高其思想政治素质提出了更高的要求。作为大学生成长的人生导师，高校辅导员理所当然成为大学生思想政治教育的主力军，在工作实践中须形成一整套具有高度指导性和切实可操作性的工作理念及实践原则，进而指导辅导员工作科学、高效地开展。

（一）高校辅导员工作的理念

1. 高校辅导员工作理念的内涵

真理来源于现实，但又高于现实。众所周知，这是自然界的一条普遍规律。高校辅导员工作理念既源于高校辅导员工作实践，又高于高校辅导员工作实践，是关于高校辅导员工作性质、宗旨、目的及意义的正确总结和高度概括。简言之，它是高校辅导员工作实践的理论升华，是用以指导广大高校辅导员科学开展工作的方法论。

2. 高校辅导员工作理念的特征

系统全面、宏观具体、真实有效是对高校辅导员工作理念特征的简要概括。

第一，系统全面性。高校辅导员工作理念不仅要充分继承中国这一文明古国在上下五千年的社会发展过程中所形成的优秀思想，而且应与时俱进，紧扣时代发展的脉搏；既要严格把握相关规章制度，又要建立师生之间的情感桥梁；既要着眼于指导学生全面健康的发展，又要促进辅导员自身素质的提升。

第二，宏观具体性。高校辅导员工作理念是关于辅导员工作的本质是什么、辅导员工作开展的意义是什么，以及如何全面、正确、持续地推进辅导员工作开展的理论原则和经验总结。它并非是对辅导员工作中某一个问题、某一个方面的认识，而是对辅导员工作开展具有全面、具体的指导性作用。

第三，真实有效性。从产生来看，高校辅导员工作理念并非凭空想象的"书房"产物，更不可能是脱离实践的"书房"产物，它首先必须是源于实践的，是实践经验的总结和提升；从高校辅导员工作理念不断完善的过程来看，高校辅导员的工作理念同样是在辅导员工作实践不断开展的过程中，在社会不断发展的进程中，不断得以创新和发展的；从树立正确高校辅导员工作理念的目的看，很显然是为了更好地指导辅导员的工作及实践的开展。

3. 高校辅导员工作理念的内容

科学的工作理念是指引辅导员工作顺利开展的前提，是建立良好师生关系的基础，是各项工作取得预期效果的保障。因此，从当代大学生自身特点出发，从社会对人才需求的实际出发，从大学生健康成长规律出发，不断创新和完善科学工作理念就显得尤为重要。

在工作实践的基础之上，加以总结提炼，笔者认为高校辅导员工作理念应包括如下三个方面内容。

第一，从性质上看，高校辅导员工作不仅仅是一份职业、一个饭碗，它更是一份神圣的事业，是一份良心活儿。这份工作不仅涉及大学生日常生活、学习的管理，更涉及大学生心理、思想等方面的健康成长。做好辅导员工作，我们在学生成长过程中，必须扮演好大学生教育引导者的角色，必须充当好大学生健康成长的人生导师。

第二，从对象上看，辅导员工作的开展，不仅是单纯依靠规章制度对学生进行管理，而且要做到以德树人、以爱感人、以理服人。辅导员工作开展的对象是人，是思维活跃、个性鲜明的大学生。我们深刻认识到这一点，做好一名辅导员，必须做到以高尚的情操影响学生，以无私的关爱打动学生，以深刻的道理教育学生。

第三，从能力上看，做好辅导员工作，要求我们必须不断加强学习，全面提升个人素养。如今是一个飞速发展的时代，新鲜事物层出不穷，青年学生的思想呈现多元化趋势，这些新变化、新形势要求我们必须深入研究新时期高校辅导员工作的途径、方式、方法等问题，推进学生成长和辅导员自身提升、师生的同步前进。

4. 新形势下高校辅导员应树立的工作理念

第一，树立科学发展观，以人为本。学生是学校的主体，教育管理必须充分体现学生的利益，以实现学生的全面发展为目标，充分确立"先树人、后育才"的观念，让每一个学生健康成长，切实把学生综合素质的提高作为工作的第一要务。

第二，树立师生平等思想。虽然我国传统文化中"尊师重道""一日为师终身为父"等观念早已深入人心，但"尊师"并不是要学生"怕师"，

"为师"也不是要教师"居高临下"。虽然在学识上教师要比学生丰富许多，但是在人格上师生是绝对平等的。现在大学生的想象力和判断力日益增强，越来越注重张扬个性，平等意识也越来越强烈。这就要求我们在工作中将平等尊重置于师生活动之上，刚性管理少一点、柔性关怀多一点，善于倾听学生的声音，切忌"我是老师我说了算"的旧思想。

第三，发扬奉献精神，将爱心融入工作中。高校辅导员的工作繁杂而辛苦，需要投入大量的精力和情感，社会上甚至流传着辅导员是"三保姆"的称呼，即生活保姆、学习保姆、心理保姆，辅导员工作的辛苦程度可见一斑。因此，这项工作除了需要极大的工作热情之外，还需要无私的奉献精神和长期的责任感。作为辅导员，我们就必须与学生真诚相处、平等交流，要用自己诚挚的感情去感染他们，这样才能形成相互间的情感沟通与共鸣，才能掌握第一手的资料，为自己正确开展工作提供依据。

第四，树立不断学习、积极进取的"海绵精神"。当代大学生思想状态的多样性和不确定性决定了辅导员要经常参加诸如政治理论、教育学、心理学、社会学等方面的学习，拓展辅导员的工作方法，提高工作的针对性和实效性。

（二）高校辅导员工作的职责

高校辅导员是大学生思想政治教育工作的组织者、实施者和指导者，在高等教育中承担着大学生的思想政治教育、心理辅导、突发事件的处理、帮困助学、就业指导等诸多事务，在高等教育推进过程中发挥着重要的作用。

1. 高校辅导员工作职责的历史演变

1952年，教育部《关于在高等学校有重点地试行政治工作制度的指示》中提到，政治辅导员的主要任务是在政治辅导处主任领导下，辅导一系或几系学生的政治理论学习和社会活动，组织推动教职员的政治理论学习和社会活动，这是我国第一次提出辅导员的概念。1980年，教育部、共青团中央制定的《关于加强高等学校学生思想政治工作的意见》指出，辅导员工作职责应包括思想政治教育和班级建设管理等方面，较前一次明确了辅导员的工作职责。1984年，中共中央宣传部、教育部制定的《关于加强高等学校思想政治工作队伍建设的若干意见》对辅导员工作职责的范围又增加了心理健康教育。进入21世纪以来，在前面的基础之上，辅导员工作的职责增加了帮困和职业生涯辅导的内容，进而构成了较为全面的辅导员工作体系。

2. 高校辅导员主要工作职责

根据《普通高等学校辅导员队伍建设规定》（教育部24号令）的文件精神，高校辅导员的主要有如下八个工作职责。

第一，帮助高校学生树立正确的世界观、人生观、价值观，确立在中国共产党领导下走中国特色社会主义道路、实现中华民族伟大复兴的共同理想和坚定信念。积极引导学生不断追求更高的目标，使他们中的先进分子树立共产主义的远大理想，确立马克思主义的坚定信念。

第二，帮助高校学生养成良好的道德品质，经常性地开展谈心活动，引导学生养成良好的心理品质和自尊、自爱、自律、自强的优秀品格，增强学生克服困难、经受考验、承受挫折的能力，有针对性地帮助学生处理好学习成才、择业交友、健康生活等方面的具体问题，提高思想认识和精神境界。

第三，了解和掌握高校学生思想政治状况，针对学生关心的热点、焦点问题，及时进行教育和引导，化解矛盾冲突，参与处理有关突发事件，维护好校园安全和稳定。

第四，落实好对经济困难学生资助的有关工作，组织好高校学生勤工助学，积极帮助经济困难学生完成学业。

第五，积极开展就业指导和服务工作，为学生提供高效优质的就业指导和信息服务，帮助学生树立正确的就业观念。

第六，以班级为基础，以学生为主题，发挥学生班集体在大学生思想政治教育中的组织力量。

第七，组织、协调班主任、思想政治理论课教师和组织员等工作骨干共同做好经常性的思想政治工作，在学生中间开展形式多样的教育活动。

第八，指导学生党支部和班委会建设，做好学生骨干培养工作，激发学生的积极性、主动性。[1]

随着高校招生规模的不断扩大，在校大学生人数呈逐年上升趋势。由于学校政工干部配备不足，管理力度明显不够，加之贫困学生人数增加、学生心理问题更为复杂多样及毕业生就业竞争日益激烈等原因，使大学生的日常教育管理面临严峻的挑战。严峻的形势使负责大学生思想政治教育及日常事务管理的辅导员队伍承担的责任越来越重。高校辅导员过于繁杂的日常事务严重影响了辅导员思想政治教育工作的开展。

---

[1] 参见《中华人民共和国教育部令（第 24 号）》即《普通高等学校辅导员队伍建设规定》第二章第五条。

三、 高校辅导员工作的创新

（一）高校辅导员工作创新的必要性分析

从中央到地方，各级政府及高校已出台一系列政策来加强高校辅导员队伍建设，提高辅导员素质。

1. 高校辅导员工作创新是形势要求

创新是一个民族的灵魂，是一个民族生生不息的不竭动力。纵观人类发展的历史，尽管不同地域的人类发展历程不尽相同，但创新精神是推动人类历史发展中不可忽视的重要因素。时至今日，创新在社会发展中显得尤为重要。而且随着社会的发展，"创新—发展模式"所应用的领域将较之以往有更为广阔的应用，这一趋势对高校辅导员工作领域的影响也越来越大。高校辅导员工作因其在高校人才培养中的重要作用及其所面对的工作对象的特殊性要求而使其更应该具有创新意识。

2. 高校辅导员工作创新是大学生特点变化的要求

新时期高校辅导员工作面临的新问题和新挑战来自服务对象——学生。随着互联网等现代通信手段的日益发展和覆盖，西方资本主义的生活方式、价值观念也随之展现在我们新时代的大学生面前，这样虽然使他们具有了较为广阔的视野，但与此同时也带来了一个棘手的问题，即面对西方文化的巨大冲击，大学生们自己难辨是非，难以抵御外来消极思想的侵袭。辅导员则要承担起引导学生的任务，这对于辅导员的职业素养是个很大的考验。

近年来，"90后"大学生逐渐成为大学校园的主体，这是生活、生长在社会主义祖国改革开放全面深入，经济迅速发展和社会结构飞速转型年代的青年学子，其生活水平整体上较以往的大学生优越，但仍存在相当数量的经济贫困生和经济特困生，他（她）们的思想、精神层面与以往的大学生有较大差异，个人的独立性、自我发展意识更为突出，更加务实、讲究实效，反对形式主义，其对外在信息的摄取量和包容度更广，更易受各种思潮、外来文化和思想的影响，他们每天花在互联网上的时间更多，网游已成为他（她）们每天生活中必不可少的一部分。因此，对这些大学生开展思想政治教育，必然需要不断创新工作的模式。

3. 高校辅导员的工作创新是辅导员自身素质的要求

目前，高校辅导员队伍在专业结构上涉及的学科比较多，专业性相对比较弱。很多辅导员都不是从高等院校的教育学或相关专业毕业的，他们或者是从优秀的毕业生中选出来的，或者是本学院硕士留校的，这有利于对学生在专业上的指导，但是对于开展深入、有效的思想政治教育工作就显得不够专业和全面。

面对新时代背景的新要求，加强高校辅导员队伍专业化、科学化建设，提高辅导员工作的专业化、科学化水平是新形势下做好辅导员工作特别是大学生思想政治教育工作的必由之路。2004年10月14日中共中央、国务院发出的《关于进一步加强和改进大学生思想政治教育的意见》明确指出："坚持继承优良传统与改进创新相结合。在继承党的思想政治工作优良传统的基础上，积极探索新形势下大学生思想政治教育的新途径、新办法，努力体现时代性，把握规律性，富于创造性，增强实效性。"因此，在新形势下，要使大学生对思想政治教育入脑入心，高校辅导员工作必须贴近学生实际，深入贯彻落实科学发展观，以生为本，努力使自身得到学生的尊重和认同，塑造较强的个人感召力，不断提高思想引领、教育疏导的本领，根据形势的变化，不断创新工作思路、方法和载体，能正确把握学生的思想动态，成为学生贴心的领路人和精神导师。

（二）高校辅导员工作创新的路径探索

我国高校辅导员所背负的历史使命是十分艰巨的，他们不但要指引学生走向正确的人生道路，还要为其树立正确的人生观、价值观进行导向。协助大学生不断完善和发展自我、不断充实和成长自我，为国家打造有用的栋梁之材，他们功不可没。现阶段，我国社会化进程不断加快，人才之间的竞争也不断加剧。如何使得学生的成长顺应时代发展的潮流，让其有更好的生活和学习环境，是今后我们奋斗的方向和目标。特别值得一提的是，随着社会的进步和我们所处环境的变化，学生的兴趣和价值导向也发生着翻天覆地的变化。这对我国高校辅导员的工作提出了更高的要求，高校辅导员在工作上迫切需要工作创新以适应新形势的需要。

1. 新时期高校辅导员工作创新的内容

（1）工作思路要创新。

辅导员要顺应时代变化，适时改变教育方法。新时期下，在对"90后"大学生进行说服教育时，辅导员应该多站在学生的角度，不能以传统的教育方式板着面孔训人，对待学生态度应该温和且充满友爱，与学生以平等的身份交流，每次说理教育的时候要有理有据，不要直接批评学生，他们对枯燥的说教、大话、套话早已厌烦，可以列举社会上发生的一些类似的案例来让他们思考问题。因此，说话要说得有水平、有新意，说到学生的心坎儿上，这样，学生才会觉得你既是严师又是挚友，让学生心悦诚服才能事半功倍。

(2) 工作手段要创新。

21世纪是信息化时代,网络日益成为生活中不可缺少的重要组成部分。网络的广泛应用加快了信息传播的速度,网络技术的发展也不可避免地影响了高校,网络给学生学习和教师教学带来了便捷,也给传统的高校学生工作带来了新的挑战。辅导员可以将学生感兴趣的话题或学校规章制度加上自己的观点与理解后写成文章上传到博客,让学生参与讨论和查阅,使学生遇到问题时能第一时间找到正确的方向与倾诉对象,充分发挥网络的舆论宣传和监督功能,开辟网上思想政治教育新阵地。

(3) 工作管理要有创新。

第一,管理工作应具有针对性。新时期大学生个性较强,不同的学生需要采取不同的管理方式,这样才能够做到因材施教,尽可能使所有学生都获得良好的学习和生活环境。比如说,对于那些比较活跃的学生,辅导员可以帮助他们多参加一些活动,而对于那些比较喜欢安静的学生,辅导员可以鼓励他们多看书研究。

第二,管理要把握好"宽"和"严"的度。辅导员作为高校学生的直接管理人,必然要怀着关爱去与学生接触,因此尽管有些学生做得不尽如人意,但作为辅导员也应该保持宽容。这也并不意味着辅导员工作可以一味纵容学生。当发现学生有重大错误,或者屡教不改时,辅导员需要采取一定的措施,要有雷厉风行的工作作风,对重大问题要及时请示汇报。

2. 新时期高校辅导员工作创新主要途径

(1) 进一步畅通和学生联系沟通的渠道是基础。

"基础不牢,地动山摇。"辅导员要深入了解学生,及时掌握学生动态就要做到:一是自己深入到学生中去。特别要深入到特殊关注的每一位学生中去,不遗漏、不遗忘任何一名自己负责的学生。二是从学生干部中了解学生。学生干部是辅导员的左臂右膀,是辅导员了解学生的枢纽,辅导员即使有三头六臂也要依靠学生干部。学生干部和学生同吃同住,他们是最了解学生的。三是从网络沟通中了解学生。新媒体时代,网络思想政治教育是我们的新课题。从QQ、微博、微信中了解学生,特别是获取他们不赞成、不支持、不高兴的一些信息,更有利于辅导员工作的改进。"一个革命政党,就怕听不到人民的声音,最可怕的是鸦雀无声。"[1] 四是从主题活动中了解学生。主题活动经过精心策划,形式丰富多彩,从学生参加活动的热情程度就可以研判其思想动态。

(2) 让关怀走进宿舍是拉近师生距离的必要手段。

---

[1] 邓小平. 邓小平文选:第2卷[M]. 2版. 北京:人民出版社,1994.

辅导员要利用空闲的时间到学生宿舍走走。学生除了上课时间，其余时间基本都在宿舍。在宿舍，学生能够尽情地放松自己，辅导员也可以和他们交谈任何问题，了解一下他们的日常生活，以及收集他们对学校、对教师各方面的意见，了解他们所面临的困难，听听他们的心声。要以听为主，这样才能获得想获得的信息。常到宿舍走走不仅能够增进师生之间的情感，也可以了解学生生活学习及心理各个方面的信息。遇到心理问题比较严重的学生要及时求助心理辅导教师，辅导员要帮助学生尽快走出心理阴影。新时期做好高校辅导员工作的重要性是做好高校学生的管理工作，这一终极目标有利于我国教育事业的大事。但是，要顺应时代的发展，培养和培育越来越多的专业性有用人才，我们就必须打造一支专业性的辅导员队伍。这样的队伍必须具备以下几个特点：一是具有完善的专业技能知识和高素质的道德水准；二是必须经历专业训练和具备成长性；三是具有专业组织的专业训练经验。其中，具备第三个特点的人员最为合适。

这样的一支具有专业素质水准的队伍才能担负起管理学生的重任。高校作为一个管理相对松散的单位，做好学生的管理工作有着重要的实际意义。做好管理工作有利于高校整体秩序的维持和保障。学生和学校之间沟通的重要桥梁就是辅导员，一名优秀的高校辅导员自然应当充当好这个伟大的桥梁。这是一个学校正常运作的前提，也是学生们的学习生活赖以保障的前提。此外，在具体的实际操作中，要不断地追寻和探索各种有益于我们开展管理工作的规律和经验。高校学生是一个特殊的群体，他们有着与众不同的特点：一是知识层次高，二是求知欲强。这样的特点决定了他们在学习和生活上需要辅导员的大力辅助和支持，如果高校辅导员能够关联好学生和讲师之间的关系，那么，他们的学习进度自然也就有了保障。作为一名合格的辅导员，无论是生活还是学习上，我们都要正确地引导学生，使他们全面健康地发展。

（3）进一步增强突发事件的预防和处置能力是重要保障。

《中华人民共和国突发事件应对法》指出："突发事件，是指突然发生，造成或者可能造成严重社会危害，需要采取应急处置措施予以应对的自然灾害、事故灾难、公共卫生事件和社会安全事件。"高校学生众多，突发事件时有发生，一旦发生，就可能殃及学生身心健康和生命财产安全，情况非常紧急。突发事件大致分可预见的和不可预见的两种。对于可以预见的突发事件，辅导员就要在平常扎实基础管理，做好应急预案，防范为主，"凡事预则立，不预则废。"《教育部2009年工作要点》强调："完善教育系统突发公共事件应急预案和体制机制，加强应急组织、队伍、平台和能力建设，提高各类突发事件预警、防范和处置能力。"[1] 面对不可预见的突发事件,辅导员首先要清醒镇定,要研判事件的性质和动向,及时向上级领导汇报,第一时间赶到现场,妥善应对,使学生的生命和财产损失降低到最低限度;以生为本,以及时抢救学生的生命为重中之重;安抚学生,消除学生的躁动情绪,安抚学生紧张惊恐的情绪;组织力量,遏制事态的恶性发展,防止事件信息的扩散;做好善后,配合学校相关部门,做好学生的救治和慰问工作;联系家长,让家长知道事件的真相并配合学校做好相关工作。总之,辅导员必须清楚,只有安定稳定才能使学校和谐发展。

(4)加强理论学习、课题研究和提高教学水平是核心。

习近平同志在地方任职时曾这样严厉地批评过某些干部"不会说话":"与新社会群体说话,说不上去;与困难群众说话,说不下去;与青年学生说话,说不进去;与老同志说话,给顶了回去。"[2] 对于整天做学生工作的辅导员来说,有没有"与青年学生说话,说不进去"、受到反驳、受到抵触的时候?答案是肯定的。高校辅导员要想在当代大学生面前掌握话语权、要想在学生心目中有人格魅力、要想得到学生的认可和赞许,除了讲政治、会管理、懂教育外,有学问、有真才实学也非常重要。辅导员制度的缘起就是"双肩挑":"一个肩膀挑业务学习,一个肩膀挑思想政治工作。"辅导员要真正做到"双肩挑",就要在做好学生思想政治工作、日常教育管理服务工作的前提下,自觉加强理论学习、课题研究和提高教学水平。"打铁还要自身硬",作为高等学校教师队伍中的一员,要想成为名副其实的"传道授业解惑"的"师者",就要将工作实践与理论研究结合起来,不断提高理论素养、教学水平和科研能力,用实力、用成果来说话。

---

[1] 教育部 2009 年工作要点 [N]. 中国教育报,2009 - 01 - 02 (1).

[2] 鲍洪俊. 习近平:要群众信任,决不仅仅靠权力 [N]. 人民日报,2005 - 05 - 30 (10).

第七章　新媒体与大学生思想政治工作

20世纪后期，随着计算机技术的迅猛发展，以互联网为标志的新媒体异军突起，迅速改变了传统的传播模式。进入21世纪以后，移动传播媒体技术随着智能手机的普及而席卷全球。人们的生活，特别是文化传播模式和社会交际模式发生翻天覆地的变化。青年人是最敏锐、最积极接受新生事物的一代，高校学生思想政治工作必须主动迎接新媒体的挑战和机遇，不断创新发展。

一、新媒体：从交流工具到价值载体

新媒体的概念是1967年由美国哥伦比亚广播电视网技术研究所所长戈尔德马克率先提出的，相对于报刊、广播、电视等传统媒体而言，今天则衍生为凡是与计算机相关的，都可以说是新媒体。新媒体演进的路径依次是20世纪中期军方通信到20世纪90年代中后期高校BBS、博客论坛，再到21世纪的脸书、微博、微信等。根据20世纪美国心理学家米尔格兰姆提出的六度分割度理论，世界上两个互不相识的人建立联系，只需经过六个人，就可找到对方。眼下的脸书、微信等社交平台就是在这个理论支撑下发展起来的虚拟帝国，通过朋友认识更多的朋友。"人的本质是社会关系的总和"这一马克思主义关于人的本质的定义正在得到新的诠释。美国《连线》杂志将新媒体定义为，所有人对人的传播。本文的新媒体主要指微博、微信。

自1994年4月20日中国首次接入互联网至今，触网对中国的经济、政治、文化、教育等领域已经产生全面而深刻的影响。进入21世纪，移动互联网倍速发展，6亿多人使用的微博、微信等新媒体的影响更是不可小觑。近年来，众多事件的网上发酵扩散效应让公众领略了"围观改变中国"的威力。140个字的微博转发只要1秒钟，如果每个人有100个粉丝，10%的粉丝跟着转发，只需转发4次，几秒内就可达到1亿人次的信息覆盖。网络问政、网络问责、舆论监督俨然成为政治新常态，但网民的情绪大于立场，非理性泄愤大于理性讨论认同，使新媒体的价值感性色彩日益凸显，网络监督也偶尔因为转型期的仇富、仇官等社会心理失范为网络暴力。与其被动失语，不如主动发声，因此人民日报、参考消息等重要新闻媒体已开设微信公众号，主动进驻微信平台，加大正面舆论主流声音，站稳舆论阵地，以政府威信改变微信"微微信"局面。在高校，新媒体对大学生几乎全覆盖，在满足大学生摄取信息、多元互动、表达诉求、解决问题、实践需求外，不可避免地成为意识形态、价值观交锋的新阵地，成为立德树人的新载体。

二、新媒体的特点及对国家发展、政治稳定的影响

其一，新媒体凸显自由与秩序的矛盾，民主与稳定的冲突，私人话语与公共领域的界限。新媒体在内容的创造、出版、分发和消费上体现民主化。2006年，《时代周刊》评选"你"为年度风云人物，那期杂志封面是一台电脑显示器，像镜子般照出读者自己的影像，中间一个黑色的大字是"YOU"。《时代周刊》的解释是：今年的"风云人物"是我们每一个人，因为随着博客、网络社区、视频网站的兴起，在2006年互联网发生了重大的转变，网民正在成长为所谓的"新数字民主主义公民"。信息传播的自由、自发和快捷，信息发布的匿名性、虚拟性、低成本、高效率等特点，使得人人可以自由地发表自己的观点、发布信息、宣泄情绪等，好的、坏的、真的、假的，没人审查、没人较真也没人负责，众声喧哗，乌合之众，骂战四起。除了草根政治性诉求外，商业利益也在渗透，在追逐眼球效应或经济利益的同时，事件的客观性会受到损害，"娱乐、低俗、恶搞、谣言"等病毒的扩散也会惊心动魄。信息碎片化必然带来观念多元化；草根化带来参与诉求与民主化；大数据带来海量化、精准化；交互性带来主体间性。一方面，政府舆论调控能力弱化，政府信息把关人和守门人的角色被公民报道、公民摄影等冲

击、多元的、甚至有害的、负面的信息，让政府头疼不已。信息的不可控性和公众自发生成上传的多媒体信息，使得没有一个政府部门或组织能够彻底清查或过滤信息。另一方面，随着我国社会经济发展到人均收入超过3 000美元，我国从传统社会向现代社会转型，社会明显特征是碎片化，人们的思维意识、民主诉求、社会关系、市场关系、信用关系等都会发生变化，导致一些国家治理转型失败，面临"塔西佗陷阱""中等收入陷阱"以及"修昔底德陷阱"。新媒体信息传播使"人人都有麦克风（跟帖），人人都是记者（报料）"，其非理性化、去中心化、无政府主义倾向有加剧政治上的不稳定、破坏社会信任、加大阶层对立甚至颠覆政权的危险。

其二，新媒体形势下国与国之间的信息战已悄然展开，意识形态竞争日趋激烈。在国强必霸的强权思维定式下，外界对中国崛起引发的警惕遏制、西化分化的企图一直没有放弃，对发展中国家插手内政、收集情报，如"棱镜门事件"等是前车之鉴。美国不顾多国反对与要求，拒绝交出根服务器，同时以网络自由为名推行意识形态霸权，大力研发突破他国信息管控和封锁的软件并借此施压。大国之间围绕网络安全日益交锋，进行信息控制与反控制，网络技术手段将更加隐秘，技术性也会更强。据有关人士透露，中国互联网每天受到来自外界成千上万次黑客攻击。

其三，新媒体具有信息放大器、事件催化剂效应，容易放大民众的非理性和民粹主义情绪，能够引爆社会突发事件，危及国家治理。2011年8月6日，英国伦敦发生骚乱，社交网站和黑莓手机的推波助澜，英国政府在采取强有力的行动后，英国前首相卡梅伦说："信息自由流通可以用来做好事，但同样可以用来做坏事。"这促使人们再次审视新媒体的"双刃剑"效应。

三、新媒体已经成为意识形态、价值观交锋的新阵地

全国超过2 400万名的大学生是新媒体的主要和直接使用者，新媒体成为他们信息获取、学习资源、人际交往、娱乐休闲、创业实践、分享记录日常生活，展示能力、形象、个性甚至实现自我的重要载体和窗口。大学生使用博客、微博、微信等新媒体，从社会学和心理学的角度分析，邦尼·纳迪等给出五种理由：自传性的叙述、评论、净化、沉思和社区论坛。约翰·德沃拉克则归纳为以下五种动机。一是满足自我。大学生希望自己成为注意力中心并因此感觉良好，有存在感，他们期待世界知道他们所做的事情和他们头脑中拥有的想法。二是凸显个性。为了反抗工业化时代的标准化、工件化倾向，他们希望通过新媒体展示自己个性及有趣的一面，区别他人，反抗乏

味。三是削减挫折。通过发泄、倾诉、抱怨、批评人和事，他们找回平静平衡。四是积极分享。通过新媒体，他们能向相同志趣的朋友分享信息知识等。五是写作之梦。通过写作、整理自己思想并表达出来，他们完成自我反省和成长。使用新媒体除了有利于大学生自我意识觉醒和塑造自我形象外，公共事务的关注、讨论甚至行动，有利于培养大学生的权利意识、政治理性、法治意识、宽容精神等公共意识，有利于他们精神世界成长和丰富生活意义。然而，大学生使用新媒体也有弊端。由于移动互联技术的飞快发展和手机智能终端的价格平民化与操作简易化，大学生在日常生活中，几乎离不开手机，甚至有些成了"微博控"和"微信控"。频繁使用各类新媒体软件会导致日常时间变得碎片化，专门用以学习和实践的时间会越来越少，其至会形成现代社会大部分人的通病——"拖延症"。而且，在新媒体平台信息更新迅猛的情况下，大学生群体对于消息可谓应接不暇，无法一一去消化，深入思考的更是少之又少。在五花八门的消息快餐的影响下，大学生群体往往容易盲目从众、听信谣言或者受到一些不法分子的影响。

鉴于新媒体与国家发展、政治稳定的相关性，大学生对新媒体信息选择与筛选鉴别能力，使用新媒体的政治立场、观点、态度和素养，将直接影响校园平静和国家稳定。未来十年是中国发展关键时期，社会转型及社会治理中的民生问题、政治问题、经济问题、环保问题将层出不穷，他们将如何看待、讨论、研判甚至行动，将直接关系国家战略发展目标能否顺利实现。政治稳定事关中华民族伟大复兴"中国梦"的实现。政治稳定的基石是建立人民特别是大学生对中国特色社会主义制度的信仰，即形成对现有制度的价值认同和理论自信；认同坚持现存制度，包括中国模式、中国道路、中国理论等中国特色社会主义，是最适宜国情民情的、最适宜人民当家做主和共同富裕的制度。

一直以来，高校思想政治教育通过进课堂、进教材、进头脑等培养学生的政治观点与立场。但是，面对新媒体复杂的"双刃剑"效应和影响，如何打好教育引导、管理约束、依法处理的组合拳？如何引导学生认识新媒体发布的私域性及公共性兼有的特点，做到"人人为我，我为人人"，"己所不欲，勿施于人"；如何趋利避害，不给虚假消息和错误言论以传播渠道和机会；如何养成新媒体素养和伦理、提高信息选择及鉴别力、思考及实践新媒体自律，是高校学生工作的新课题。

在西方早期的社会里，像家庭、学校和教会这样的社会机构是最重要的信息、传统及道德导向的提供者，对社会的个体成员意义重大。今天，这些机构都失去其原有的部分权威，媒体在某种程度上取代了它们的职责，成为社会里最重要的故事讲述者。另外，传统媒体的信息产生和传递，一般是单向的，公众只能作为信息的接收和消化的一方。而新媒体时代，技术的发达和各类平台的开放互动性，使得公众开始自主地发布原创内容，与消息发布者进行深度思想交流互动，这就是UGC（User Generated Content，即用户生成内容）模式。原来学校对学生"一对多"的信息传输发生变化，学生不再被动地全盘接受，而是会参与、讨论、创造、批判、质疑、传播、分享等。以前的受教育者可能成为参与管理、对话、行动的公民角色。对新媒体阵地，教育者要善于学习，不能当瞎子、聋子。倘若不能掌握网络建设、管理、引领和舆论交锋的主导权、话语权、解释权，就意味着放弃了阵地和立德树人的使命与责任。新媒体时代，正是因为传播主体趋于平等和多元化，如果你不去争取影响力，其他势力就会去争取；如果你不能提供正面、正能量的信息，其他蛊惑的、是非不分黑白颠倒的信息就会去混淆视听。所以，不能简单认为谣言止于智者而无所作为，无论组织、机构，还是个人，都必须学会运用新媒体，持续与外界互动，并由此获得影响力或打造个人品牌。

四、大学善用新媒体，做好立德树人工作的思考和探索

一个正常的社会秩序，需要的是常态化、制度化的治理，不是应激式、应付式或权宜式处理，不能让大家把层出不穷的社会矛盾和冲突，过多地冀望利用网络与新媒体手段来解决。对待网络事件，躲肯定不行，堵也不是办法，拖更不能解决问题，消极必然被动，积极才能主动。首先，要快速互动"接天线"，快报事实，以正视听，第一时间提供信息事实，既要上网看又要上网说，不能沉默失语更不能信口开河，谨慎分析，不轻易定性表态。其次，解决问题的关键是"接地气"，去伪存真，给出互动和解释，推动问题有效解决。在新媒体时代，做好立德树人工作，在导向、阵地、队伍上，有以下三点值得探索。

第一，新媒体用得熟，积极解决问题，加强互动。学校管理者在官方网站上发布消息，学生可通过手机上网刷微博或者微信朋友圈获取信息，值得注意的是，这类通知网站往往不便于被手机上网访问或者登录方式比较麻烦，从而导致管理人员发布了学校管理政策或通知，但目标受众并没有收到，造成了信息不对称。学会并善于运用大学生喜闻乐见的、容易接受且乐于接受的微博、微信等新媒体开展工作。变"高高在上，我说你听"的灌输式说教、官方话语体系为平等对话，互动启发的网络语言，采取文字、图片、视频相结合的方式，使用亲民话语，注意平等沟通。新媒体的吸引力在

于它的草根性、亲密感和非正式化，倘若毫无对接地、生硬地去影响或控制、规范，就会招致反感。官方宣传的意识形态或核心价值观等内容，少谈概念多谈案例，不宜大而全，而应小而具体且有针对性，如果不能有效地吸引注意力和接地气，如果不能紧紧抓住问题导向和问题意识，解决受众问题，那么，官方信息很快就会被消解或淹没在海量信息中了。一线的辅导员与马克思主义理论课和思想政治教育课（以下简称"两课"）教师应接近学生，熟悉大学生成长规律、思想政治教育规律、新媒体传播规律，善于把脉学生的热点、难点、疑点、焦点问题，努力成为政治明白人、信息鉴别师、把关员、话题策划人、议题设置人和意见领袖。网络舆情引导及建设能力，应该成为学生工作队伍的核心技能，包括培养四大能力：一是信息敏感及预判能力；二是网络引导能力，即在网络群体事件中能够有力地置身在第一现场，做出第一手的现场报道与引领；三是受学生欢迎的网络文化产品研发能力或公共议题设置能力；四是网络正面舆论、正能量投放能力。

　　第二，平台建得巧，加强新媒体统一战线建设，掌握舆论引导话语权。从校情和师生实际出发，建设自己可靠的网络阵地，平台延伸坚持"学生在哪里，教育、服务、管理就在哪里"。对平台建设避免"重建轻管、建而不管、建后乱管"，建立工作制度化、流程化、专业化、长效化。首先，对网络管理及建设的力量、经费、人员配置要舍得投入、到位。新媒体信息发布的高峰期通常是早上、中午、晚上，对这支队伍应适用弹性时间工作制，或在敏感时期实行排班制。其次，发挥学生及学生组织自我教育、自我管理的积极性。为此，管理人员更要熟知新媒体操作。新媒体的操作包括日常的发布、回应和互动，像微博这一类的要搞明白原创发布与转载的区别、评论与私信具体所属的隐私范畴等；微信就要了解订阅号与服务号的区别、推送与单独回复的作用、个人微信号与公众号之间的相互作用。从原来"学校主导，学生参与"过渡到"学生主导，学校支持"，再到学生实现自律自治。学校要以开明和自信的态度信任学生，规范和调动他们自我管理的积极性，听取、吸纳学生建议，主动构筑信息防线，提供传统文化、红色文化、符合中国国情民情的中国特色社会主义意识形态内容去占领阵地，把握及引导信息传输，做到事前控制。如鼓励学生社团通过新媒体宣传、交流新疆少数民族节庆、饮食文化、旅游资源等，在高校营造民族融合的团结氛围，克服西方的离间挑拨。如学生自发收集、整理学校教学、科研、管理等相关信息，制作深圳大学"世界杯大学""荔枝大学""花园大学""海洋大学"等有趣的另类招生信息并发布在网上，帮助学校对外招生宣传，体现学生的爱校情怀，以及对学校以生为本理念和高教改革的认同。在平台建设上，学校要对接学生成才需求，注重加入艺术、时尚、运动、环保、创业、职业规划、心理、志愿者服务等元素。如上海的兼具教育、服务、管理的易班建设，在传统班级的基础上，建立虚拟的班级组织，供学生在上面讨论学业、分享资源、交流信息、互动谈心、班级建设等，给学生一片自主建设的天地。这是用现实世界的原则影响虚拟世界，探索网上教育与网下现实对接机制，"键敲键"与"面对面"相结合，引导大学生增强新媒体的现实感和法治意识。学生工作者应经常以个人身份在网络上与学生交流，逐步建立与学生之间的诚信桥梁，让每位学生在遇到困难时可以有人倾诉和求助。最后，在履行职责进行学生工作的过程中，要敢于尝试和突破，并结合新时期学生的特点去进行改革创新，把新媒体当成工作的延伸或者辅助工具，甚至是工作开展的重要阵地。

第三，拢得住学生的思想与人心，通过信息主动控制与适度控制，培养学生信息接收的批判态度和信息发布的理性负责态度。教师要坚持正面宣传引导，坚持实名管理、舆情敏感、监督及预警处理、亮明立场、积极稳妥、坚定平和；关心学生、尊重学生，把他们当大人、成人对待，积极"灌水"，提供的内容、信息、建议等能服务他们的困惑，引领他们成长，让他们快乐、自立、自律、自足；放下身段，变得柔软，找到痛点，实现有效连接、宽严相济。在公共事务或议题方面，教师要理解大学生政治参与意愿强烈、维权意识高、立场表达激烈等特点，用对话、听证、咨询甚至委托调研等形式疏导、引导。倾听理解重于教化疏导。对娱乐化、低俗化、虚假化、暴力色情、邪教等不良倾向，教师要引导学生不迎合、擅纠偏、能引领、去浊扬清。对少数激烈、抱怨、批评等粗暴言论和网络水军搅起的汹涌舆情，教师要以淡定、从容、真诚态度回应"拍砖"，不宜简单参与争论或大打口水战，应冷静分析攻击谩骂理由，及时回应、解释、解决舆情问题。以深圳大学学生事务服务中心的新媒体平台为例，事务中心的官方微博"深圳大学学生事务服务中心"，主要发布学校重要通知与安排、回应学生们的咨询，但所有操作不仅仅是为了发布而发布，而是会在发布和答疑的同时，告知学生同类问题的解决办法和联系渠道，授之以渔，使学生日后遇到同类问题时可以自行解决，引导学生自助。微信发布则以个人微信号"深圳大学事务君"与公众号相结合，以具体的教师形象对所有学生的咨询和求助无条件回应，并进行总结发布，倡导自助与互助。2015年，专门为2015级新生提供帮助的"深圳大学事务君"个人微信号已经拥有约3 500名新生好友，每日互动频率上千次，成为2015级新生校内求助、反映问题和与教职工交流的首选。这种做法，既可以增加学生与学校管理人员之间的黏合度，在传递学校管理理念时不再有过多的隔阂，又便于管理人员把握在校生动态和及时发现各类突出问题。正如"女大学生扶老人被讹"事件，在新媒体网络平台纷传的谣言同样正挑战着社会的诚信底线。新浪微博早在2010年就设立了专门的辟谣账号"微博辟谣"，对微博平台内的热传谣言进行辟谣和分析说明，进一步成立微博社区委员会。微博社区委员会分专家委员会和普通委员会两种，其中专家委员会专门负责核实各类不实信息，及时辟谣说明。但在新媒体平台极低的法律门槛前，造谣者无视法律的约束和道德的谴责，传谣者对谣言不加思索并肆意传播，因此谣言依然屡见不鲜。针对大学生是新媒体平台最积极的参与者这一情况，学生工作者应通过新媒体平台对大学生进行引导，引导大学生在接收传播信息和分享内容的同时，应该做到明辨是非，不造谣、不传谣、不信谣，任何时候都应该带着理性去思考问题，不盲目从众去跟帖评论，对事情要有自己的看法。

在"两课"和相关课程的通过建设方面，课程内容要注重培养学生对新媒体负面消极信息的批判鉴别能力和免疫能力；培养学生关于新媒体使用的伦理道德及知识产权法治观念；促进学生心智、心理素养的成长；培养学生信息摄取、评估、思辨的能力，信息生成、整合、原创、传播的能力，信息转化、激励、维权、建设的能力。在这方面，国外高校开设媒体素养课程的做法值得借鉴。美国修女托曼开设传媒教育中心，一直引领着美国媒体素养教育。德国新媒体国际学校开设17门非常前沿的新媒体课程，如沟通网络、媒体技术、视觉的沟通、交互作用的设计、媒体与社会、产业心理学、新媒体插画课程等。

在学生当中，学校要培养一批善于运用新媒体平台、积极关心公共事务、乐于服务师生、善于建言献策和组织行动的学生"大V"，发挥他们舆论生态建设和引领力量，但同时也要关注未发声"沉默的大多数"的意见及利益。一是设立新媒体议题设置或话题策划机制，建立舆论引导及监督机制，开发网络舆情自动预警技术报送系统，防患于未然。二是完善舆情分析、预警和危机干预、应急机制建设。三是对于校园中的不稳定因素，要及时发现苗头，联动解决问题。四是对于校园突发事件，要统一归到直接负责部门，争取6~24小时内及时回应或解释沟通，"早说话、说实话、会说话"才能掌握舆论主导权。新媒体传播的信息70%~80%以最先出现的7~8个帖子为主要内容来源，因此，如果知晓这一规律而及时回应，则会收到良好效果，所谓首发权决定主导权。同样，对校园突发危机或管理失误，若能及时发布事实真相公告师生，取得理解、谅解，也会赢得人心，所谓透明度决定公信度。

新媒体固然有去中心化的无政府主义或原子化倾向，但也有为了共同利益结盟的自组织需求，如讨论从身边的治理做起，如何争取校园空调、热水等设施；如为了救助患白血病同学开展网上公益捐款等。新媒体激发的公共精神是所谓的公民首创精神，鼓励任何人可以从我做起、从小事做起的微公益，把所有微小的努力汇集为巨大的众筹合力，推动变革和前进。深圳大学在学校育人、管理和服务中，鼓励学校与学生良性互动，鼓励师生之间直接沟通，增强学生与学校之间的彼此信任，培养学生公民意识及其协作精神，因势利导，提供、打造便于学生参与学校管理事务的渠道、平台，如官方微信公众号、校长信箱、校长午餐会及每月一席谈等。以此为契机，深圳大学积极探索建设社会主义体制下的公民社会，为立德树人、为国家实现社会治理体系的现代化和解决中国社会矛盾提供经验。

第八章　论校园传统文化在大学生健全人格培育中的作用

高等教育承载着培养大学生专业知识技能和健全人格的双重使命，特别是在当前经济全球化和我国社会转型的时期，大学生健全人格的培育工作具有极其重要的意义。我国传统文化中有着智慧而丰富的健全人格培育理念，值得高校教育工作者在人格培育工作实践中参考和借鉴。当今社会发展的时代背景，彰显了将传统文化理念融入大学生健全人格培育中的必要性，探索传统文化理念在大学生健全人格培育中的多元实践机制，必将促进高校大学生健全人格培育目标的实现。

一、大学生健全人格培育的重要性

（一）人格的含义

"人格"一词的内涵颇为丰富，学术上的定义不少于几十种。仅从文义来看，人格是指作为人之所以为人的必备资格。由于人是具有社会属性的生命体，学者对人格的定义，往往带有明显的社会属性。正如有学者指出的：人格可以视作人的社会自我，是指人的性格、气质、道德品质、潜在能力、尊严等方面的总和，反映了一个人在心性、才情、人品等方面的综合指数。这一定义相对准确地揭示了人格的内涵和外延。

具有健全人格的人总是显现出超然的魅力，因为他们身上流露着一种平衡之美，这种平衡，包含了身心的平衡、家庭关系的平衡、社会人际关系的平衡，包含了物质与精神、严肃与活泼、自尊与谦下、竞争与不争、自我与无我的平衡。具有健全人格的人，在适应环境、人际相处、胜任工作、开创事业等方面，都会展现出超常的能力。

简而言之，人格虽然源于每一个人的内在品质，但是始终体现在人际相处之中，每一个致力于修养、提升自己的人均须对此加以重视和研究。

（二）大学生健全人格培育的重要性

大学生正处在培育、完善人格最为重要的阶段，这是由大学生群体的年龄特点和生理、心理发展规律所决定的。一方面，大学生刚刚脱离中学的封闭式学习方式，脱离了高考的压力，进入了相对自由和开放的大学学习环境，这对大学生人格品质的培育而言也是很好的契机。另一方面，大学生处在心理成熟、视野逐渐开阔的阶段，对社会与人生的一些重大问题乃至对自我尚缺乏系统和全面的认知，因而容易导致其人格发展的异常。

媒体报道时有大学生人格发展异常的事例，从某知名高校的铊中毒事件到大学生硫酸伤熊事件，乃至故意杀人恶性刑事案件的发生，这一切都在告诉我们，高等教育不但要传授给大学生相关的专业知识和方法，更重要的是培育他们健全的人格品质。

二、 传统文化中的人格教育理念

（一）中华孝道文化的底蕴

在中华民族的传统文化和道德中，孝亲观念被放到了最为根本的位置。正如《孝经》中所言："夫孝，德之本也，教之所由生也。"在中国文化中，一切教育理念的衍生，都是从孝亲这一道德基础开始的，无论是个人的成长和立足、婚姻家庭的产生和维系，还是国家和社会的治理，均以孝道为根本。所谓"始于事亲，中于事君，终于立身"。孝被认为是任何一个人都应该做到的，是"天之经也，地之义也，民之行也"。传统道德之所以把孝亲的观念看得如此重要，是因为它体现了作为道德动物的人最起码的本分和真诚。一切人际关系的和谐皆源于相互之间的真诚，假如一个人对生养自己的父母都不能做到孝敬和真诚，如何期待他（她）能够真正去爱和尊重其他的人呢？所谓"不爱其亲而爱他人者，谓之悖德；不敬其亲而敬他人者，谓之悖礼"。由此观之，中华民族传统孝文化，有着其天然的伦理意义和当然的逻辑思路。

当今时代物质与科技发达，家庭与社会的形态均已远非古时之情形，但孝文化的精神是永恒不变的，因为父子亲情是人性中永恒的元素。因此，当代大学生应该继承和发扬中华孝道的精神，从孝道的高度去看待和处理亲情关系、家庭关系和社会关系。如此，对于大学生人格修养的成熟和进步，将产生不可估量的提升作用。

（二）仁厚、包容和谦下的品质

传统道德非常强调仁爱、宽厚和谦下的人格品质，厚德载物是中华文化永恒的特质。在儒家文化中，仁爱的思想得到了充分的阐释。仁者爱人，只有具备真正仁爱的厚德，才能承载万物，才能做到在家庭、学校和社会中敢于担当责任。道家文化同样重视厚德，老子提出"人法地，地法天，天法道，道法自然"，强调为人首先要效法大地承载万物、包容万物的坤德，最终才能达至道法自然的境界。由此可知，在高等教育中，对大学生进行厚德和包容精神的教育是非常必要的。

儒家文化强调以礼待人、以谦待人，注重培养青年文质彬彬的气质。《易经》中谦卦的卦辞说："谦，亨，君子有终。"意思是说，谦下而尊敬他人的君子，必会通达而有好的结果。《象》曰："劳谦君子，万民服也。"就是告诉我们，有功劳有能力但谦下的君子，人们都会敬服他。道家文化同样强调以下为上，谦卑处世。老子在《道德经》中指出："强大处下，柔弱处上。"又言："江海所以能为百谷王者，以其善下之，故能为百谷王。"由此告知世人，海纳百川的胸襟气魄是因懂得谦下而造就的。在国际关系方面，老子更是提出"大国以下小国，则取小国；小国以下大国，则取大国"的谦让和谐之道。可见，谦下人格品质的教育是传统文化中始终绽放光芒的亮点，当今高等教育在大学生健全人格培育工作中绝不可以忽视大学生厚德和谦卑精神的培养。

（三）自强与不争的圆融

中国传统文化时刻强调自强精神，"天行健，君子以自强不息"已经成为众所周知的格言。自强精神对于大学生适应当前社会的激烈竞争是非常重要的。在经济全球化的过程中，无论是个人还是国家，只有自身足够强大才能游刃有余地"与狼共舞"，大学生同样需要效法天道运行的精神，自强不息。

值得注意的是，在中国传统的道德和智慧中，自强不息并非是为了自己的利益去和他人进行争夺。恰恰相反，传统道德在教人自强的同时谆谆告诫要做到礼让和不争。老子说："天之道，利而不害；圣人之道，为而不争。"所谓为而不争，就是积极努力地付出但不为私利而争斗。老子在《道德经》中常以水为喻，阐释这种不争的人格品质，例如："上善若水。水善利万物而不争，处众人之所恶，故几于道。"

现代社会离不开竞争，现代大学教育也特别强调竞争观念的培养，但如果人仅仅为自身利益而争，将会迷失在竞争中，甚至陷入不能自拔、不堪重负之中，因为竞争者失去了内心的超然与淡泊。传统道德一方面教导人应自强不息，另一方面开示人应礼让不争。这种看似矛盾的言辞，其实是最高明的人格培育智慧，它强调在思想上人应该自强奋斗，但在内心的修养上人要懂得谦让。这种将竞争与不争融合的人际相处智慧，从古至今延续在中国人的文化和血液中。在当前竞争激烈的社会，更是需要将其在大学生中传播，培养大学生自立自强而又淡泊明志的魅力人格。

（四）自我与超越自我的内省精神

大学生成长成才的过程，正是一个彰显自我、独立自我、开发自我的过程。因此，现代大学教育特别注重培养大学生独立思考、独立创新、张扬自我、勇于开拓等人格品质。传统文化也认为一个人的成长成才，需要长期不懈地建构和经营自我。《大学》中揭示了从格物、致知、修身、齐家到治国、平天下的自我成长和修养路线，强调一个人要成才，首先需要认清自己在家庭、社会中担当的角色，坚持尽好本分，这样才能担当更大的责任和使命。

然而，传统道德在重视塑造自我的同时，又重视超越自我的人格教育。如《论语》中指出"毋意、毋必、毋固、毋我"，告诫人既要坚持自我的立场，又要注意不能固执自我或将自我见解、立场绝对化，以免陷入自我而失去智慧。在与人交往的过程中，儒家文化重视"行有不得，反求诸己"的自我反省精神，强调"吾日三省吾身"。经由这种自我反省精神而提升自我和超越自我，从而处理好外在的人事关系。道家文化明了"知人者智，自知者明"，在反省自我、认识自我的基础上，揭示出"吾之所以有患，为吾有身，及吾无身，吾有何患"的道理，强调人不要执着自己的身体和本位，进而提出"后其身而身先，外其身而身存"的忘我智慧。

这种忘身、忘我的智慧，在佛家文化中体现得更为直接和深刻，佛教典籍《金刚般若波罗蜜经》开示了"无我相、无人相、无众生相、无寿者相"的实相道理，揭示了万物本无自性，身乃假我的缘起性空学说，指出："如来说有我者，即非有我，而凡夫之人，以为有我。"这种思维和智慧有助于人们破解和超越一切形式的假象，有助于人们超越物质贪欲而实现更为高尚和智慧的人格境界。

总而言之，传统文化中有关健全人格培养的论述，体现了建构和解构的完美统一，在塑造良性人格特质的同时又在更高的层面揭示出该人格特质可能产生的弊端及超越方法。这种经由内省精神而获得的超然智慧，正是今天高等教育中大学生人格培育工作最为需要的元素。只有兼具自我个性和自我超越人格品质的大学生，才可能成为适应社会、提升社会的精英群体。

（五）修身与济世的追求

传统文化理念中人格修养追求丝毫没有停滞在个人层面，而是将个人人格修养和利国利民的集体事业紧密结合在一起，修身、齐家、治国、平天下的理想已经融入一代又一代文化传承者的人格之中。当今社会虽然物质丰盛但道德急剧滑坡、不良社会风气严重、自私自利之风盛行。在这种背景下，当代大学生应该倍加重视追求伟大理想和抱负，在修身养性的过程中参与"中国梦"的进程，在参与"中国梦"伟大事业的过程中实现自我，将平凡的自我投身伟大的事业，才能锻造和成就大学生超然的人格品质。正如古人所言："天将降大任于斯人也，必先苦其心志，劳其筋骨，饿其体肤，空乏其身，行拂乱其所为，所以动心忍性，曾益其所不能。"

大学生优秀人格品质的养成不是一帆风顺的，在当前高校大学生人格教育工作中，教育者必须善于利用常规教育资源、新媒体资讯等多元手段，培育大学生"富贵不能淫，贫贱不能移，威武不能屈"的"大丈夫"人格，让大学生具备面对顺境、逆境和各种诱惑的淡定心态，做到"不义而富且贵，于我如浮云"，只有在人格培育中养成大学生的"浩然正气"，才能打造出新时代"大写的人"。

（六）"天人合一"的人格修养境界

季羡林先生曾将"天人合一"解释为人与自然的和谐。他指出，天为自然，天人合一即是人与自然生态的和谐。这种理解对当今时代社会经济的发展模式和大学生人格修养的模型都有着深刻的启发意义。当今时代经济、科技飞速发展，但自然生态遭到严重污染和破坏，由此不断衍生出物种灭绝和自然灾害事件。人类社会的文明进步，必然要改变污染和破坏生态环境的粗放型经济发展模式。而改变粗放型经济发展模式，首先需要社会大众具有符合生态和谐导向的人格修养和观念。传统文化特别强调人与自然的和谐，除了儒家提出的"天人合一"的理念之外，在道家文化中，庄子提出"天地与我并生，而万物与我为一"的观念，在佛教文化中，有人提出人与环境"依正不二""随其心净则国土净"的生态哲学。儒家代表人物孔子说："君子食无求饱，居无求安。"道家代表人物老子说："吾有三宝：一曰慈，二曰俭，三曰不敢为天下先。"古来圣贤特别倡导慈悲、节俭，这些理念非常有助于人们在节约资源、保护生态和善待作为非人类生命的动物等方面的宣传和保护工作，结合传统文化培养大学生生态化人格品质，将是高等教育大学生人格培育中非常必要的工作。

三、传统文化在校园文化建设中的落实机制

当前，国家非常重视优秀传统文化的弘扬，支持孔子学院等传统文化和道德载体的建设，甚至提出文化安全的概念，强调对本民族传统文化保护和宣传的重要性，中华民族传统文化具备了新的复兴的契机。有关学者已经系统论述了将文化作为大学生思想政治教育的载体，指出思想政治教育的文化载体是以文化为思想政治教育载体之意，指思想政治教育者充分利用各种文化产品并将思想政治教育的内容寓于文化建设之中，借此对人们进行教育，以达到提高人们的思想道德素质的目的。传统文化理念对于当前大学生人格品质的培育，有着毋庸置疑的必要性，在高校校园文化建设中可以考虑从以下五个方面加以推进。

（一）在专业课程中融入传统文化因素

大学专业课程的设置虽然数目众多，但均有融入传统文化理念的可行性方式。比如，在婚姻家庭法学的课程中强调婚姻家庭中的孝悌之道，阐释正确的婚姻观；在伦理学的课程中强调传统伦理的重要性；在美学的课程中揭示"充实之谓美"的传统审美观，批判唯高富帅和白富美马首是瞻的低俗化、功利化审美观；在社会学的课程中强调传统道德对社会问题的救济功能；在经济学的课程中比较"消费刺激需求"和传统文化"量入为出"节俭型经济观念等。诸如此类在相关课程教学中体现传统文化理念，必然激发大学生对本民族文化的自豪感，使大学生的思想认识充满正能量。

（二）开展志愿者公益活动培养大学生的厚德

大学生社团是高校中颇受大学生欢迎的交际和学习平台。高校思想政治教育工作者可以设计丰富多彩的大学生社团活动，将传统文化厚德载物的理念融入其中，开展社会公益活动，实现对大学生健全人格品质的培育。根据2013年度的统计，深圳大学开展校级助老、助学、助童特色服务及23个学院分会实现志愿服务日常化，参与义工19 200人次、服务总时长达211 200小时，3 050多名弱势孤寡老人及弱势儿童受助。学校把学习传统文化和探望敬老院、捐助灾区和病患等社团公益活动结合起来，在公益活动中实践中

华民族孝养老人、救助贫苦的传统道德。

紧贴社会需求，不断创新志愿服务项目，如"鞋盒礼物送温暖"计划为广西贺州农村小学送去 333 份新学年爱心文具礼物；COP 科技助老活动让老年人认识新媒体、学会使用新媒体，用新方式与子女沟通，300 多位老人积极参与其中；"阳光妈妈"计划教授 100 多位失业单亲母亲手工皂制作方法，帮助失业单亲母亲掌握一技之长。所有这些公益活动如春风化雨般滋润着大学生的心田，孕育着大学生的厚德。

（三）通过创新、创业实践培养大学生的自强精神

培养大学生自强不息的人格品质非常重要，深圳大学团委在这一方面具有自己独特的经验。例如，通过校团委推荐、广东省团委推报、团中央专家评审和公示等环节，深圳大学汪安泰老师带领的本科生科研团队研究的"动物新物种探索与发现团队"入选中国青少年科技创新奖励基金大学生"小平科技创新团队"。而针对青年学生创新创业的普遍性诉求，深圳大学积极组织开展以本学院学科为主、兼顾相关学科的学生课外学术创新和创业活动，2014 年，立项总数达到 404 项，涉及学科范围不断扩展，作品质量不断提升。通过"走进企业"系列活动、建立就业创业见习基地等工作，大力开展就业创业服务，全面提升深圳大学学生就业技能。这些锻炼了大学生热爱奋斗、勇于创新、自强不息的人格品质。

（四）服务社会搭建大学生修身和济世的锻炼平台

在高校校园文化建设中，必须重视帮助大学生走出校园、走进社会和服务社会，使他们在这个过程中把自己的修身和利益与社会结合起来。2014 年，深圳大学团委获得南山区宣传文化基金立项支持，为市民展示了 17 项文化成果。深圳大学艺术团曾随着南山区第十一届社区艺术节高校艺术周活动，举办了"声动荔海"专场晚会，走进海上世界、花园城等社区，将深圳大学学生艺术送到市民身边，受到了市民的好评和欢迎，扩大了学校及学生的社会影响力，为学生修身济世提供了很好的锻炼平台。

（五）关注生态保护，"天人合一"的人格境界

深圳大学 U 站作为大运会的重要文化遗产，是深圳大学师生志愿服务精神的集中体现，是深圳大学建设"志愿者之校"的重要载体和平台。学校采取以月为单位，以各学院团学组织申报运行的方式进行 U 站运作。2015 年共有 13 个学院、校义工联等 14 个学生组织共 4 296 人次参与了 U 站服务工作，服务时长达 8 592 小时。各义工组织结合自身实际，开展了"垃圾围

城"环保宣传、"国际保护臭氧层日——环保知识有奖竞答"等共48项活动。2015年共有3个学院，校学生会、校义工联等学生组织共1 095人次参与了U站服务工作，服务时长达2 190小时。这样的活动帮助大学生关注环境污染治理和地球生态保护，培养大学生人与自然和谐统一的理念，有利于成就大学生"天地与我并生，而万物与我唯一"的人格修养境界。

四、结语

在西方历史上，早期大学教育的精神和东方传统文化的理念在塑造青年的人格品质方面体现出相当程度的一致，柏拉图在《理想国》中主张既要培养青年在音乐、文学方面的气质，又要重视青年体育方面的训练，将两种修养结合起来，以避免城邦的青年或者偏于孱弱或者偏于粗野。这种主张暗含了《论语》中揭示的"文胜质则史，质胜文则野，文质彬彬，然后君子"之理想人格模型。源自于西方学科设置模式的我国高等教育实践正遭遇着传统道德和价值失落的危机。在此中国传统文化复兴之际，中西方文化和教育理念必将实现历史性的交互作用，把我国优秀的传统文化理念落实到现代大学生的健全人格培育中去，既能从"文化自觉"的高度避免高等教育模式的"全盘他化"，也将有助于培养适应我国经济、社会发展所需的真正高素质人才。

第九章 基于协同育人理念的特区大学创业教育系统构建与实践

随着社会的不断发展，高等教育人才培养趋向多元化，高校不再仅仅是产生理论家、思想家和科学家的摇篮，培养具有现代经营理念的优秀创业人才同样是各大高校的重大历史使命。从国际上看，随着创业经济的发展和全球竞争态势不断加剧，大力发展高校创业教育逐渐成为各国的共识。从国内看，高校创业教育成为满足社会需求、缓解大学毕业生就业压力、提升受教育人群创新创业能力的重要途径。深圳大学在教学改革实践中，逐步树立起"协同育人"的理念，并将这一理念运用于创业教育。协同育人，重在"育人"，以学生发展为依归，途径是"协同"，包括学校各机构的协同，学生、学校、企业、政府的协同，课堂内外的协同，知识、技能、思想的协同，资源、制度、教学、文化的协同。其中，对大学生的思想文化建设是贯穿全过程的。

一、深圳大学开展创业教育的背景和指导思想

深圳大学地处改革开放前沿，深圳敢闯、务实、创新、创业、竞争、包容的城市文化深深根植于此。早在20世纪80年代初期，学校刚创办不久所开展的大范围的勤工俭学，就包含着创业教育的内核。在30多年的办学实践中，深圳大学始终将创业教育作为学校办学和学生发展的核心理念之一，

涌现出以马化腾、史玉柱为代表的大批杰出创业校友。

创业教育被联合国教科文组织称为继学历教育和职业教育之后的"第三本护照"。随着创新型国家的建设及毕业生就业压力的增加，国内高校日益重视对在校学生进行创业教育。

国内创业教育由于起步较晚，从目前的情况看，还存在一系列值得重视的教学问题，主要体现在如何通过体制机制改革调动学生、学校、企业、政府等多主体参与创业教育的动力与活力，创业教育如何体现多样化、个性化成才的教育理念，对应创业者能力和素质要求的创业课程体系构建，以及适应大学生创业教育的有效载体和平台建设等问题。

学校从2005年明确提出以创新创业为人才培养的核心目标，并首次开设创业指导课程，以此对创业教育存在的问题进行全方位的思考与实践。通过认真分析创业者素质能力的多元化要求及创业教育本身的协同性，逐步厘清了"激发创业兴趣—储备创业知识—提升创业能力—整合创业资源—打造创业平台"的创业教育总体思路并积极实践。

通过不断总结经验，完善体制机制，实施综合改革，着力构建先进的创业教育系统，并以协同创新为引领，探索各类创业教育资源的协同育人和创业要素的有效汇聚，通过突破学校、学生、企业、社会和政府各主体间的壁垒，使人才、资本、信息、技术、文化等各类创业教育要素的活力充分释放，实现创业型人才培养的核心任务，取得显著成效。

深圳大学基于协同育人的创业教育的指导思想是：以立德树人为根本，以学生的全面发展为目标，结合特区大学办学实际，以学校所有在校生为对象，以协同育人为引领，以创业课程建设、创业平台建设、创业文化建设和创业政策建设为突破口，全面推进创业教育改革，构建并实施基于协同育人的创业教育完整系统，以及形成多样化、个性化成才的圈层结构培养模式，在实施过程中着重解决好三个关键问题，并建立四类创业教育支撑体系。

二、构建新的教育系统和培养模式

创业从本质上讲应是一个企业从无到有、从有到强的完整过程，创业活动本身的综合性决定了创业教育的复杂性和多元性。深圳大学多年的创业教育实践和成果证明创业教育应是一个多主体、多要素协同育人的完整系统。学校始终以创业活动发展路径为主线，逐渐形成学生、学校、企业和政府多主体参与，创业文化、创业课程、创业平台、创业资金、创业信息和创业政策多要素相互作用的育人体系（如图9-1所示），充分实现协同育人、共同发展，有效提升学生创业能力。

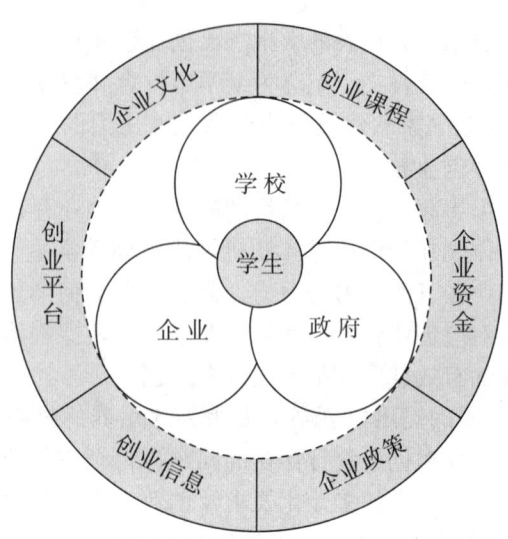

图9-1 基于协同育人的创业教育系统

协同育人系统的核心是通过体制机制改革，探索建立适用于不同需求、形式多样的协同育人模式，将学校资源、校友资源、企业资源、政府资源有效整合，促进学校内部各单位之间、校企之间、校地之间各种创业教育要素的流动、共享与融合。为确保创业教育的有序协同开展，打破校内壁垒，学校成立由主管副校长担任主任的深圳大学创业教育教学指导委员会、深圳大学创业园管理委员会和创业教育工作组，统筹规划和协调学校创业教育。在工作机制方面，打破部门壁垒，将教务部门的创业课程、招生就业部门的创业园、团委的课外创业实践活动、学生部门的创业奖励等进行系统整合，协同推进，改变了过去创业教育大而不强、散而不精、政出多门、单兵突进的局面，做到了规模、结构、质量、效益的协调发展。在课程开设方面，打破学院学科壁垒，整合各学院力量成立跨院系的创业课程组，针对创业素质能力要求做好顶层设计，建设高质量的创业系列课程。在培养模式方面，打破学生专业壁垒，组建多专业混合创业精英实验班，重视多学科交叉创业人才的培养。在平台建设方面，以中央财政支持地方高校专项为依托，打破资金壁垒，统筹中央、地方和学校资源，共建共管。

开创学校与外部组织之间紧密合作的新局面。广泛开展企业合作，首先以校友企业为切入点，通过将人才培养与企业科研和人力资源储备相结合，带动其他更广泛的合作企业，使学校成为企业的成果源、智囊团和人才库，提升企业参与人才培养的动力。扎实推进企业实践基地建设，依托深圳产业集群和产业优势，建有校外专业实习基地294个、就业实践基地106个、就业创业见习基地7个；获国家级大学生实践教育基地建设项目1项，获广东省大学生实践教学基地建设项目 8 项。由于企业合作的深入开展，学校的人才培养获得越来越多的企业关注和支持。中国校友会网最新发布的 2014 中国大学校友捐赠排行榜中，深圳大学以校友捐赠 2.99 亿元位居全国第七。截至 2013 年年末，腾讯、好日子食品有限公司、永亨银行、恒生银行、中粮集团、日本永旺集团、深圳特区报业集团等 34 家知名企业在学校冠名设立奖学金、奖教金和助学金。学校积极推动地方政府出台各类学生创业扶持政策，并帮助和引导学生充分利用这些政策，为深圳大学学生创建的企业顺利成长提供政策倾斜。

以协同育人为引领的创业教育系统的构建，汇聚了校园创业教育各类核心要素，激发了创业主体的动力、活力和凝聚力，充分体现了深圳大学培养创新创业型人才的办学特色。

针对学生个体的不同需求和人人成才、多样化成才的教育理念，构建了"外层（大众化创业教育）—中间层（专业化创业教育）—核心层（精英化创业教育）"的圈层结构培养模式。

外层面向全校学生普及性开设"创业指导"系列课程、"创业兴趣引导"系列课程与"创业通识"系列课程，讲授创业概论、创业规划、创业通识、职业生涯与就业等相关知识，每年吸引自主选课学生近千名；同时辅以课外形式多样的"大学生创新创业训练项目"、"大学生实验室开放基金项目"、"挑战杯"创业计划大赛、课外科技文化创新创业活动、其他创业竞赛、创业讲座等，鼓励学生自主参与，激发学生创业兴趣，积累创业知识，每年吸引超过万人次学生自主参与各类创业活动。

中间层面向具有创业意愿的学生开设"创业专长"类课程和"创业拓展"类课程，讲授各专业领域创业所需的产业模式、业态特征、产业政策和行业规范等行业知识，专业教育中渗透创业元素，增长学生创业能力，深化学生创业知识，增长创业才干。

核心层面向具有创业志向并掌握创业基本知识的学生，组建多专业协同双学位创业精英实验班或资助项目进入学生创业孵化基地（创业园）。精英实验班个性化制定培养方案，精心设计课程体系，科学制定评价要素，充分利用优质资源，实行创业导师制、小班授课制、小组研讨制、案例教学等方式培养创业精英，已连续招收 5 届学生，成为学校创业型人才培养协同育人的示范区。学生创业园配备创业导师，选择和培育创业项目，开展企业孵化、创业辅导与创业训练为一体的创业实践。

上述以学生为本的创业教育培养模式体现了有教无类、因材施教的多样化成才教育理念。

三、 开展创业教育应该把握的三个关键

1. 协同育人理念是关键

创业教育作为一个完整的系统，涉及学校和社会（校外）两大领域。学校的主体是学生和教师，资源要素是课程、经费、平台和文化；社会的主体是政府和企业，资源要素是政策、市场、资金和信息。在该系统中，通过校企共建创业课程，校企地共建创业平台、联合出资，学校和地方政府共同出台创业扶持政策等协同育人机制，较好地解决了创业人才培养机制问题，调动了各方参与人才培养的主动性和积极性；通过协同育人，解决创业教育课程、创业活动项目结构不合理问题，使人才培养适应经济社会发展和转型升级需要；通过协同育人，促进学校创业教育与政府、企业、市场的关联，解决创业人才培养模式单一的问题。创业教育系统的有序运行有赖于协同育人的核心理念和协同机制的有效创新。

2. 创业课程体系建设是关键

基于个性化成才的圈层结构培养模式，构建了富有特色的创业课程体系。学校从2005年开始开设创业指导课程，经过近十年的建设，已形成较为完善的创业课程体系，并被纳入人才培养方案。具体措施包括：①低年级开设"创业兴趣引导"系列课程，激发学生创业兴趣、培养学生创业意识，如"创新与创业""创业学""创业主题研讨""职业素养训练"等。②中低年级开设"创业通识"系列课程，讲授创业所需的财税、金融、法规、企业管理和项目运营等方面的基本知识，培养学生的创业品质，如"创业公司治理""商业模式""创业企业人力资源管理""创业法律法规""应用税收实务基础""创业会计学""创业过程中的风险及管理"等。③高年级开设"创业专长"系列课程，讲授各专业领域创业所需的产业模式、业态特征、产业政策和行业规范等行业知识，增长学生创业能力，如"移动互联商业模式""生物技术创业导论""创业项目识别""互联网创新创业"等。④专业选修课中增加"创业拓展"类课程，在专业知识讲授中渗透创业元素，鼓励教师把专业知识与创业知识、创业技能相结合。上述创业课程体系层层递进、环环相扣，激发学生创业激情，提升创业能力，模拟创业过程，为学生成功创业打下坚实的基础（如图9-2所示）。

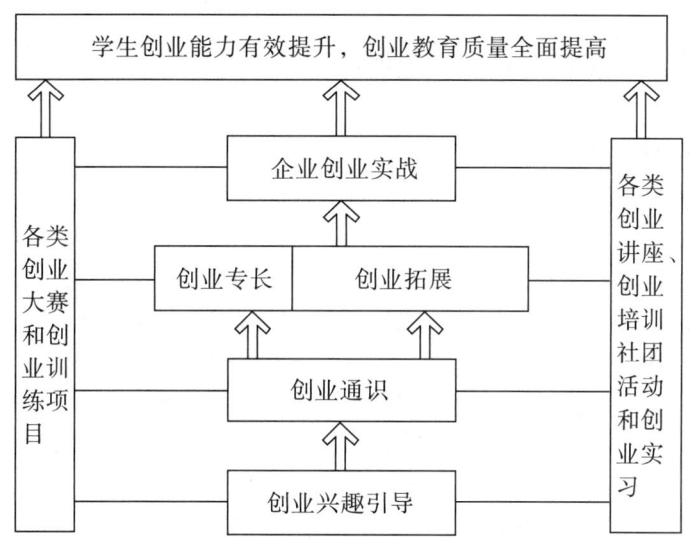

图 9-2 创业课程与创业实践体系

3. 创业文化传承熏陶是关键

深圳大学坚持"特区大学、窗口大学、实验大学"的办学特色，一贯重视学生创业能力的培养。建校初期，即着力构建学生"三大课堂"学习体系，正规严谨的专业知识教学是第一课堂，生动活泼的学生社团活动是第二课堂，大规模全方位的学生勤工俭学活动是第三课堂。在第三课堂中，除了学校各部门设置的勤工助学岗位，还有学生自办的实验银行、实验邮局、书亭、服务公司、实验商场、电脑维修站等，每天有近千名学生在从事各种工作和创业活动。通过这种学习和实践，学生不仅学会了把书本知识运用于实际工作，而且培养了独立生活、独立工作的创业精神。对创业文化的传承和弘扬体现在学校确立的人才培养"三自"精神——自立、自律、自强，以及学生的三种能力——综合解决实际问题的能力、竞争能力、应变能力。进入新时期，学校更加重视学生创业思维和能力的系统培养与训练，更加重视创业文化的营造，通过将创业教育融入学校育人体系，贯穿人才培养全过程，通过广泛开展各类创业讲座、沙龙、训练、竞赛、项目、实战，通过对杰出校友如马化腾、史玉柱、周海江等的大力宣传，培养、激励、训练了一大批创业人才，创业氛围日趋高涨。

四、 完善四类创业教育支撑体系

1. 创业平台支撑

创业平台作为创业教育的主要载体,在培养学生创业意识、能力、灵感和实践中发挥着无可替代的作用。具体包括以下四个方面。

(1) 项目竞赛平台。

深圳大学举办"创业者训练营项目",针对有创业意愿的学生开展包括创业教育、商业模式、风险投资等内容的集中训练;组织、参加各类大学生创业大赛,为学生创业模拟提供有效途径。2007年开始,学校连续五届举办"深圳大学挑战杯大学生创业计划竞赛"。管理学院主办全国大学生创业大赛、管理创新大赛、营销好点子大赛、ERP(企业资源计划)沙盘大赛、"尖峰时刻"企业战略模拟大赛、网络营销大赛等,参赛选手覆盖全校13个学院,20余个专业,累计参赛人数5 000余人。深圳大学、深圳移动、腾讯移动互联网实验室合作暨"MM(Mobile Market)百万青年创业计划"深圳大学启动仪式于2010年签约。

(2) 讲座交流平台。

深圳大学每年举办"创业荔园"系列讲座30场,覆盖学生6 000人次;邀请杰出校友、企业高管、技术专家、政府官员、风投经理定期举办创业沙龙和"专家会诊",如盛大网络总裁唐俊、"80后"亿万富翁创业代表戴志康、创新工场创始人李开复、红豆集团总裁周海江(校友)、腾讯创始人团队(校友)等。组织学生前往中小企业与创始人深度交流,了解企业创立、发展与社会的关系。成功校友的楷模作用、商界精英的创新思路,唤起学生创业激情,激发学生创业灵感。

(3) 社团活动平台。

学生创业协会已成立十余年,目前拥有会员1 800人。创业协会以"基于大学生理论基础,积极锻炼大学生实践能力,培养大学生创业理念和创业素质"为指导思想,指引大学生了解最新的创业理念和商业发展模式,是一个集学术性和实践性为一体的校园社团组织。协会工作主要分为两个部分,一是创业理论学习与研讨,二是创业项目体验与实践。协会长期组织成员和干事开展集体学习和头脑风暴,策划并执行构思项目,积极与校外企业互动产生商业性项目和实习机会,自发成立创业公司。创业协会目前已发展成为深圳大学规模最大、最有活力的协会。

(4) 创业孵化平台。

学校于2009年成立学生创业园,园区面积达2 000 m^2,可同时容纳校友企业 34 个，每年投入约 400 万元创业基金，目前共孵化企业 32 家。园区面向应届毕业生（研究生）自主研发的具备市场竞争力的科技创新项目或有新意的商业项目，给予无偿资金扶持和场地资助。创业园运行 5 年已累计资助学生创业企业 108 个，投入资金约 2 000 万元。每年举办创业计划大赛，为 100 个学生创业（实践）团队、300 名学生提供演练机会；每年资助学生创业团队 30 个，带动 150 个创业就业实践岗位。

2. 创业资金支撑

学校自 2007 年开展"大学生创新创业训练项目"，目前已形成三级项目体系：2007—2013 年，学生共参与国家级创新创业训练项目 138 项，参与省级创新创业训练项目 269 项，参与校级创新创业训练项目 96 项，累计资助总经费 259.19 万元；2009 年起设立"创业基金"资助学生创业项目，5 年来共投入 2 000 万元资助 108 个学生企业；2009 年起设立"大学生实验室开放基金"项目，累计立项 1 503 个，投入总经费 366 万元；2007—2013 年，投入课外科技文化活动创新创业专项经费 360 万元，资助创新创业项目 1 455 项，参与学生 12 645 人；2011 年起设立创业教育课程建设项目，资助 56 门创业课程建设，投入 31.6 万元。

学校积极利用社会资源，引导企业和政府资金投入。2013 年，学生创业园获得中央财政投入 300 万元，地方财政投入 240 万元，学校自筹 60 万元，用于创业教学平台、创业集训平台、创业演练平台、创业实战平台、创业咨询平台、创业师资培训平台、创业信息平台的建设，打造融企业孵化、创业辅导、创业训练和创业实战为一体的高水平示范性创业实践基地。海岸集团、广东博信投资控股股份有限公司、中旭企业管理股份有限公司等先后投入 140 万元用于支持学生创业活动。

经过多年实践，学校已建立了长效的创业教育经费投入保障机制：创业园每年投入 400 万元；实践经费每生每年 600 元；实验室建设每年投入 8 000 万元；大学生创新创业训练项目每年投入约 100 万元；大学生实验室开放基金每年投入 42 万元；学生创新创业大赛逐年累计投入 398.4 万元。对学生创业活动、创业项目、创业平台的资金扶持从根本上保证了创业教育系统的长期稳定运行。

3. 创业政策支撑

学校制定了《深圳大学学生创造性成果奖励办法》，鼓励学生积极创业，并对获得各类创业竞赛、成功创办学生企业的学生给予学分奖励。制定了《深圳大学学生创业项目申报流程》《深圳大学学生创业项目评审暂行办法》《深圳大学学生创业园管理办法》《深圳大学"大学生创新创业训练计划"项目管理办法》《深圳大学"大学生创新创业训练计划"工作方案》《深圳大学大学生创新实验项目管理办法》《深圳大学实验室开放基金项目管理办法》《深圳大学实验室开放管理办法》《深圳大学专业创作室实施与管理办法》等数十个规章制度，为学生开展课外设计制作、发明创造和创办企业提供政策支持与资源保障。

学校积极推动地方政府先后出台若干创业扶持政策，包括《关于促进以创业带动就业工作的意见》《深圳市自主创业补贴办法》等，为学生创业提供政策支撑。

4. 创业信息支撑

信息时代，交互与共享是永恒主题。无论是校园的创业文化营造、教师的创业课程讲授、业界专家的创业讲座交流，还是社团的创业实践活动，大量的创业信息、创业灵感汇聚于深圳大学，为深圳大学学子实现创业梦想提供了广阔的舞台。为了创业信息更为便捷地传递，学校努力构建学校、学生、企业与社会沟通交流的平台，深圳市南山区科创局资助20万元专项资金创建创业信息服务平台。创业信息服务平台面向学生、企业提供信息资讯、创业培训、个性化预约咨询、创业园区企业产品推介、各类创业比赛等信息，同时提供学生创业园区企业管理、财务管理等服务。信息平台为创业信息的沟通、创业企业的联络提供了便捷的通道。

五、效果与体会

（一）效果

经过多年的实践和探索，深圳大学协同育人的创业教育取得显著效果。

1. 学生创业能力得到显著提高

深圳大学学生的创业能力得到显著提高，在各类竞赛中，共获得全国性奖励700余项，如获"2011国际高校毕业设计大赛创意创业挑战赛"总决赛第一名；获"深港高校大学生创意创业邀请赛"一等奖；获"2012年全国大学生管理决策模拟大赛"全国特等奖；获第十二届"尖峰时刻"商业大赛中国区总决赛本科及MBA组一等奖、亚洲第一、全球第五；获2012年GSVC（社会创业大赛）中国区冠军，并代表中国赛区参加在美国的全球总决赛；获"挑战杯"全国特等奖；获全国大学生电子设计大赛一等奖；获"首届中国创意设计大赛"金奖；获Jessup国际模拟法庭大赛全国第一名；获第三届金蝶杯全国大学生创业大赛（本科组）全国总决赛团体银奖；获2011全国大学生创业大赛全国总决赛银奖；获2011中国—东盟青年创新大赛全国一等奖及总决赛银奖；获首届CCF（中国计算机学会）青年互联网创业大赛二等奖；获 2011 年"创业之星"大赛优胜奖；获 2013 年"助你创业，赢在广州"第二届大学生创业大赛优胜奖；获 2014 年 GSVC（社会创业大赛）全球社会企业创业大赛第一名；获全国大学生广告艺术大赛全国奖等。

学校引入第三方评价机制，由专业教育质量跟踪评估公司——麦可思公司对毕业生进行连续跟踪调研，本校 2011 届、2012 届毕业生对母校总体满意度为 97%，高于同届全国"211"本科院校的 90%、91%；本校 2011 届、2012 届毕业生对母校的推荐度均为 89%，高于同届全国"211"本科院校的 73%、74%，明显高于本省非"211"本科院校的 66%、62%；本校 2011 届毕业生半年后自主创业比例达 2.0%，高于全国"211"本科院校、本省非"211"本科院校的 0.6%、1.1%。

2. 学生创业企业发展顺利

2008 届国际经济与贸易专业刘伟光同学自主创办的南海帝杉家居用品有限公司，在短短的 5 年时间里，已发展成为拥有员工 300 人、全国 100 多家经销商，年营业额达 8 000 万元，产品远销全球 100 多个国家和地区的专业家具生产商。2008 届汉语言文学专业陈晓飞同学自主创办的深圳首家中文双语学校——加华语言学校，经过 3 年的发展，凭借其独特的教学理念，逐渐成为深圳规模最大、专业化程度最高的国际汉语培训机构，年营业额 1 500 万元，2011 年获得了来自美国阿斯顿教育集团以及加拿大、沙特阿拉伯等国家的合作伙伴注资，并计划于 2015 年上市。另外，由于对市场、信息、政策、技术和产品把握较好，本校毕业生创业企业存活率高，发展顺利。截至 2013 年年底，创业园内企业累计创造 1.3 亿元的销售额，销售额或市值超过 100 万元的企业有 17 家，500 万元以上的企业有 8 家，1 000 万元以上的企业有 3 家。2009 年入园的毕业生余晓曦创办的深圳市阿基米创意广告有限公司年营业额达到 3 000 万元，2009 年入园的毕业生孙良树创办的深圳市壹出生科技有限公司年营业额达到 6 500 万元，2010 年入园的毕业生施宇聪创办的深圳市诺得翰际电子商务有限公司年营业额达到 7 000 万元。园区企业至今已申请并获得 10 项专利。

3. 创业带动就业效应逐步显现

学生通过在校期间扎实的创业教育和创业实践，创业素质和能力明显增强，无论自主创业、团队创业、家族企业再创业还是进入学校创业园，创业带动就业效应逐年增强。2009 年开园以来，创业园累计扶持大学生创业企业 108 家，这些企业共计为应届毕业生提供直接就业岗位 1 700 多个。8 家学生创业企业成为就业实践基地，接收在校学生就业实践实习，每年提供上百个就业实践岗位。2012 年和 2013 年，深圳大学学生创业园企业在母校连续两年举办校园专场招聘会，有46家孵化期满离园或园区企业共计提供了380个就业岗位，吸引了众多深圳大学学子前往应聘。2010年获得资助入园的传智领航科技公司与深圳市耀陆实业有限公司合作成立宝安区资安创业孵化中心，占地7 000平方米，提供办公场地100个，入驻企业95家，提供就业岗位1 300个。以创业带动就业的效益已初步体现。

4. 为社会输送大批创业人才

深圳大学建校30多年，初步形成了"视野宽广、素质优良、注重实践、创新创业"的人才培养特色，培养了10多万名毕业生，绝大部分扎根深圳，成为特区建设各项事业的骨干。深圳大学是最早实行不包分配的高校，毕业生创业热情高，在创业实践中涌现出一批杰出校友。深圳大学建校20周年、25周年、30周年时，由校友会主编的《创业报告——商海篇》，记录了马化腾、史玉柱、陈治海、李毅、周海江、安子、区绮汶、邓学勤、李广韬、陈文生等75位校友的创业人生。校友创业成功是对母校创业教育最有力的肯定。

5. 创业型大学影响力日渐提升

杰出创业校友不断涌现扩大了学校的知名度与影响力。腾讯创业团队四人均为深圳大学校友，马化腾名列《福布斯》2012中国最佳CEO第二，进入2012《福布斯》中国富豪排行榜；光明日报、深圳特区报等多家媒体对深圳大学创业教育的做法和成果给予报道和充分肯定。2013年，全国各地兄弟院校到深圳大学学生创业园开展座谈、参观人数超过2 000人次。2012年始，由深圳市人力资源和社会保障局主办的深圳大学生创业训练班在学生创业园常态化免费开班，到2013年年底累计有290多名学生参加培训。2009年10月21—23日，邢锋教授在斯坦福大学、香港中文大学联合主办的创业教育圆桌会议2009亚洲区会议上发表的"开展创业教育培养创业创新人才"的大会特邀报告得到同行广泛认可，创业型大学示范辐射作用日益增强。

6. 创业教育研究成果丰富

项目组积极开展创业教育研究，形成了丰富的理论教研成果。出版《基于创新创业人才培养的高校教学改革探索与实践》等论文集4部，在《中国高等教育》《中国大学教学》《中国高校科技》和《高等理科教育》等刊物上发表相关研究论文多篇。创业教育经验和成果得到同行广泛认可，示范辐射作用日益增强。

（二）体会

我们体会到，要健全和完善协同育人的创业教育，重在牢固树立以学生发展为目的，以协同育人为途径的理念，在创业教育系统、培养模式、课程体系和教育过程中不断改革创新。

1. 构建完整的创业教育系统

深圳大学以协同育人为引领，以创业活动发展路径为主线，激发学生、学校、企业、社会和政府多主体参与创业教育的动力和活力，整合学校资源、校友资源、企业资源、社会资源和政府资源，促进学校内部各单位之间、校企之间、校地之间各种创业教育要素的流动、共享与融合，形成创业文化、创业课程、创业平台、创业资金、创业信息和创业政策六轮驱动，多主体参与，多要素集成的育人体系，充分实现协同育人、共同发展，有效提升学生创业能力。

2. 形成圈层结构培养模式及对应的创业课程体系

针对个性化成才的教育理念，深圳大学构建了"外层（大众化创业教育）—中间层（专业化创业教育）—核心层（精英化创业教育）"的圈层结构培养模式。对应设计了新颖的创业课程体系。通过建设课内"创业兴趣引导课—创业通识课—创业专长课—专业选修课中的创业拓展模块"层层递进的课程体系，辅以课外各类创业竞赛、讲座、培训、社团活动、创业实习等，形成大众与精英、通识与专业、课内与课外、理论与实践相结合的、系统完善又富有特色的创业课程体系。学生创业兴趣得以激发，创业知识得以积累，创业素质得以提高，创业经验得以丰富，创业风险得以认识。

3. 创业教育全过程、全覆盖、全开放

深圳大学重视学生创业思维和能力的系统培养，重视创业文化的营造，通过在校4年连续的文化熏陶、兴趣引导、知识积累、创业实战等，将创业教育贯穿于学校人才培养全过程，将创业教育与思想文化建设紧密结合；通过面向全校广泛开设创业指导课程、各专业教学内容融入创业元素等实现创业教育全覆盖；通过课程开放、师资开放、平台开放、项目开放，实现优质育人资源有效聚集、有序流动。

实践证明，协同育人理念的创业教育立足学生全面发展，努力构建全员、全过程、全方位育人格局，形成教书育人、实践育人、科研育人、管理育人、服务育人的长效机制，全面落实立德树人根本任务，能够有效增强大学生的社会责任感、创新精神和实践能力，符合人才培养规律，适应时代需要，深受学生欢迎，也获得了很好的社会评价。

第十章　高校学生事务"一站式"服务的创新实践与思考

随着我国高校进入大众化教育阶段，互联网时代信息化、思想多元化对学生的冲击，学生教育消费的观念和维权意识也逐渐增强，传统的以教师为主导的管理模式和工作机制难以适应时代发展的需要，高校学生事务管理模式必须变革。从企业一站式购物、政府一站式行政服务得到启发，近年国内许多高校积极探索"一站式"服务，各有特色。深圳大学学生事务中心也有其特色，从服务理念、功能定位、工作机制、运作模式及服务效果等方面，以学生需求为导向提供优质的服务，最终达到服务育人的目的。

一、国内外高校学生事务"一站式"服务的现状

1. "一站式"服务的由来与发展

"一站式"商业模式始于 20 世纪 30 年代的美国，指在一个站点就可以满足客户所有需求的商业模式。随着互联网的发展，"一站式"服务也指所有能从一个网络站点获得所需信息的服务模式。高校从企业和政府的管理上得到启发，欧美国家的高校率先在学生事务管理中引入"一站式"服务模式。其理念是"以学生为中心"，将分散于校园为学生提供服务的相关部门集中在一起，进一步提升服务的质量，方便学生并丰富其在校经历。

2. 国内高校"一站式"服务方兴未艾

当前，国内众多高校积极借鉴国际先进的学生事务管理经验，纷纷效仿和探索"一站式"服务的模式，如中国科技大学、武汉大学、中南大学等。虽然学生事务服务中心的名称、服务理念、组织机构、职责功能、服务内容、服务方式等大同小异，但各高校都结合自身的实际情况努力探索，各有千秋。事实上，事务中心的外在形式固然重要，但最关键的还是内涵，服务者对"以学生为本"这一理念的领悟程度、功能定位的高度及服务的专业化程度等方面都至关重要。

二、深圳大学学生事务服务中心的创新实践

1. 基本情况

深圳大学学生事务服务中心（以下简称"中心"）于2006年9月27日在学生活动中心一楼挂牌成立。时任校长章必功教授对学生工作非常重视，不仅开通校长信箱与学生交流，还希望通过中心为学生提供便捷高效的"一站式"服务。当时的服务大厅共设立12个服务窗口，包括综合服务、社团管理、安全保卫、网络管理、心理辅导、奖惩管理、就业指导、勤工俭学、助学贷款、教务管理、公寓管理及后勤服务。由学生处牵头协调，设立了校领导接待日及实行各职能部门轮值制度。新任校长李清泉教授认为"学生无小事"，为学生提供优质的服务，对学生的成长成才和提升办学声誉都有重要意义。为此提出在原址升级改造，从服务场所到工作机制、服务内容及服务质量方面都提出了明确的要求，亲自过问和指导，可谓"校长工程"。

中心邻近学生宿舍区、教学楼、图书馆，面积约450平方米，设有接待大厅、服务窗口、自助服务区、会议室及办公室等多个功能区域。目前进驻的职能部门有教务部、学生部、后勤部、校团委、信息中心、就业指导中心、社区管理中心、研究生院等8个单位，共设有包括社会服务、综合服务等12个服务窗口。中心整合资源，优化办事程序，围绕学生的学籍管理、后勤保障、信息服务、帮困助学、就业创业、社团活动等提供事务办理和咨询服务，致力于为广大学生提供"一站式"的高效服务。据统计，2015年中心线上线下为学生提供各类服务和咨询2.16万人次。

2. 服务理念

深圳大学历届校领导对学生工作都非常重视，认为要办一所高水平、有特色、现代化的一流大学，不仅需要一流的教学、一流的科研，还需要一流的管理、一流的服务。为此，中心不断强化全体工作人员的大局意识、服务意识和创新意识。我们要充分理解学生走进中心寻求支持和帮助的心情，一

定要耐心热情，不怕辛苦，不怕麻烦，给予学生最大限度的帮助。对可办可不办的要办，能办的尽快办，难办的要想尽办法办，真诚为学生排忧解难。我们认为中心应成为学生喜欢来、经常来的"学生之家"，是能办理日常事务及解决疑难问题的"靠谱之地"。

中心崇尚"以人为本""服务至上"，以学生的需要为中心，以学生的满意为标准，努力促进学生健康成长成才。我们强调，服务人员既是服务者也是教育者，我们的思想作风和服务态度对学生有着直接的影响，对学生的成长有示范和引领作用。学生在学校的良好体验会激发学生热情回报社会，更加热爱母校，对学生的人格塑造有着非同寻常的意义。

3. 工作机制

中心有一支强有力的专兼职相结合的服务团队，依托学生部相对独立开展工作，实行由校长办公室协调、相关部门配合的工作体制。中心主任由校长办公室一名副主任兼任，中心副主任由进驻单位的一名副职领导兼任。服务窗口的工作人员由各进驻单位按"素质好、业务熟、作风优"的要求选派一名教师代表本单位接办学生事务，工作时间为一年，目前有8名教师进驻。中心办公室专职人员由学生部委派3名辅导员，负责中心的日常事务管理。此外，由来自各学院各年级的50名学生组成一支勤工俭学的服务团队，辅助教师开展窗口服务及网络服务，同时发挥与师生、各职能部门沟通的"桥梁"作用。

组织架构上，大多数高校由进驻单位负责人组成联席会或领导小组统筹协调，中心主任一般由学生处副处长担任，如中南大学、宁波大学等，也有由学生处处长担任的，如武汉大学等。而深圳大学则由一名校办副主任担任，足见校领导对中心统筹协调能力的重视。

中心为了保障为学生提供"一站式"服务，在内部严格执行"挂牌服务制""首办负责制""岗位AB制""错时延时制""一次性告知制""限时办结制""工作人员去向告知制度""考核奖惩制度""每周例会制度"等。在外部，主动接受全校师生和有关部门的监督，主要通过服务体验评价、民意测评和问卷调查等方式来实现。

4. 功能定位

中心是一个集事务办理、咨询服务、信息发布、师生交流、引领文化等功能于一体的新型学生工作平台。我们的中心不仅是常见的"事务中心""咨询中心"，还要打造成"信息中心""交流中心"和"维权中心"。

中心除了具备线上线下办理事务和咨询服务的基本功能外，我们尤其注重信息发布和舆论引导的功能，成立"新媒体工作室"，专门负责学生事务中心网站、QQ群、微博和"深圳大学百科""深圳大学快讯"等微信公众号的开发和管理。据统计，2015年中心及时发布与学生学习、生活息息相关的资讯图文430多组，粉丝达4万多人，几乎覆盖全校学生。通过这些平台一方面有助于实现学生的知情权和参与权，另一方面以贴近学生的语言与学生开展互动，能真实掌握学生的思想动态和困难情况，及时解答学生的疑问并给予正确引导，避免学生盲目猜测、以讹传讹，甚至造谣，对学校的安全稳定发挥了重要作用。

学校的工作做得如何，学生最有发言权。历届校领导都秉承民主开放的作风，认真聆听学生的心声，为此中心积极打造师生交流的平台。比如：2015年每月最后一周在学生餐厅举办校长午餐会6次、每月中旬在中心会议室举办副校长主持的每月一席谈5次、与职能部门合作不定期举办各种专题交流会5场。通过这些平台，学生与校领导和职能部门有机会充分交流，了解学校发展的最新情况，同时也让领导知道学生关注的问题。我们认真记录学生所提的问题，会后及时与职能部门沟通、协调、督促，及时改进工作，公平、公正、有效地解决学生的困难。基于此，中心也成为学生的"维权中心"。

5. 运作模式

学生事务服务中心的日常运作采取线上线下、虚实结合的方式。线上是网络新媒体的咨询和互动，线下是窗口服务和协调；虚实结合是指看得见的是解决学生的实际问题，看不见的是润物细无声的思想教育。

目前中心窗口可为学生提供120多项服务，自助服务区可提供成绩单打印、火车票取票、"深圳通"购卡和充值、校园卡充值及自助打印复印等服务。以学生的需求为导向，不断丰富中心的服务内容。比如，在寒暑假放假前半个月，中心与汽车站联系上门提供五折优惠的购票服务，学生感觉到贴心温暖。又比如，在雨季来临之际，中心推出"信用伞"，以前借还雨伞都要用本子登记很不方便，现在我们宣传"下雨了，借你一把伞，给你一片爱心；雨停了，还我一把伞，留下一份信用"，只要用手机扫一下二维码就可以轻松借还，这也是对学生的无声教育。

之前中心的服务时间为每周一至周五上午9：00至晚上7：00，周六、周日不开放。一次偶然的机会，周日中心开门，竟然陆续有学生前来咨询办事。根据学生的需求，中心决定从2016年3月开始延长服务时间，周一至周五每天值班至晚上9：00，周六、周日开放时间为早上9：00至下午5：00，教师虽然牺牲了休息时间，但方便了有需要的学生，这体现了中心以人为本、服务至上的追求。

6. 服务效果

每天到中心来办事和咨询的学生越来越多，虽不敢说门庭若市，但至少也是人来人往,学生在此办事感到轻松和方便。而且,几乎没有投诉,学生普遍反映满意。据深圳大学 2015 年管理、教辅部门和服务单位满意度网上测评,中心在全校 27 个服务单位中排名第二。

三、实行"一站式"服务的困境与思考

"一站式"服务是各高校管理服务的追求,要完全实现并不是那么容易,需要全心全意的服务意识、专业化的服务水平,以及体制和资源上的极大保障。通过对一些高校事务中心的考察,并结合深圳大学的实际情况,笔者认为"一站式"服务还有很大的提升空间。

1. 学生事务服务中心场所的选择和设计上更加人性化

中心的建设规划往往是根据学校的实际情况来确定的,由于学校资源紧张,目前我们的场所面积相对狭小。如果有机会选择,中心大楼应建设在校园的中心位置,有足够大的面积,其硬件设施与软件设施、功能与外观都要体现"一站式"服务的要求,让学生时时感受到温暖和放松。

2. 服务内容上重点增加促进学生学业发展的项目

纵观美国、英国等高校学生事务工作所涵盖的领域,它们非常重视学生学业咨询与指导、职业生涯指导、心理健康辅导及能力发展的辅导。学校毕竟是以培养人才为目标,但我们在这方面的资源远远不足,场所、设施和师资等都无法满足不同学生在学术方面的多样需求。随着高水平大学的建设需要,也许未来在这方面会得到更多的支持。

3. 专职编制和经费是中心发展的重要保障

学生事务"一站式"服务不是与学生相关事务的简单合并,没有实质的融合就难免出现本位主义的思想,或者迟早要走的心态。进驻单位的工作人员实行双重管理制,对工作人员的考核和激励执行缺乏明确的执行部门,以致权责不清,很有必要完善管理制度,并有一定的专职编制和经费作保障。

4. 厘清部门的授权事项,克服体外循环的弊端

涉及学生事务的职能部门首先要转变观念,要充分认识"一站式"服务对学生的意义。如果对窗口工作人员授权太少,而窗口仅有收发功能,许多项目还是要回到原部门办理,这样就会导致"一站式"服务流于形式。

第十一章 以学生发展为本的职业生涯教育与就业指导

改革开放以来，我国贯彻以经济建设为中心的方针，各项事业都有了蓬勃发展与提高。高等教育也实现了从精英教育向大众教育的转变。随着高等学校招生规模的日益扩大，毕业生数量也逐步从2003年的212万人增加到2014年的727万人，就业竞争不断加剧，毕业生就业问题已成为国家、社会、高校与家长亟须面对的重要问题。

就业难问题的出现，也促进了我国高校就业指导工作的快速发展，各级政府、高校纷纷设立了就业指导机构对毕业生开展就业指导工作，并取得了一定的成绩。首先，就业指导工作的重要性得到普遍认可，从国家到学校都要求开展大学生就业指导工作；其次，对就业指导是一门新兴交叉学科的认知得到普遍认可，哲学、教育学、社会学、心理学、人才学及系统科学等学科的研究成果都在就业指导工作中有着深广的应用；再次，围绕提供就业信息、就业政策、求职技巧及就业咨询等方面开展的工作对解决毕业生就业难的问题起到了一定的作用；最后，就业工作极大地提升了高校与社会合作的紧密度，就业指导工作已被推向社会需求的风口浪尖，将逐渐成为影响高校学科建设的重要因素。

立足广东，深圳大学地处经济特区，大学生的生源地特点、就业理念、就业环境与相对广阔的国际视野等方面存在着诸多特殊性，这些专属特质是相对国内其他高校而言的，这对深圳大学的就业工作增加了更多的压力，同时也带来了挑战与契机。

建校以来，深圳大学本着毕业生不包分配、自主择业、双向选择、由学校提供就业指导的原则，于1986年成立了学生就业指导中心，走在了全国就业指导工作的前沿。20年后（即2006年）就业指导中心并入新成立的招生就业办公室。30多年来，就业指导中心按照国家和广东省有关毕业生就业工作的总体方针、政策和规定，在广东省教育厅和广东省高校毕业生就业指导中心的悉心指导和支持下，在学校党委、行政部门的统一部署和校院两级就业工作队伍的共同努力下，坚持"以学生为本，精致管理，精致服务"的理念，致力于全面提高学生就业竞争能力，积极开展全程化职业发展教育和创新创业教育，不论是在机制保障、创新措施，还是对新形势下出现问题的探索等方面，深圳大学的毕业生就业工作都取得了可喜成绩。

针对新形势下就业工作所面临的新问题，深圳大学积极探索，目前正在着手搭建"高校学生生涯发展与就业指导的需求驱动与资源协作模式"，在高校就业工作中运用"互联网思维"，通过使用（移动）互联网手段，引导支持学生群体组成"自组织"，建立"自媒体"，打造基于对专业、就业、职业有着共同"兴趣""需求"和"理想"的创新连接模式，整合现有的学校、企业、政府资源，形成有效、高效的资源配置，解决就业工作困境。

一、全校联动机制为就业工作的顺利开展提供坚实保障

学校于1998年成立毕业生就业工作领导小组，确立了毕业生就业工作"一把手"责任制。落实了就业工作"一把手"工程目标责任制，健全完善了校院两级就业工作领导小组，统筹就业部门与各相关职能部门信息沟通和工作协调协商，加强了对学院一级的就业工作责任落实的考核和督查，在机构、人员、经费、场地及制度等五个方面对就业工作给予了全面的支持和保障。

（一）全面组建深圳大学就业指导工作联动工作机制

1. 就业指导工作"一把手"工程的建立

就业指导工作是"一把手"工程，"一把手"负责制度的建立，是就业工作能否顺利开展的关键保障。深圳大学在2013年6月调整和充实了校级毕业生就业工作领导小组，健全和完善了校院两级就业工作领导小组。除根据校院两级领导与职能部门负责人的任职和分工变化做相应调整外，还增加了学校党委宣传部部长、团委书记、计划财务部主任、保卫部主任和校友联络部主任作为领导小组成员，并对学院就业工作领导小组的组成做了规范性

规定，除了要求学院就业工作领导小组组长由学院党政正职担任外，强调了分管教学工作和学生工作的学院领导都要担任领导小组副组长，并且规定成员要包括各系主任、辅导员、教务秘书和教师代表。

随着学校"一把手"工程目标责任制的落实，校院两级就业工作领导小组的逐步健全完善，学校招生就业与各有关部门的信息沟通和工作协调协商等均实现了高度统筹。

2．将毕业生就业工作纳入重要议事日程

2013年以来，学校每年召开两次全校性就业工作会议，分别就毕业生就业促进、就业质量提升工程、学院就业工作督查、对毕业生就业需求进行针对性服务等工作进行部署，并开展了学院就业工作经验的交流。同时，学校定期召开专题会议，分管就业工作的校领导与招生就业办公室、教务部、共青团、校友会等部门研究、布置就业工作；校领导还亲自出席毕业班学生座谈会，与学生就学业、就业、创业等问题进行面对面的沟通和交流。校长办公会议也将就业工作纳入议程，对全面提升就业质量工作进行研究和决策。

3．加强对学院就业工作责任落实的考核和督查

除了继续按照广东省教育厅的统一要求，由学校党委书记和校长与广东省教育厅签订"一把手"责任书外，深圳大学还组织二级学院"一把手"与校长签订毕业生就业工作责任书，明确了各学院作为基层教学单位在提高人才培养质量和提升毕业生就业质量的责任和任务。2013年6月，学校印发了《深圳大学毕业生就业工作督查指标体系（试行）》，自此开始了对基层学院毕业生就业工作进行年度考核督查和评先评优。

4．学校重视就业工作的统筹考虑与宏观决策

学校重视，将就业工作与专业设置、招生计划、人才培养方案进行适度挂钩，统筹考虑，宏观决策。

近年来，学校大力推动创新人才培养、本科教学提升、专业结构调整的改革和探索，为加强学生实践能力给予充分的人力、物力、财力保障，社会实践计入学分，同时建立招生、培养、就业和学生管理联动机制，积极根据社会需要调整课程设置和学科专业结构。

（二）点面结合，高效开展职业生涯教育与就业工作

学校树立并践行适应大众化教育的教育教学理念，有教无类，因材施教，厚积薄发，经世致用；办学以育人为本，育人以素质为本，素质以做人为本；以素质教育为基础，以专业教育为主干，以教学质量为核心；培养素质好、基础好、上手快、转型快的事业骨干和创业创新型人才。

学校探索改革路径，实施校企合作培养、精英人才培养、精选班培养、实验室培养、创业型人才培养、学术型人才培养等创新型人才培养模式，高度重视本科教学改革，提高人才培养质量，实施聚徒讲学、设立开放实验室基金、设立教师办公时间制度、设立新生导师制、特设高端讲座教席等多项措施。

学校目前共设置 72 个本科专业，文理科比较均衡，门类比较齐全，招生生源质量逐年升高，60% 以上的生源超过重本线。建校以来，学校以深圳市产业结构调整与产业升级为导向不断调整优化学科专业结构，为地方经济社会发展服务，创造了深圳高等教育与科学技术的局部学科优势。在专业结构调整的思路上，学校坚持以"主动适应、突出特色、讲求效益"为基本原则，通过新建急需专业、改造传统专业、限制低水平低效益的专业、保护有实力的基础学科专业等措施，逐步建立与广东，特别是与深圳社会经济和科学发展相适应、以社会需求为导向的学科专业体系和专业调整机制，有效提高学校人才培养的针对性和适应性，更好地发挥高等教育对社会经济发展的适应与推动作用。

学校建立了全程化的就业指导课教学计划，目前招生就业办公室面对全校学生开设了"职业生涯规划与管理""职业素质与能力拓展""就业指导""创业指导""创业实践与体验训练"五门公共选修课，覆盖每个年级，五门课程共 5.5 个学分，每学期 100 个学时，从 2006 年至今已有 13 719 名学生选修了这些课程。

2008 年 9 月，深圳大学职业发展与就业指导教研室成立，专门负责全校就业指导系列课程的开发、教学、研究和师资培训工作，教研室目前有专职教师 1 名，兼职教师 30 多名。每门课程都有完备的教学大纲和课件，其中，"职业生涯规划与管理"有校编教材，教研室教师经常进行互相听课和评估，"职业生涯规划与管理"和"职业素质与能力拓展"入选学校优秀公选课项目，"创业实践与体验训练"被学校评为重点资助教研项目。

二、以学生成长需求为导向的全程化、层次化、个性化的就业指导体系

学校贯彻落实教育教学改革思路，主动将职业发展教育、创新创业教育全面融入人才培养体系。

1. 建立全方位、针对性强的个性化就业指导体系

以学生需求为导向，建立全方位、针对性强的个性化就业指导体系，解决学生共性和个性问题。学校实现学生就业咨询辅导工作制度化和常规化。以学校就业网站为依托开发的个性化咨询预约系统，面向全校学生开放。学校提供就业政策与流程、职业测评报告解读、生涯规划与职业选择、简历制

作与面试方法等方面的专业化辅导，并设有固定的咨询地点提供个体专题咨询，就业指导中心前台接纳的学生咨询平均每年超过1万人次。学生和用人单位对学校就业工作满意度较高。

学校重视帮扶就业困难学生，定期进行全校摸底，对学业困难、经济困难、求职困难、心理困难等方面的学生进行地毯式摸底统计和个别约谈，针对不同学生情况进行有针对性的帮扶，通过辅导咨询、推荐单位面试，提供实习岗位，鼓励学生克服困难，积极就业。

2. 针对环境特点，与时俱进开展职业生涯规划教育

学校就业市场建设工作坚持以市场需求为导向，注重有形市场，开拓无形市场，形成制度化、品牌化、日常化的校园招聘机制。学校出台规章制度规范校园招聘活动，免费为企业提供招聘面试场地和良好的服务，近3年接待500多家用人单位举办校园专场招聘会、宣讲会，举办各类大型招聘会30场，参会企业1 664家，提供岗位26 637个。

第一，学校就业信息服务平台功能完备，提供就业信息、招聘信息等服务功能。近3年累计发布招聘信息9 131条，提供岗位19 400个，积累企业数据库4 535家。有效地为毕业生和企业提供便捷的沟通服务渠道，受到广泛欢迎。

第二，学校建立校级教学实习实训基地共205家，覆盖全校所有本科专业，投入年度经费1 500万元。就业指导中心牵头建立就业实践基地92家，录用学生近4 000人，为毕业生就业提供实践岗位。

第三，学校积极开拓市场，定期走访企业，对企业用人需求、岗位要求、毕业生的工作表现等方面的问题进行深入探讨，形成工作档案；重视调动校友资源开拓就业市场，数据库累积校友企业429家，如腾讯公司、深圳市海岸商业管理有限公司等校友企业定期来校招聘。

第四，学校就业工作以构建全程化就业指导体系为目标，促进学生个体全面自由和谐发展，重视在人性提升基础上的能力发展。就业指导以加强学生的思想政治教育为前提，帮助学生树立正确的世界观、人生观、职业观。学校就业指导工作通过培养学生的创新创业意识和能力，使其肩负起对社会的责任，开展就业形势、就业政策宣讲，认真解读并贯彻落实国家就业政策，鼓励毕业生到西部去、到农村去、到部队去、到基层去、到祖国最需要的地方建功立业。对毕业生开展谈心活动，了解毕业生的思想动向、求职进展情况；开展求职工作坊、一对一的咨询服务等。近3年，学校毕业生参加"西部计划""三支一扶""预征入伍"等基层服务项目130人。

学校建立了就业工作网站及就业信息管理系统（包括求职招聘系统、就业派遣系统、就业追踪系统、分类调查系统等），建立完善了国家、地方、学校、院系良性互动的就业服务信息平台和信息统计管理制度，及时收集、发布人才需求信息，较好地落实上级教育部门统计管理制度的要求；学校、院系及时掌握学生求职意向，并根据掌握的信息开展有针对性的就业指导服务；通过就业追踪系统，建立实名制就业进展状况动态管理机制，对本校毕业生就业进展情况进行跟踪和动态管理；定期按时向校领导、各院系领导公布就业进展相关数据；按时准确地向上级教育主管部门报送进展情况及真实有效的数据。

3. 针对环境特点，与时俱进开展职业生涯规划教育

在工作队伍方面，学校配备、培养一支精干高效、有事业心、熟悉业务、善于创新、认真负责的就业工作队伍；发挥好系主任、教师、班主任的作用。

第一，在工作经费方面，学校保证毕业生就业工作专项经费的预算投入，加强经费管理，确保就业工作经费专款专用；对现有教学实践经费和学生工作经费使用项目进行规划设计，将职业发展与就业辅导等教育内容渗入教学实践和学生活动环节，多渠道利用经费资源提升就业工作成效。

第二，在场地设施方面，结合学校基建规划，学校充分保障就业工作所需要的行政办公、综合服务、讲座、工作坊、个性化咨询、企业宣讲、用人单位面试、招聘展会以及计算机网络所需的房间、场地、设备。

第三，在教研室建设方面，学校加强专职就业指导课程教师的配备，拓展兼职教师的队伍，加强师资培训，重视课程建设和教材建设，努力参与学科建设与发展。

第四，在信息化手段方面，学校完善现有的网络信息管理平台，提高就业管理的信息共享和工作效率，创新和拓展就业信息来源渠道和传播方式，建设职业规划与就业指导网络辅导平台。

第五，在就业实践基地建设方面，按照"盘活存量，提高质量，合理布局，规模适度"的原则，学校加强与存量基地企业的联系，在双赢互利的基础上创新合作模式，改善和提升基地运作成效，同时根据学校专业学科和毕业生就业去向分布，兼顾行业、地域和发展前景等因素，合理选择新合作企业，发展一个、建好一个。

第六，在校园招聘平台建设方面，学校继续按照渠道多元化、服务专业化的思路，不断提高校园招聘的岗位数量和成效质量。

4. 职业生涯教育与就业工作取得的成绩

学校立足经济特区，高度开放，锐意改革，形成了"视野开阔，注重实际，热衷创新，崇尚竞争"的人才培养特色。深圳大学培养了马化腾、史玉柱、周海江等一批创新创业型杰出人才，为经济特区乃至国家的经济建设和

第十一章　以学生发展为本的职业生涯教育与就业指导

社会发展做出了贡献。

第一，学生创新能力和实践能力得到提高。深圳大学学生近年参加各类重要比赛如全国大学生数学建模竞赛、"挑战杯"等高水平学科竞赛中取得了优异的成绩，获得多项国家级奖项。例如：法学院 2006 级法学专业学生在第 51 届"Jessup"国际法模拟法庭大赛全球总决赛中进入全球 24 强，创造了中国代表队的历史最佳成绩；艺术设计学院 2005 级服装设计系学生作品《点—线—面》获中国服装协会主办的 2009 年第 17 届中国国际青年设计师时装作品大赛金奖。仅计算机与软件学院近年就获得各类创新成果奖项 95 项，如 2011 年在中国计算机学会举办的第一届全国互联网创业大赛的 5 个获奖团队中，深圳大学有 2 个团队获奖；获 2011 年度百度之星全国十强；2011 年度腾讯互联网应用开发大赛全国一等奖 1 项、三等奖 2 项，获奖数量在全国高校中与华南理工大学并列第一；多次获 ACM（国际大学生程序设计竞赛）亚洲区预选赛银奖；全国机器人大赛——机器人武术擂台冠军赛一等奖、二等奖及三等奖各 1 项；广东省大学生程序设计竞赛一等奖 3 项、二等奖 3 项、三等奖 11 项等。

近 3 年，学校毕业生的初次就业率持续稳定，就业地区集中在深圳市（超过 90%），本科毕业生就业初期平均月薪达 3 327 元，显著高于广东省平均 2 134 元的水平。近 3 年共有 130 位毕业生参加"三支一扶"、教育硕士、西部计划和山区计划等国家和地方基层服务项目。

2008—2010 年超过 99.8% 的毕业生对学校教学总体评价满意，超过 99% 的毕业生对教师的教学态度、教学内容、教学形式、教学水平、教学效果等表示满意，超过 98% 的毕业生对学校专业设置、课程设置等表示满意，超过 90% 的用人单位对深圳大学毕业生评价满意，超过 90% 以上的用人单位对深圳大学毕业生就业工作表示满意。

学校定期开展毕业生信息追踪反馈。常年不定期开展毕业生求职意向、求职过程、创业意向等各类专题调研，针对每场招聘会开展用人单位和毕业生的调查追踪等。2011 年，学校专门针对人才培养、课程设置、用人单位反馈等专题委托第三方专业咨询的麦可思公司对深圳大学 2011 届毕业生进行信息反馈追踪调查。

第二，在科研方面，学校积极鼓励就业工作人员研究性的开展工作。近 3 年，学校招生就业办公室就业工作人员在公开学术刊物上发表与就业创业相关的学术论文 42 篇，其中核心期刊 12 篇；主编或参编就业课程教材 4 部；承担各类省、市、校级的就业创业相关课题 18 项。学校连续两届在全国职业规划大赛中获得全国一等奖，广东省职业规划大赛总冠军、优秀组织奖、优秀指导教师奖等多项奖项。

学校高度重视学生就业创业工作，并逐步形成自身特色，得到学生、家长、用人单位和社会舆论的认可。2010年12月，深圳大学被广东省教育厅授予"广东省就业工作先进单位"荣誉称号。

三、拟构建高校学生生涯发展与就业指导的需求驱动与资源协作模式

（一）现阶段就业指导面临的困难和挑战

目前，就业指导工作面临着诸多挑战，主要表现在以下六个方面。

第一，学校生源主要是一本考生，也有部分深圳生源的二本考生，因此，学校办学既要兼顾大众化教育背景下的普及性教育，也要为精英学生脱颖而出提供快速发展的平台。

第二，受限于国家统一的招生录取方式及学校的办学资源，有相当一部分学生未能进入与自身兴趣、爱好、理想相适应的专业进行学习。这些学生中，有的对所学专业不感兴趣，有的完全跟不上专业课的节奏，而能够成功转专业学习的人数有限，这使得一些学生对学业、就业感到较大压力。

第三，职业规划与就业指导的覆盖面不大，指导内容与学生需求存在一定程度的脱节。

第四，随着社会经济发展，学生家庭经济状况普遍提升，一定程度造成学生在就业上的经济压力下降，部分学生群体存在就业紧迫感不足，择业标准苛刻，导致就业率水平不高。

第五，客观存在企业招聘热情高但学生应聘热情低的情况，校园招聘渠道对就业的贡献率（目前水平在20%～25%）有待提高。

第六，离校未就业群体与学校、政府的就业促进措施黏度不高。

根据上面的分析，目前高校毕业生就业存在这样一种现状：毕业生方面、用人单位方面、学校方面和政府方面虽然都有促进就业的主观愿望，但是在需求、措施、资源、信息渠道、价值观等方面不能很好地对接，各方都在使劲，但是客观上都存在使不上劲的情况。

（二）构建高校学生生涯发展与就业指导的需求驱动与资源协作模式展望

在（移动）互联网、大数据、云计算等科技不断发展的背景下，针对当代大学生出生和成长于互联网时代这一群体特征，学校拟构建"高校学生生涯发展与就业指导的需求驱动与资源协作模式"（以下简称"需求与协作模式"），在高校就业工作中运用"互联网思维"，通过使用（移动）互联网手段，引导支持学生群体组成"自组织"、建立"自媒体"，打造基于对专业、

就业、职业有着共同兴趣、需求和理想的创新连接模式，整合现有的学校、企业、政府资源，形成有效、高效的资源配置，解决就业工作困境。

"需求与协作模式"将在以下三个方面起到不可估量的积极作用。

第一，有利于实现以学生为本的教育理念。将"互联网思维"应用于高校就业指导工作，不是在目前的工作方式、渠道、手段、资源上简单地增加"互联网元素"，而是在整体工作中以"互联网思维"重构工作机制，创新组织机构、工作流程、资源配置，以实现"以人为本"的目标，促使每个学生实现其特有的自身价值，促使每个学生自己为实现自身价值而努力，促使有共同兴趣的学生群体为实现自身价值相互帮助和促进，并从而促使社会整体进步和价值提升。

第二，有利于提高毕业生就业质量。将"互联网思维"应用于高校就业指导工作，将有效提高需求和资源的充分配对，使学校现有的就业工作更有针对性地服务和满足学生生涯成长需求，也使这些资源的利用效率得到极大提升。

第三，有利于形成人才培养的质量反馈调整机制。将"互联网思维"应用于高校就业指导工作，将形成不同培养阶段、不同培养环节、在校期间与毕业就业后的信息反馈，从而动态地调整教学和培养的内容，做出适应学生需求、用人单位需求、社会发展需求的调整和改革。

"互联网思维"不仅应该在企业中广泛应用，高校也应该正视和重视这一时代趋势，改变人才培养的线性思维模式，让每个具体的个人有着不同的成长发展的机会。就业工作的"互联网思维"创新，可以为高校各方面的改革提供示范和探索。

深圳大学就业指导工作已构建了平稳、高效、良性的运作平台，并结合国内与本土实际，不断总结并积极面对各种变化与新的挑战。学校已从2014届毕业班学生开始，探索实施对毕业生就业需求进行针对性服务的工作。

对毕业生就业需求进行针对性服务是指在充分了解和调研毕业生对求职就业的期望、技巧、困难、困惑等需求的基础上，对各类就业需求和困难的毕业生群体进行精确定位，有的放矢地制订应对各类需求和困难的就业帮扶措施和服务方案，精确面向相关受众群体发送服务信息，开展就业帮扶工作。

随着针对性工作的细致深入，深圳大学各学院和学校相关职能部门将坚持"精致服务、精致管理"的工作理念，改变粗放型的就业服务模式，工作务求精细、准确、全面，切实提升毕业生对就业服务的满意度。同时，这也是以聚焦毕业生真实需求的方式定位，瞄准就业困难的毕业生，进行群体细分和个案跟踪的帮扶工作模式。

毕业生就业指导针对性服务与"需求与协作模式"结合的尝试，或将成为深圳大学就业指导工作的又一创新。

第十二章　寓教育于资助：高校资助体系构建的创新与实践

我国改革开放以来，高等教育管理体制在不断改革完善之中。其中重大改革，如从以前的免费上大学改为收费上大学，这项改革实行国际通行的高等教育成本分摊原则，让接受高等教育的人（或其家庭）承担一定比例的教育成本，这对促进高等教育发展具有积极意义，同时也在一定程度上促使青年学生更加珍惜学习机会。在高等教育大众化迅速推进和我国经济社会发展不均衡的背景下，不少家庭经济困难的学生进入大学。为了平衡高等教育的效率与公平，不让一个青年因为家庭经济困难而上不了大学，我国出台了一系列的高等教育资助政策。深圳大学作为一所处于改革开放前沿阵地的高校，在建立高校资助体系方面做出积极探索，不仅仅把资助看成单纯的经济政策，而是寓教育于资助，将资助贫困家庭学生与培养合格人才有机结合起来。

一、 深圳大学资助工作内容概述

经过多年的时间探索和不断的改进，深圳大学学生资助工作逐步形成了"以国家助学贷款为主，勤工助学为倡导的奖、助、贷、勤、补"行之有效的贫困家庭学生资助体系，确保没有一个学生因为家庭经济困难而辍学。

（一）深圳大学资助工作背景

1. 家庭经济困难学生概况

2015—2016 学年，深圳大学共有全日制本科学生 27 017 人，其中家庭经济困难学生 5 176 人，占全校本科学生总数的 19.2%。学校按照家庭经济困难学生的困难情况划分为比较困难和特别困难两个档次。其中，比较困难学生有 3 706 人，占全校本科学生总数的 13.7%；特别困难学生有 1 470 人，占全校本科学生总数的 5.4%。通过国家奖助学金、助学贷款、勤工助学、学校奖助学金、社会奖助学金、关爱基金及各项资助政策保障等，家庭经济困难学生都可以得到一定形式的有效资助，资助覆盖率达到 100%。

2. 学费收取标准

学校 2015—2016 学年学费（不含书费）收费标准如下：

（1）新闻学、广告学、传播学、建筑学、城乡规划等专业：7 000 元/学年。

（2）艺术设计学（创意策划与设计管理）、产品设计、环境设计、视觉传达设计、动画、表演（影视戏剧）、舞蹈编导、播音与主持艺术、音乐表演（声乐演唱）、音乐表演（器乐演奏）、音乐表演（流行演唱）、音乐表演（流行器乐演奏）、音乐表演（作曲—时尚音乐编创）、音乐学（学前艺术教育）、美术学等专业：9 000 元/学年。

（3）工商管理（高尔夫管理）专业：12 500 元/学年。

（4）临床医学专业：6 000 元/学年，第一学年可享受全额学费奖学金，从第二学年开始可申请拔尖创新人才奖学金。

（5）其他专业：5 500 元/学年。

住宿费：700~1 500 元/学年。

华侨与港澳台地区学生收费标准同上。

3. 生活基本支出

根据对该学年上学期全校本科生的食堂午餐或晚餐消费情况进行统计，男生午餐或晚餐平均消费额为 8.85 元/餐，女生午餐或晚餐平均消费额为 6.95 元/餐。据此测算出学生在校午餐和晚餐消费额为 500 元/月左右。

（二）建章立制，规范管理，资助工作有序进行

深圳大学根据国家和省、市的文件精神，结合学校的实际情况，下发了《深圳大学本科家庭经济困难学生认定办法》《深圳大学本科生先进个人评选及奖学金评定办法》等资助工作管理文件，保障了学校各项资助工作的有序开展。

在学校对家庭经济困难学生的认定工作中,深圳大学根据《深圳大学本科家庭经济困难学生认定办法》的规定,严格落实。深圳大学每学年进行一次家庭经济困难学生认定工作。在认定工作中,以学院为单位分别成立相应的认定工作领导小组,负责认定的具体组织工作。经学生个人提交申请、评议小组认定,学院认定小组参考学生部量化测评标准对结果进行审核,结果无异议将以适当的方式在适当的范围内予以公示,并建立家庭经济困难学生的信息档案。

在每项资助政策落实过程中,学校建立家庭经济困难学生资助情况公示制度,阳光评比、规范管理,使家庭经济困难学生资助工作做到公开、公平、公正。如学校师生对认定结果有异议,可在公示期间通过电话等有效方式向本学院认定工作组提请复议。认定工作组应在接到复议申请后的3个工作日内予以答复。如对学院认定工作的答复仍有异议,可通过有效方式向学校学生部提请复议。学校学生部在接到复议申请后的3个工作日内予以答复。在各项资助金的发放过程中,学校严格执行文件规定,在资金到位后,按照要求及时发放到学生手中,保障学生生活需要。

(三) 学校各项资助工作开展情况

1. 认真落实国家各项资助措施,保障了家庭经济困难学生的学习生活

第一,认真开展国家奖助学金评定工作,有效落实国家的各项资助政策。深圳大学根据《普通本科高校、高等职业学校国家奖学金管理暂行办法》(财教〔2007〕90号)、《教育部财政部关于印发〈国家奖学金评审办法〉的通知》(教财〔2007〕24号)及《教育部办公厅关于进一步规范普通高校国家奖学金评审与材料填报工作的通知》(教财厅函〔2010〕16号)有关精神和要求,结合深圳大学实际情况,制定了《深圳大学本科生国家奖学金实施细则》。严格按照各项文件要求,学校在2013—2014学年评定国家奖学金50人、国家励志奖学金807人、国家助学金3 578人,发放国家奖助学金总额1 516.9万元,占家庭经济困难学生总数的84.7%。

第二,深圳大学历来重视国家助学贷款工作,2001年学校开展该项工作以来,至今共受理学生贷款申请5 521份,最终5 035人与银行签订贷款合同,合同金额累计9 835.312 5万元,其中,平安银行累计贷款学生4 684人次,累计发放金额8 460.851万元,其中已毕业的贷款学生有4 138人。基本做到应贷尽贷,同时学校按时足额地支付贷款风险补偿金,2006年至今学校共支付591.842 7万元。总体来看,学校家庭经济困难学生的学费问题得到了基本解决。

第三,根据财政部、教育部和总参谋部颁布的《应征入伍服义务兵役高等学校毕业生学费补偿和国家助学贷款代偿暂行办法》（财教〔2009〕35号）的有关规定，对应征入伍的普通高校应届毕业生，由中央财政实施相应的学费补偿和助学贷款代偿。2011年至今，深圳大学入伍学生学费补偿共计220.365万元。

2. 积极做好校内资助工作，确保了学校各项资助措施的有效落实

第一，做好新生入学"绿色通道"和老生缓交学费工作。入学前学校通过邮寄信件把国家有关政策宣传到学生家中，让学生和家长接到录取通知书的同时了解相关的助困政策，同时开通国家助学贷款咨询热线。在新生报到现场设置"绿色通道"办理柜台和开展国家助学贷款等资助工作咨询，确保当年贫困家庭的新生在未交学费的情况下能顺利地办理各种入学手续。每年都有300余名新生通过"绿色通道"报到注册。"绿色通道"确保了深圳大学没有一名新生因经济困难而离开学校。针对已入学但家庭暂时出现经济困难无法缴纳学费的学生，学校每学期期末开展缓交学费手续，帮助有需要的学生顺利报到注册。

第二，认真开展学校的奖学金评定工作，有效落实学校的评奖评优政策。深圳大学在2013—2014学年评定学校先进个人5 542人次，发放学校奖学金1 003.426万元。

第三，做好特困家庭学生生活补贴工作。每学期中期，对校园卡中心提供的本科生上一学期在校消费数据进行统计分析，筛选低于全校学生每月平均午餐和晚餐消费水平的学生给予不同标准的补贴。据统计，2013—2014学年第一、二学期，低于平均午餐和晚餐标准学生有841名，共发放伙食补贴32.1万元。

第四，做好关爱基金的发放工作。为解决深圳大学因患重大疾病、受意外伤害家庭无力支付治疗费用或因特殊经济困难无力支付生活费用学生的困难，学校制定了发放关爱基金的相关规定，对于符合资助的对象，由学生本人提出申请，学院核实情况后报学生部审批并进行资助。近两年关爱基金资助29人，资助金额10.745万元。

第五，积极拓展社会奖助学金渠道。社会各界对深圳大学家庭经济困难学生给予了热心的资助，在深圳大学设置的各项社会奖助学金40余项。2013—2014学年新增腾讯创新奖学金、华强新生奖学金、仲利国际奖学金、松山湖奖学金、德源助学金、腾讯进取奖学金、云龙助学金。继续资助深圳大学的单位有深圳烟草集团、永旺集团、深圳特区报业集团、赛为智能股份有限公司、蓝盾科技有限公司、武汉正维电子技术有限公司等。2013—2014学年有1 042人受到社会奖助学金的资助。这些措施的实施，充分保障了家庭经济困难学生的在校学习生活。

第六，开展勤工助学，培养自立能力。勤工俭学是深圳大学创办以来一直实行的一项资助措施。随着招生规模的不断扩大，学校积极挖掘可以利用的工作岗位，为家庭经济困难学生勤工助学创造条件，在有利于学生养成良好习惯的地方开设勤工俭学岗位，以促进学生德、智、体、美全面发展，引导学生树立劳动观念，培养勤俭节约的美德，促进理论与实践相结合，培养动手能力等。同时，通过劳动取得相应报酬为家庭经济困难学生顺利完成学业提供保障。

深圳大学勤工助学岗位根据工作内容分为助管、助研和助工三类，报酬标准：助管12元/时、助研14元/时、助工16元/时，每人每月总工作时间不超过40小时，每生每月能获得480～640元的报酬。2014年深圳大学为本科学生提供固定勤工助学岗位6 771个，临时岗位3 106个，有20 174人次在校内从事勤工助学，发放勤工助学金1 231.94万元。

以上这些资助项目大大地改善了深圳大学家庭经济困难学生的生活状况，有效地解除了他们在生活上的后顾之忧，为他们安心学习提供了保障，确保了学校没有一名学生因经济困难而离开学校。

二、深圳大学资助育人体系的构建与创新

（一）坚持外延式资助与内涵式育人相结合

"资助"是手段，"育人"是目标，"资助"为"育人"服务，离开"资助"，"育人"无从谈起；同样，注重"资助"，忽略"育人"，在一定程度上就淡化了"资助"的意义。要把学生资助工作作为学校育人工作的重要组成部分，必须坚持外延式资助与内涵式育人相结合，做到"资助中坚持育人，育人中创新资助"。

深圳大学在严格落实国家政策的基础上，结合实际，不断完善学生资助政策体系，逐步建立起"政府资助为主导，学校资助为辅助，社会资助为补充"全方位、多元化、有重点的资助体系。学校努力做到横向全面覆盖，资助每一个家庭经济困难学生；积极实现纵向全程覆盖，资助家庭经济困难学生在校的每一个阶段。

随着我国高校资助工作的不断深入，在家庭经济困难学生基本生活的物质需求得以保障后，更重要的是要引导学生求发展、求上进，把促进学生发展的能力提升作为重点，这也是在现阶段做好资助工作的必然要求。如要在学生资助工作中强化"励志自强"教育、"诚实守信"教育、"感恩回报"教育、"责任使命"教育，同时在资助过程中增强贫困大学生心理调适能力，

培养创新创业能力，以促进家庭贫困大学生更好地适应社会。

（二）坚持资助过程育人与合力育人相结合

深圳大学负责资助的学生政工干部、辅导员在提供经济资助的同时，紧紧抓住资助过程中的每个环节，提高资助育人的实效性和针对性。比如，在宣传国家资助政策，发放国家奖助学金时，要强化学生的爱党爱国意识；在举行社会组织捐资助学活动时，要培养学生的社会责任感和感恩奉献意识；在开展家庭经济贫困学生的认定时，要教育青年学生树立正确对待贫困的意识；在举办各种奖助学金表彰时，要培养学生树立奋发进取的意识；在实施勤工助学等有偿资助时，要提高学生自立自强意识；在开展助学贷款时，要增强学生诚信意识等。

资助育人工作是一个不断发展完善的过程，需要学校学生政工干部、辅导员、专业教师，甚至各班级学生一起不断地参与资助，如可以将爱党爱国意识的培育与学校党课相结合；将诚信教育、励志教育与学生"两课"学习相结合；将创业创新教育与专业课教学相结合等，特别是勤工助学工作需要不同岗位的专业教师全方位的指导与督导。因此，要积极调动学生政工干部、辅导员、专业教师等广大教职员工的积极性，多方联动，各部门协作，形成资助育人校园氛围。此外，学校也必须调动社会力量参与贫困生的教育管理工作，如社会奖助学金设置单位代表积极与受助学生交流沟通、鼓励学生参与创业项目，为学生提供创业资源与创业资金等，不断提高学生创新创业能力，其成效将十分显著。

（三）积极探索信息化管理与发展式资助

坚持学校教育与学生自我教育是加强和改进大学生思想政治教育的基本原则之一。发展式资助是在指导教师的引导下，受助学生自发构建团队，通过项目运作来激励和促进学生自我选择、自我规划、自我发展、自我服务，满足了不同家庭经济困难学生在成长过程中的发展需要。学生可以就自己感兴趣的问题如贫困地区义务教育、少数民族学生成长、大学生社会责任感等方面进行立项。项目的运作一方面可以加深受助学生间的交流互动，另一方面可以增强受助学生的社会责任感，更好地完成从"他助"走向"自助"再到"助人"的蜕变，进一步推动资助育人的功能实现，体现学校资助过程和个人发展过程的有效结合。

当前，深圳大学资助工作存在资助人数多、资助经费数量大和资助管理有待提高等现状，积极推进资助工作信息化是新形势下提高在校学生资助工作管理水平的有效方式之一。深圳大学推出贫困生资助信息管理系统，构建贫困生认定、贫困生资助、跟踪反馈、学业成绩、奖惩情况等不同功能模块，形成对资助工作从申请、推荐、审核、审批及存储等高效统一，规范协调的管理和控制体系，有效地实现深圳大学贫困生资助工作的信息化管理，同时还将设置学生手机信息平台，使受助学生能及时获知奖助学金发放、贷款放款等资助信息，有针对性地与学生进行互动，建立与学生平等、顺畅沟通的渠道。

三、深圳大学资助工作中的实践创新和体会

高校的根本宗旨是"文化育人，管理育人，服务育人"。高校家庭经济困难学生资助工作是高校日常学生教育与管理工作中不容忽视的重要内容，做好这项工作事关社会和谐、教育公平，是党和政府关注民生、顺应民意、执政为民的具体体现。在家庭经济困难学生资助工作中，深圳大学既保证经济上资助，又坚持正确的育人导向，把教育和引导困难学生放在突出的位置，从而更好地帮助他们健康成长。

（一）注重资助过程教育

家庭经济困难学生认定是高校家庭经济困难学生资助工作的首要环节，它是实施资助政策的基础。在家庭经济困难学生认定工作中，深圳大学将心理关怀融入认定体系，通过心理咨询、团体辅导、建立家庭经济困难学生心理档案等，关注家庭经济困难学生的心理发展，避免某些家庭经济困难学生由于敏感而不愿意申请入库的现象，促进家庭经济困难学生的心理健康发展。

在奖助学金评选过程中，开展创先争优活动，以优秀学生的模范性，鼓励经济困难学生通过奋发学习，获取奖学金为自己解困。通过优秀家庭经济困难学生评选树立励志榜样，激励学生奋发向上。学校树立良好的校风、学风，营造积极向上的氛围；增强学生的家庭、社会责任感，激励引导学生自立自强，自觉学习，实现自我教育、自我管理和自我服务。学校在助学金发放中，让学生实实在在地感受到国家和社会的关怀，树立感恩回报社会的意识。助学贷款提高了学生的责任与诚信意识。在开展国家助学贷款工作中，学校加强诚信教育，培养学生信用意识和责任意识，如举行贷款面签仪式，对学生进行诚信教育，强调诚信是立足社会的最为重要的基础，邀请经办银行工作人员上门服务，为学生讲解贷款政策、还贷事项等方面的问题。这些资助过程加强了大学生的诚信教育，增强了他们的社会责任感，使他们把贷款和还款作为培养自身独立意识的机会，作为他们主动承担责任的一种表现

形式。

勤工助学在一定程度上可以解决家庭经济困难学生生活费拮据的问题，同时也是育人的一种有效手段。学生通过勤工助学活动改善自己的生活困境，充分认识到自己也应该对高等教育费用承担起一份经济责任，克服"等、靠、要"思想，这也是一种强有力的、现实的教育，有助于大学生健康成长。

（二）注重资助实践教育

在资助工作中，学校积极开展各类主题教育活动，让受助学生在实践中接受教育。学校通过组织受助家庭经济困难学生参加以感恩为主题的各类活动，培养学生自信、自立、自主，百折不挠品格，同时使他们意识到在获得经济资助时，有义务做出积极的回应，通过社会公益服务把思想教育和经济资助有机结合起来，引导学生感恩祖国，回报社会，使贫困大学生成为社会公益活动的倡导者。学校将获得助学金的学生组织起来，让学生意识到他们在社会的关爱下成长，他们在接受关爱的同时，有责任和义务将爱传递下去；在元旦、春节、中秋等传统节日，坚持开展相关活动，让学生切身感受到家一般的温暖，进而增强对学校的归属感。

（三）加强对家庭经济困难学生的心理关注和帮扶

家庭经济困难学生在完成学业的过程中，常常面临着更大的生活压力和精神压力，如果不能及时或正确地引导，就会产生各种心理困扰，对其今后发展势必产生不良影响。因此，深圳大学在资助工作的安排中，强调对他们的心理关注，及时了解其思想动态，为其健康成长搭建舞台。高校在注重解决学生经济困难的同时，更应该注重开展艰苦奋斗和自强自立的教育，充分发挥资助工作的激励作用，积极树立一批逆境成才的先进典型，通过宣传他们当中的感人事迹，使家庭经济困难学生学有榜样、赶有目标，引导他们树立远大的理想抱负；要注重家庭经济困难学生群体的理想信念教育，帮助家庭经济困难学生群体支撑起自己的精神世界，不要因为物质的贫困，而导致精神的贫困；让每一位经济困难学生明白，经济困难是暂时的，要树立远大理想，把困难当作一种财富，用自己的双手改变自身命运，树立搏击人生的勇气和坚韧不拔的毅力，把经济压力转化为学习的动力，物质上的贫困要用精神上的富裕来补偿。

在注重家庭经济困难学生个人整体能力的提高过程中，高校可以通过建立一系列的机制来实现家庭经济困难学生的能力培养，如通过教学方面的制度改革，来提高家庭经济困难学生群体的英语和计算机等弱势科目的水平；

提高家庭经济困难学生群体的就业技能、专业技能，提供信息服务、就业指导服务等，从服务的角度做一些设计和探索；加强大学生的社会实践活动；等等。授之以鱼，不如授之以渔。在做好助困工作的同时，全心育人、全程育人、全面育人，为做到助困与育人相结合，学校必须在实际工作中不断地完善经济困难学生资助体系和运行机制，建立一个统一、公平、科学、高效、可操作性强的"助困"与"育人"相结合的资助体系，促进经济困难学生在逆境磨砺中成人成才。

第十三章 助人自助 全人成长：深圳大学学生心理健康教育与辅导理念与实践

心理健康教育与辅导是一项多方面、多层次、多角度的专业化工作。深圳大学心理辅导中心，一套人马，三块牌子，即是深圳大学学生部下设的专业心理帮助机构，致力于为全校大学生提供心理健康与成长服务；同时成立了心理健康教育教研室，主要开展大学生心理健康教育与研究工作，并作为青春健康教育基地执行机构，联手各级计划生育协会竭诚为全校大学生提供爱、性与生殖健康的教育与服务。

心理辅导中心结合深圳大学学生的实际情况，通过多种力量、多种途径的合作，在工作的内容、范围和形式上取得了一定的成效。

一、工作理念：坚守全人成长的目标

心理辅导是一种人与人之间的交往，是一颗心与另一颗心的交流，是一种思想和另一种思想的相通，是一种经验与另一种经验的相融，是一种人格与另一种人格的碰撞。

从狭义看，心理辅导就是助人自助；从广义看，心理辅导促进全人发展。深圳大学心理健康教育工作正是以人生观教育为基础，通过生活的沟通与生命的流露，帮助大学生了解自我、接纳自我，协助学生建立健康的自我形象，培养身心健全、自我实现的人。

（一）工作定位

心理辅导中心在深圳大学心理健康教育与辅导工作中，坚持以学生为本，为学生的全人成长服务的工作宗旨；坚守以人生观教育与辅导为目标取向；坚定以建立学生健康的自我形象为核心内容，全面开展心理健康教育与辅导工作。

（二）工作原则

心理辅导中心在日常工作中坚持"六结合"：坚持面向全体学生开展心理教育与面对少数学生进行心理辅导相结合；坚持发展性辅导为主与障碍性辅导为辅相结合；坚持专业心理辅导与朋辈心理辅导相结合；坚持助人与自助相结合；坚持日常心理辅导与心理危机干预相结合；坚持工作实践与理论研究相结合。

（三）机构建设

建校以来，深圳大学心理辅导中心逐步完善机构设置，现已形成稳定的机构体系。1986年，学校成立了心理行为指导中心，由校长办公室直接管理和开展工作。1994年重新成立学生辅导中心，由一名副校长负责，隶属学生处下设专业机构，负责全校的心理健康教育与辅导工作。2010年更名为"心理辅导中心"。心理辅导中心有个别心理辅导室4间，小组心理辅导室1间，24小时心理健康咨询热线兼心理辅导预约室1间，并配备常用工作设备、心理书籍和杂志等。

（四）师资队伍

心理健康教育与辅导工作是一项思想性、科学性和技术性很强的工作。其对象是人，客体是人的心理，这项工作对心理健康教育工作者的自身素质要求高。为此，学校积极打造一支专兼结合的高素质心理健康教育与辅导师资队伍。

目前，深圳大学心理辅导中心有专职心理辅导教师3名，具有心理学、教育学专业背景；兼职心理辅导教师9名，其中7人为硕士研究生，具有教育学、心理学或医学背景，掌握专业的心理学知识，接受系统专业心理健康教育与辅导培训，目前拥有国家心理督导师1人、二级心理咨询师2人、三级心理咨询师9人，其中有6名教师持有广东省高校心理咨询上岗证，其他教师正在申领中。

"专兼结合"的师资队伍奠定了深圳大学心理健康教育与辅导工作的专

业基础。一方面，学生辅导中心设立专职辅导教师，面向全校组织开展心理健康教育与心理辅导工作；另一方面，成立了由心理学教师和辅导员组成的兼职心理辅导队伍，进行心理辅导，举办讲座，从事科研等工作。

心理辅导中心自成立以来，在高校心理健康教育与辅导工作中成效突出，荣获"1999—2001年度广东省高校心理健康教育与心理咨询工作先进集体""2008—2009年度广东省高校心理健康教育与咨询工作先进集体""2010—2011年度广东省高校心理健康教育与咨询工作先进集体""2011年广东省大学生心理健康教育活动月先进单位""2012—2013年度广东省高校心理健康教育与咨询工作先进集体""深圳市青春健康项目示范单位"等称号。

（五）成长案例：心理健康教育课程实践成效

在心理辅导中心的"全人成长"工作理念引领下，心理健康教育教研室面向全校本科生开设"青年健康心理学""朋辈心理辅导训练"和"生命教育：系列心理电影赏析"三门公选课，全体教师在"青年健康心理学"课程教学中积极引导大学生提高自助能力，改善生活状态；透过"朋辈心理辅导训练"协助全校心理委员（即朋辈辅导员）学习并践行助人理念和技能；结合"生命教育：系列心理电影赏析"课程陪伴大学生提高关注生命成长的意识，厘清生命愿景，圆融生命。

学生的参与度较高，反馈良好，获得了心理成长。下面节选了一些学生参与课程学习后的心理感悟。

1. 学习"青年健康心理学"课程后的感悟

学生一：在本学期的课程学习中，我惊喜地发现原来还有如此轻松、愉悦的大学课堂，这样的课堂让我学到了对于不良情绪的合理认知，加强对自身的了解，懂得如何正确调节自身的情绪，知道了正确的人际交往与恋爱方式。生命对于我们来说本身就是一种恩赐，我们应该怀着感恩的心快乐地生活。

学生二：在心理健康教育课程的学习中，我收获了很多。这个课程学完了并不是说考了多少分就是收获，而是学到了很多与大学生活息息相关的、十分受用的东西。如刚大一的我们或多或少都有点迷茫，课程中"生命的意义"让我们试着去找到生活的目标，使自己过得不那么无目的。而自我探索合理认知对自己也十分有意义，因为认识自己是最难的，但从此我真的开始学着去认识自己。最后一节课"恋爱与性"更是让我受益匪浅，我当时处于恋爱的低谷期，听了老师的课，我学着去调节，慢慢地走了出来。还有情绪管理、健康人格等，其实对我们也是很有用的。通过这门课的学习，我学会了思考,试着去认识自己、探索自己,感觉气质似乎也好了一点。真心话,感谢这门课!

2. 学习"朋辈心理辅导训练课程"后的感悟

学生一:第二次上课,我又被老师设置的活动深深吸引,活动是10个人传递一串数字,本来简简单单的事情,一旦缺乏了沟通,就非常的困难和艰辛(后来我也进行了查询,发现这是一个很经典的关于角度与沟通的实验,参与者通常要在游戏后进行反思,考虑各个成员的价值观不同,通过沟通最终达到目的),这种游戏与学习相结合的方式确实让我得到很大程度上的参与。这两节课我都有举手发言,但因大家都很积极,举手发言的人太多,而未被老师点到,这里不得不说是个小小的遗憾啊。通过学习,我们以最快的速度获得辅导他人的技巧。

学生二:随着学习的逐渐深入,心里的感觉就越来越妙了,每节课的实验都成为一种期待,今天的实践是用"人是……""我是……"来造句,还有就是对"优秀"的分析,这些讨论与交流促使我们学会怎样变得有智慧,从而晋升为优秀的人。三节课下来了,自己的内心平静了很多,待人做事也都坦然了许多,但是这种坦然从来没有降低我对生活的追求,以及对未来美好人生的向往,因为我知道我就是我。我也希望自己学到的知识能运用在每个人的身上,告诉他们,你就是你,永远是这个世界的唯一。

3. 学习"生命教育:系列心理电影赏析"课程后的感悟

学生一:我能在大四抢到一门这么有意思而又让人受益匪浅的公共选修课,实在很幸运。大二、大三的时候也有选择这门课,但因选修的人太多了,我一直未能如愿。通过这门课程的学习,我了解到了很多以前没有看过的优秀电影,每一部电影对自己的人生态度和三观(空观、假观、中观,通俗地讲就是世界观、人生观、价值观)都很有影响;同时,认识了其他学院的同学,扩大了交往圈,并登台分享自己的感受,学会了与人分享。

学生二:李宗盛有句歌词讲"十七岁,懂的都是别人的道理",没有足够阅历的我们讲的东西也许很容易被颠覆,被推翻,但这也是我们认知的一部分,有精华也有糟粕,但我们可以将其进行升华和完善。正是这一课程给我带来了最大收获。课程为我们提供一个很好的机会去表达,在表达的过程中,我们构建了自己的图式,甚至发现了以前从未发现的东西,好像认识了更深处的自己。

(六)理论思考

心理健康教育与辅导工作是一项培养"人的健康心理"的工程,而心理学作为交叉学科,需要与教育学、哲学、社会学等学科相互借鉴融合,深圳大学心理健康教育与辅导工作是以多学科为理论基础和实践指导的。

1. 哲学视角：存在主义

在中国传统文化中，有"心学"一派，强调生命的过程，开始圣人文化的"哲学化"。心理健康教育与辅导工作面向每个鲜活的生命，自有其哲学意义。

存在主义强调人的自由表现在认识选择中的重要性，并按照自己的选择去行动和承担生活的责任。对大学生而言，相比基础教育时期，大学生活发生了巨大变化，其中最大的改变是自由——身体的自由，大学生开始拥有自己能支配的时间，由此产生了一个困难——选择。许多大学生在面对选择时会焦虑，害怕做出选择，身体自由了，心灵却受困了。因此，心理健康教育与辅导工作以全人成长为目标，指导学生探索自己的需要，认识自我与生命的意义，通过选择认识到自由，真正承担起生活与生命的责任。

存在主义强调，人与世界、他人的关系为"我与你"的关系。他们指出，我可以理解他人，他人也可以理解我，在"我与你"的关系中，每一个人都具有他自己内在的意义世界，我和你两个人都是主体，我们互相同情、互相信任、互相理解。在心理健康教育与辅导工作中，师生之间是主体间的共生关系，发挥主体内在的意义世界，真诚地理解自己与对方，是营造良好关系的重要观念。这是心理健康教育与辅导工作中必须坚持的前提，一有偏差，效果立刻大打折扣。

2. 心理学视角：人本主义

心理健康教育与辅导工作是基于人本身的，以人的全面发展为目标，这符合人本主义心理学的核心内容。

人本主义强调人的责任。人自己最终要对所发生的事情负责，在特定的时刻，行为只是每个人自己的选择。深圳大学心理健康教育与辅导工作的基础是学生本身的参与，这使学生认识到他们有能力做他们想做的事情，自己才是生活的主动构建者。

人本主义强调"此时此地"。人本主义认为，只有按生活的本来面貌去生活，我们才能成为真正完善的人。在心理健教育与康辅导工作中，面对学生的成长困惑，不指责、不判断，强调遇到困惑是生活的常态，鼓励学生面对当下的生活，接纳成长的困惑。

从现象学来说，我最了解我自己。在心理健康教育与辅导工作中，教师鼓励学生自己克服困难，鼓励学生学会自助，调动自我经验的力量，积极探索自我的"成长点"。

人本主义强调人的成长。人们不断积极地寻求发展，探索幸福，这就是人的自我完善。深圳大学心理健康教育与辅导工作，坚持以发展为主，以人生观教育与辅导为目标，是以学生生命为长度的教育。

3. 教育学视角：现代教育理论

现代教育理论认为，学校教育应当人性化，以情意教育和人格培养为主，以知识教育为辅，强调成功的教育不在于教师给学生多少知识，而在于教师能否在平常教学中培养学生健全的人格。因此，心理健康教育课程的出发点即教学内容应是以大学生为中心，促进学生心理发展。教师在学科教学中要尊重学生的主体地位，注意调动学生的自觉性、积极性，使学生懂得自己不仅是接受知识的主体，更是心理发展的主体，并充分认识到心理成长是自己的重要任务。

现代教育理论主张在解决问题的过程中学习，提倡案例教学法，认为知识不是一个直线的由浅入深的过程，而是一个网状结构。学生在解决问题的过程中不仅可以学到知识，而且可以通过互相启发和学习，迁移、创造新知识，提高解决问题的能力，排解困惑，发展个性。因此，心理健康教育课程的教学内容应以问题为切入点，帮助大学生解决心理困惑。教师根据学生的特点，选择其最关注、最渴望解决、最想了解的问题，或提出学生生活中的典型案例，与学生共同探讨，追问原因，追寻解决方法，通过讨论促进学生提升自我教育水平和提高心理成熟度。

二、工作机制：营造全员参与的模式

在全人成长的目标指导下，构建有效的大学生心理健康教育与辅导体系，提高大学生的素质，不仅是社会的要求，同时也是学生的内在需要。深圳大学心理健康教育与辅导工作受到学校领导的重视，以制度的形式明确中心工作的任务与职责，由此建立起点面结合的五级心理健康教育服务体系，实现全员参与，全面渗透。

（一）工作制度

深圳大学对心理健康教育与辅导工作非常重视，根据教育部和广东省教育厅的有关文件精神，及时有效地指示和部署开展各种形式的心理健康教育与辅导工作，并以文件的形式公布至全校各学院，进一步明确了深圳大学学生心理健康教育与辅导工作的目标、任务、职责和运作机制。如《深圳大学开展心理健康教育与辅导工作的实施意见》（深圳大学〔2013〕241号）的颁布加强了深圳大学心理健康教育与辅导工作的组织领导。

学生部作为心理辅导中心的上级机构，全面支持心理辅导中心的各项工作，搭建校院两级合作桥梁。如制定《学院二级心理辅导制度》（深圳大学学部〔2012〕1号）、《朋辈心理辅导制度》（深圳大学学部〔2012〕7号）、《关于成立心理健康教育教研室的通知》（深圳大学学部〔2013〕7号）等制度。

心理辅导中心作为心理健康教育与辅导工作的执行机构，根据文件精神，在具体工作开展中设立了工作制度，如《心理辅导中心工作章程》《深圳大学新生心理健康普查与档案管理制度》《深圳大学心理危机干预实施方案》《深圳大学因心理问题休学、复学管理制度》《心理问题转介和跟踪制度》《心理辅导预约制度》《班级心理健康信息员制度》《心理辅导人员培训与督导制度》《大学生心理健康教育协会章程》《心理辅导中心心理热线电话辅导制度》等。

（二）工作思路

心理辅导中心自建立以来，以心理健康教育为核心，以心理辅导和危机干预为重心，旨在增强学生健康意识，预防心理问题的产生，提高生命素质。

深圳大学心理辅导工作主要包括发展性心理辅导和障碍性心理辅导。障碍性心理辅导目的在于协助大学生改变认知偏差，调整不良情绪，化解心理冲突，去除心理障碍和不适，促进心理健康。这一辅导内容是针对少数心理偏差的学生，是心理辅导工作的难点。发展性心理辅导的目的在于帮助大学生更好地认识自己和社会，增强适应能力，充分开发潜能，提高人生质量，实现人的全面发展。这一辅导内容面向全体同学，是心理辅导工作的重点。

在以全体学生为工作对象的前提下，心理辅导中心尤其关注"重要时段"与"重点学生"。"重要时段"包括新生入校时、毕业生离校前、放假前、考试前后、重大活动前；"重点学生"即指家庭贫困、言行异常、性格内向、父母离异、家庭发生重大打击性事件、直系亲属有精神病史、本人有精神病史、经历重大打击性事件、考试成绩突然急剧下降、失恋、沉迷网络的学生。

关于心理危机干预工作，深圳大学建立了网络式结构（如图13-1所示），联合宿舍、心理辅导中心、心理健康教育工作专家组、学生部、心理危机干预工作领导小组、学院、医院、保卫处的力量，全方位快速处理危机事件，解除危及生命安全或公共安全的情境和事件，并通过持续的心理辅导工作促进当事人的心理功能恢复到危机出现前的水平或化危机为转机的水平，进一步促进其应对挫折和适应社会能力的提高。

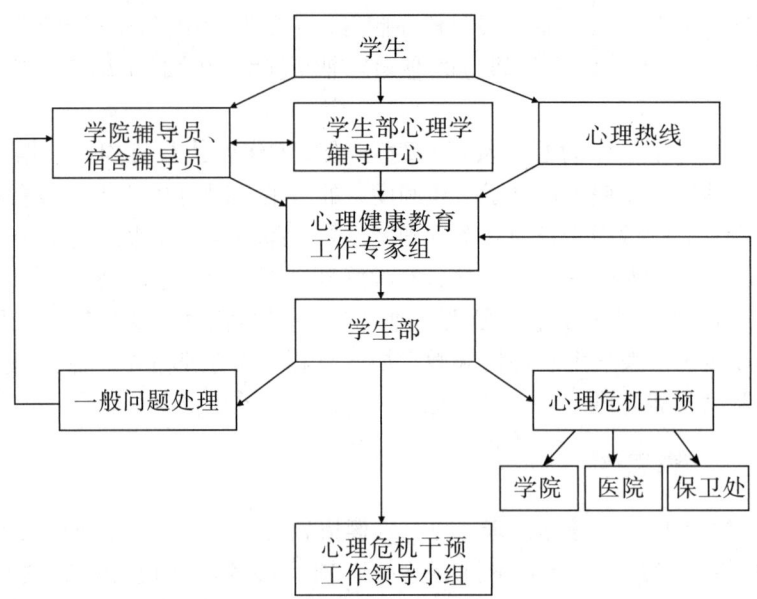

图 13-1 心理危机干预工作流程

(三) 工作架构

深圳大学心理健康教育与辅导工作实行垂直结构管理,心理健康教育与辅导工作需要各级力量的支持,学校建立了"校—部—院—班—生"五级工作流程(如图 13-2 所示),全面、有重点地铺开心理健康教育与辅导工作。

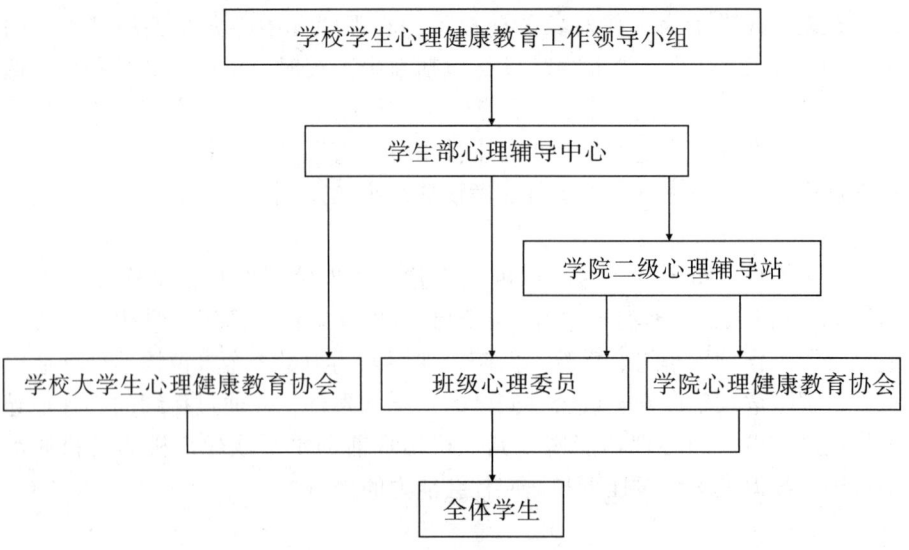

图 13-2 心理健康教育与辅导工作流程

具体措施包括以下三点。

第一，学校成立学生心理健康教育与辅导工作领导小组。心理健康教育与辅导工作领导小组组成人员主要有：主管学生工作的副校长担任组长，学生部主任担任副组长，学校办公室领导、保卫部领导和各学院主管学生工作的党委副书记为小组成员，直接领导学校的心理健康教育与辅导工作。

第二，学生部确立心理辅导中心为主要执行机构。心理辅导中心是深圳大学学生部下设的专业心理辅导机构，致力于为全校大学生提供心理健康与成长的相关服务。

第三，学院成立二级心理辅导站。二级心理辅导站是学生部心理辅导中心在学院的延伸机构，为本学院学生的心理健康服务，主要开展心理健康教育、宣传和心理成长辅导等工作。工作站负责人由各学院党委副书记兼任，给予指导和监督；执行负责人由学院辅导员兼任，具体策划、组织和开展工作；工作队伍由学院朋辈辅导员组成，包括班级心理委员及学院心理健康教育协会。实践结果表明，辅导站基本上能够解决大部分一般心理困惑学生的心理问题，遇到处理不了的情况，则及时与心理辅导中心的工作人员取得联系，研究辅导方案或转介专业医院。

4. 团队依托朋辈辅导员的力量。

第一，积极创办、指导大学生心理健康教育协会（简称"心协"）。学校在心协成立时就任命心理辅导中心的周红老师作为协会指导教师，周江老师每年对他们进行一个半月的短期培训，内容包括团队归属感训练、"心协人"态度与素质、心理学与生活、朋辈心理辅导理论与实践等，帮助他们自我心灵健康成长，端正对心理辅导的认识和态度，掌握朋辈心理辅导的关怀技巧，一方面，有利于心协做好协助辅导中心开展心理健康宣传普及活动；另一方面，有利于推动心协做好朋辈心理辅导活动。

第二，设立学院心理委员制度。学生心理辅导中心与各学院配合，首先在2004级各班设立心理委员制度。心理委员生活在学生之中，对学生身心健康状况的关注、了解和帮助有着不可替代的作用，他（她）们是学院及学生辅导中心与班级同学之间进行沟通的"信息桥梁"，是学校心理健康教育的重要力量。

（四）成长案例：深圳大学数学与统计学院

深圳大学数学与统计学院在学院内部开展心理健康教育、宣传和心理成长辅导工作方向正确，成果突出。学院心理健康教育与辅导工作负责人由学院党委副书记兼任，具体策划、执行工作由学院辅导员兼任。学院工作队伍主要由辅导员、学生事务工作组（以下简称"学务组"）、心理委员、班长组成。

数学与统计学院心理健康教育与宣传的工作思路是以提高大学生心理素质为服务目标，帮助学生能够正确地认识自我、完善自我和发展自我；预防大学生异常心理的发生和减少校园危机事件的出现，做到及时发现、及时解决异常情况，把可能出现的伤害事故控制在萌芽阶段；优化学生的学习品质和交流环境。

学院辅导员根据学校与学院安排，保持与心理辅导中心的联系，做好上传下达工作。学院不定期召开工作会议，听取学务组组长汇报工作总结，并向全体组员布置新的工作任务，了解各班心理健康状况，指导学务组和心理委员开展工作，开展团队心理训练，培训朋辈辅导员，开展心理健康教育活动。

学务组成员由学院学生自愿报名参选，通过辅导员面试产生。学务组每周召开一次例会，负责统筹各班心理委员开展工作，了解学生心理情况，协助辅导员开展学生心理工作，制订学院心理健康宣传教育计划，指导各年级、各班级开展心理健康教育宣传活动。

心理委员由班级学生自愿参选，每个班级设立两名心理委员，学院设立一个心理委员小组长。心理委员要对相关学生的隐私信息严格保密，定期参加培训，其工作职责为与相关人员进行合作交流，收集处理信息，写观察报告，做到正确处理问题。

各班班长在本班心理委员的协助下，了解班级学生的心理健康状况，从学习、生活、交往、情感、危机事件、综合评价等多个维度对本班学生每个月的心理状态进行了解并及时写观察报告。

数学与统计学院多年来积极向学生宣传心理健康教育知识，其形式多样，内容丰富，学生参与度较高，收获大，多次在深圳大学一年一度的心理健康宣传月中荣获"最佳组织奖"，其成熟的工作模式值得学校其他学院借鉴和推广。

（五）理论思考

在拥有3万多学生的学校中，心理健康教育与辅导工作需要各方人员的通力合作。建立合理的管理结构与工作模式是工作得以顺利开展的保证。

1. 社会学视角：文化模式

一项工作得以开展，制度是保障，人是关键。文化模式下，大学治理的结构和过程存在于组织的文化中，这需要一个人不断地向大学内外部群体解释环境和组织。大学作为一个人为事物，是依据人的观念而建成的。深圳大学心理健康教育与辅导工作以人为中心，以生为中心。因此，参与这项工作的人员（学校、部门、学院、朋辈辅导员等）如何解读工作的意义，如何探索工作的实践可能，对学生的影响重大。

深圳大学的心理健康教育与辅导工作，得到了自上而下、从学校领导到学生的广泛关注，活动形式也越来越多样，内容与时俱进，贴近学生生活与心理实际，提高了学生的关注度。校内各心理健康教育社团与组织能充分展示自身的宗旨与文化，在校园内营造"关注心灵"的氛围，实现文化的潜移默化作用。

2. 管理学视角：治理理论

心理健康教育与辅导工作，不是一个人的事情，也不是一个部门的事情，它涉及多个部门。它是"主体—主体"间的管理关系。从管理学的视角来看，治理是具有共同目标的多元主体之间为了实现其目标而进行的不具强制力的上下互动、协调合作的过程，深圳大学工作机制符合治理理论。

第一，治理不是一整套规则，也不是一种活动，而是一个过程。深圳大学心理健康教育与辅导工作，不是纯粹解决学生某一个特定问题，而是从学生的生命成长出发，使其通过"成长的困惑"探索自我，实现自我人生的阶段性成长。对开展心理健康教育与辅导工作的学院和部门来说，这是一项长期工作，贯穿于整学期的各项事务中，也贯穿于学生的各项实践中。

第二，治理过程的基础不是控制，而是协调。在心理健康教育与辅导工作中，各方负责人不是闭门造车，而是真诚敞开，分享各自的经验，以全校心理健康教育与辅导工作为中心，与各学院、各部门连线，相互协调互动。

三、工作内容：创建助人自助的领域

"授人以鱼，不如授人以渔"，心理健康教育与辅导工作应摒弃"问题"取向，立足"发展"取向，从教育、辅导、培训和研究的角度出发，提高学生的心理健康意识和水平，建立合理的人生观和价值观，实现大学生的健康快乐成长。

心理辅导中心积极开展预防性心理健康教育，通过建立心理档案、心理访谈等途径，及早发现有心理疾患的学生，及时解决学生中存在的心理问题。心理辅导中心建立三级干预机制：一级干预机制——预防、教育，包括舆论宣传教育、个别教育、开展特色活动等；二级干预机制——心理辅导，包括心理健康普查与建档、确定重点干预对象、心理辅导等；三级干预机制——治疗，主要是对有心理障碍的学生进行长期的跟踪、心理辅导，根据需要转介精神卫生机构。三级干预机制共同实施，形成早预防、早发现、早评估、早干预的大学生心理危机干预体系。

（一）教育宣传

教育宣传是深圳大学心理健康教育与辅导工作的隐性课程，通过重要阶段、重要形式普及心理健康知识，具有潜移默化的效果。这加强了心理健康宣传教育工作的常态化、阶段化，增强了工作的针对性与实效性。

1. 为全校学生开设心理健康教育课程

心理辅导中心设立心理健康教育教研室，面对全校学生开设多门心理健康教育课程，主要内容以大学生心理特点与发展为主，以大学生日常所遇困惑及其心理成长需要为设置原则，目前课程主要有"青年健康心理学""朋辈心理辅导训练""生命教育：系列心理电影赏析"等，这些课程采用参与式教学，以学习者为中心，以活动为主要形式，以学生发展为目的。课程开设以来，每学年约有1 300位学生选修了心理健康教育课程，课程的有效内容与有趣形式受到了大学生的欢迎。

2. 为大学新生提供入学心理适应教育

新生在入学之际面临大学生活与学习的适应"困惑"，心理辅导中心为此开展了新生心理健康普查、新生心理健康教育进军营、新生心理档案建立、新生心理系列电影赏析、新生心理成长工作坊、新生心理健康系列讲座、新生班级凝聚力团队训练等活动。

其中，做好新生心理健康普查和心理档案建立的工作是基础。1994年以来，学生辅导中心每年为新生进行心理健康普查，目前学校采用的是"大学生心理健康调查表"，同时使用"艾森克人格问卷""心理卫生自评表"等作为进一步了解学生心理健康状况的辅助工具。通过建立心理档案，做到早发现、早预防、早治疗，帮助新生强化心理健康意识，消除心理困惑，促进其健康成长。在新生心理健康普查中，心理辅导中心严格按规范化实施，使用统一指导语，收回问卷后进行人工录入、建档；并按问卷筛选原则进行筛选，对筛选出的一类和部分二类学生主动约请来心理辅导中心面谈，对有心理问题的学生进行定期心理辅导；通过分析撰写普查报告，并交给上级领导审视；最后对有心理问题的学生进行追踪辅导。

3. 为全校学生提供心理健康知识教育

2001年以来，深圳大学成功举办了心理健康宣传月活动，定期举办心理健康宣传周、宣传日等活动。通过举办心理健康专题讲座、团队心理训练、心理沙龙、校园心理情景剧表演、心理健康有奖征文、心理知识竞赛等形式多样、寓教于乐的活动，通过网络、海报、广播等进行大力宣传、普及心理健康知识，提高学生心理素质，促进学生全面协调发展。

4. 利用各种渠道开展宣传工作

第一，开展网络心理服务。深圳大学心理辅导中心开办了心理辅导中心网站和微博，开办"心协"微信公众号、同伴教育公众号，借助网络大力宣传心理健康知识。

第二，印发《心灵小屋》《青春健康》和知识手册等宣传刊物。2003年11月创办了以宣传心理健康知识、提高心理素质为宗旨的刊物——《心灵小屋》，刊物出版后发到每个学生宿舍楼。2012年创办的《青春健康》，用以宣传大学生"爱与性"相关知识，让学生学习相关科学知识，树立正确的恋爱观。此外，还印发内容丰富的精美手册，如《最美的女孩生活手册》《我是新生——大学心理适应手册》《心理健康宣传漫画手册》《我很重要》《珍重生命、关爱人生》《心理健康信息手册》等，使学生在轻松愉快的状态中了解更多的心理健康知识，学习提高生活质量的能力与心态。

（二）心理辅导

心理辅导是心理辅导中心的日常工作，深圳大学心理辅导的内容包括发展性心理辅导和障碍性心理辅导，以发展性心理辅导为主，辅导的具体内容包括：学习辅导、人际关系辅导、环境适应辅导、健康人格辅导、恋爱与性心理辅导、就业心理辅导、心理健康教育等。其主要形式包括以下四种。

1. 个别辅导

个别辅导是对主动求助的学生的心理问题给予及时的劝慰、指导和帮助。深圳大学心理辅导中心在每学期刚开学时就将心理辅导时间安排置于校园网，做到每天都有咨询教师可供预约。据不完全统计，心理辅导中心平均每年辅导350多人次，为学生提供心理上的支持与帮助，不少学生对咨询效果表示满意。

2. 书信、电话辅导

为方便学生预约、咨询，深圳大学特开设心理邮箱、深圳大学心理辅导中心官方微博；2012年设立深圳大学24小时心理健康咨询热线"心语热线"，为学生提供更全面开放的辅导方式。这些方式旨在为在校学生提供宣泄情绪、缓解烦恼的心理支持和帮助平台，其中心理健康咨询热线辅导员是经过系统培训、考核、筛选出的学校心协朋辈心理辅导员，由周红老师担任指导教师。

3. 网络心理辅导

心理辅导中心在校园网设有"部门信箱—学生心理辅导"，及时认真地回复求助学生信件。

4. 团体辅导

根据大学生心理成长课题进行面向全校举办的心理训练，每年都举办不同主题的团体心理训练，内容包括认识大学与自我、心灵成长、情绪管理、自信与成功、压力管理、生涯规划、健全人格与塑造、心理健康能力训练等。2003年以来，学校举办团体心理训练共34场，累计3 000多人次参加，活动取得了良好的效果，获得了学生的支持。

（三）专业培训

专业化是心理健康教育与辅导工作得以持续开展的重要保证，心理健康专业技能培训是保持和提高师资队伍力量的重要形式。

1. 辅导员培训

深圳大学坚持为辅导员开展专业技能培训，以提高其工作技能。专业技能培训主要包括：高校辅导员的心理保健、大学生心理危机干预、精神卫生法的解读、沙盘游戏治疗、校园自杀防治工程等。

2. 辅导教师培训

从事心理健康教育与辅导工作的教师积极参加校外专业技能培训，如团体心理辅导培训、生涯咨询实践技能培训、身心微语言与接触治疗、焦点解决短期治疗培训班、心理剧理论与实践培训等。

3. 朋辈辅导员培训

为提高朋辈辅导员的知识储备和工作能力，在心理健康教育方面，心理辅导中心为朋辈辅导员开展专业的朋辈辅导技巧培训，如人际沟通、建立关系、沟通技巧、生命成长等。在青春健康知识方面，派出朋辈辅导员参加国家、省、市计划生育协会举办的活动，在学校开展同伴教育者培训班，培训青春健康的主持人。目前，已有同伴教育者50名。

（四）课题研究

要提高心理健康教育与辅导工作的水平，必须了解工作对象，理解大学生心理现状，提高理论深度和实践水平，增强工作的科学性与实效性。

第一，心理辅导中心教师承担和主持深圳市、深圳大学多项心理健康教育课题。如"深圳高校学生资助政策绩效评价研究""当代大学生道德社会化研究""以心理电影系列为介体的生命教育课程研究"等，编写教材《大学生心理成长论》（周红、曾庆璋著，科学出版社2012年第一版），公开发表研究论文50多篇。

第二，积极组织全校学生开展心理健康教育研究。2007年以来，深圳大学每年开展一次"大学生心理健康教育研究"，通过对深圳大学学生心理调查进行统计分析，对比研究，得到与心理健康相关的有效信息，并提出对策建议，为工作提供实证参考，同时扩大心理健康宣传教育工作的覆盖面。截至2017年，深圳大学"心语杯"大学生心理健康课题研究大赛已成功举办10届，主题包括"大学生'爱与性'价值观研究""青年期两性关系""青春健康实务研究""朋辈辅导实务研究""深圳大学学生读书状况调查""深圳大学学生自助模式调查""心理委员工作务研究""大学生情绪状况调查研究"等。

（五）成长案例——大学生心理健康教育协会

深圳大学大学生心理健康教育协会是在校领导、学生部的大力支持下，心理辅导中心的专业指导下成立的，是由关注心理健康和热心于普及心理健康知识的大学生自愿参加的，是通过学习心理健康知识、开展朋辈辅导活动等多种途径践行助人自助理念的社团。其职责是协助学生部心理辅导中心开展心理健康知识的宣传普及工作及朋辈心理辅导活动。学校心协以"普及心理健康知识，提高大学生心理素质"为宗旨，以"让健康的人更健康，帮助有困惑的人消除困惑"为口号。截至2015年，学校心协已发展14届，共有近1 100人加入，培养了300多位优秀的朋辈心理辅导员。

学校心协朋辈自助模式以"心灵成长"为核心，学习、实践、成长是学校心协对每一位合格"心协人"的要求。学校心协成员关注的是内在，全面发现自己的特质，探索自己与自己的相处模式，探索自己与他人的相处模式；接纳自我的特点，对自身有一个正向的评价系统。学校心协成员的自我探索与成长的意识较强，接受各种关于自我探索与成长的学习、培训以及实践，如同理心、情绪压力管理、倾听等，再加上平时参与各种相关心理健康话题的探讨和交流，在潜移默化和实践的过程中，逐渐形成了整体的自我探索与成长的认识与能力，学习更积极、正向的思维方式，实现了自助和助人。

（六）理论思考

心理健康教育与辅导工作中，教育与辅导是相辅相成、相互补充的。在大学里，心理健康教育与辅导工作要坚守教育的立场。教育不是全面灌输，不是简单说教，而是以学生为中心，为其营造良好的环境，提供沟通的平台，与学生共同成长的过程。

1. 知识观视角：建构主义的教育观

建构主义理念下的教育观，提倡在教师指导下的、以学习者为中心的学习。理想的学习环境是由"情境""协作""会话"和"意义建构"四大要素构成。在心理健康教育工作中，无论是课程教学还是讲座宣传，具有丰富情境性的话题特别受到大学生的喜欢，能引起学生的强烈共鸣。例如，深圳大学心理健康教育课程所采用的教学模式是参与式教学（如头脑风暴、问题树、视频赏析等），以专题讨论（人际关系、同理心、沟通、爱与性等）为内容，将学生分为几个小组，通过组内讨论，全班分享，实现"协作"与"对话"的目的。

建构主义的教育观强调关注学习者已有的学习经验。心理健康教育与辅导工作中，不是让学生抛弃自己的习惯和观念，而是将原有的知识经验作为生长点，接纳自我，相信学生有自愈和自助的力量，引导学生通过自己的力量改变、完善自我。

2. 成长观视角：生命教育理论

在"应试教育"中，学校对学生精神世界缺少关注，生命意识的教育不被重视，结果导致了许多青少年普遍表现出冷漠、孤僻的情感特征，既不尊重自己的生命，也不关心他人的生命。

生命教育是以生命的名义，在教育对象上要瞄准"人"这个个体，在教育的过程中也必须把学生当作是"人"，一个有思想、会思考、鲜活、在成长的人。因此，无论是面向全校学生的心理健康教育，还是成立校"心协"开展朋辈心理辅导，深圳大学大学生心理健康教育与辅导工作立足于以生命为基点，着眼于学生的全人成长。即协助大学生认识生命、保护生命、珍爱生命、欣赏生命、尊重生命、热爱生命，增加生存技能，提高生命质量。逐步营造出循序渐进、全面系统的教育与辅导的内容体系。

四、工作展望：拓宽持续发展的态势

（一）国外高校心理健康教育工作模式

1. 组织机构的独立与合作

在美国，几乎所有大学都有专门的心理卫生和咨询机构，其职责较为广泛，如哈佛大学的心理健康教育机构为健康服务中心，其使命和任务是"治疗每位有病的人，关爱每一位个体学生，教育与服务整个社区以关注健康及与健康有关的事务"。在英国，大学每年要花费3 000万英镑为有心理问题的大学生提供心理咨询服务。国外高校的心理教育机构相对独立，强调与其他机构的合作，中国高校的心理健康教育仍属于隶属机构，在服务和职责上显现的力量较为不足。

2. 学生的自我保健形式多样

一是开设讨论课程。在国外，研讨会是高校课程教学中的重要形式，教师通过围绕学生所需的问题展开讨论，起指导作用，同时融入心理学的知识原理和技巧，促使学生进行自我反思与反馈，如斯坦福大学的饮酒教育研讨会等。

二是"中间联系者"。麻省理工学院设立了一门课程，由健康促进中心发起和组织选出的学生代表将成为"中间联系者"，其分布在各宿舍楼和兄弟会中，通过课程培训，"中间联系者"可为有需要的学生提供个人帮助。

三是建立健康图书馆。美国一流大学大多都设有健康图书馆或健康资料中心，其通过提供目前最新、最科学的知识，帮助学生了解健康知识，做出健康选择。如斯坦福大学的健康图书馆里拥有关于性健康、毒品、艾滋病、关注自我、心理健康等内容的杂志、推荐文章、专题小册子和录像带，学生可以自由借阅。

四是成立学生互助小组。2011年，牛津大学开展同学互助计划，由大学心理咨询服务中心和学院举办，通过训练使学生学习如何成为一个优秀的聆听者，并且帮助同学处理问题，必要时，将心理问题严重的学生转交给其他部门。其后，学生必须接受两周一次的监督。这为学生心理健康提供了更直接的服务。

（二）香港地区高校心理健康教育工作模式

1. 辅导队伍的专业化

在香港地区，辅导被称为教育的第三主力，与教学、行政并列，是学校教育不可或缺的重要组成部分。第一，辅导队伍整齐，各高校都配备3~5名专职心理辅导员。2000年的调查显示，心理学家与学生人数之比一般为1∶1 500~1∶2 000，心理辅导员与学生的比例一般为1∶200~1∶400。第三，专业化程度高。辅导人员基本获得硕士以上学位。高校还邀请心理分析专家做督导，香港地区的专业辅导协会经常通过多元化的方法为辅导人员提供不同形式的培训，使辅导人员自身的能力及素质能够得到提高与锻炼。

2. 学生助人能力的提高

香港浸会大学长期开设有助于学生心理健康的活动，例如"大学生活工作坊"，它是香港浸会大学大一课程的一部分。而"精神健康活动"是关注精神健康的系列活动，它通过不同形式的课程活动来提升学生对精神疾病的认识；增加学生对精神健康的了解和重视；提高学生的察觉力，帮助理解他人及自我；增强学生对大学精神健康服务资源的认识。学生在完成课程之后，还可获得澳大利亚墨尔本大学精神健康研究中心的精神健康急救证书。

3. 心理测验的重要意义

心理测验是香港地区高校心理辅导机构的一个重要辅助手段，它能够快捷、直观地帮助学生了解个人的能力、性格、价值观等，帮助学生对自己做出更客观的评价。例如"个人蜕变计划"是香港浸会大学辅导中心帮助学生个人成长的一个重要活动方式之一，它通过"学生成长任务及生活模式评量表"的测试，帮助学生建立自我认同，协助其按照自己独特的成长状况、需要和个人选择，设计和订立个人的蜕变计划。在一年内完成蜕变计划的学生，还将获得相应证书。

（三）台湾地区高校心理健康教育工作模式

1. 制度性激励政策

台湾地区地区教育行政部门颁布的《建构教学、训导、辅导三合一的辅导体制方案》，目的在于引进辅导工作的初级预防（一般辅导）、二级预防（专业辅导）和三级预防（心理矫治）观念，充分体现出发展重于预防、预防重于治疗的教育理念，而且配合学校行政组织的弹性调整，激励了一般教师全面参与辅导学生的工作。

2. 财政性投入充足

台湾地区各高校非常重视心理健康教育工作，资金投入力度大，硬件设施完善，曾投入近86亿新台币[1]推行"辅导工作六年计划"。在台湾地区高校中，辅导中心规模大，设备齐全，藏书量多。咨询中心专职人员的聘用方式大约有两种，即以助教职称聘任和以研究员角色聘任。

（四）探索与思考

从国内外心理健康教育工作模式的成功经验看，结合深圳大学工作实际与学生基本情况，可从以下几个方面加以完善。

1. 加强队伍建设

按广东省教育厅关于高校心理健康教育与辅导的相关文件规定，专职心理辅导人员按1∶4 000配置，根据国内外高校心理健康教育工作的模式，深圳大学还需要配备5名专职心理辅导教师，专人专项负责心理健康教育与辅导的各项工作。另外，通过各种方式为辅导教师提供更加专业、多元的心理培训与督导。

2. 强化场地配置

心理健康教育是面向全体学生的，需要有专业性的培训基地和多功能的

---

［1］ 折合人民币约18.8亿元。

心理辅导场所。心理辅导机构需要心理辅导室、团体辅导室、心理治疗室、心理测试室、心理档案室、学生自我调节室等，这是心理健康教育的基础设施。

3. 设立健康图书馆（阅览室）

目前，深圳大学图书馆主要分为文、理科图书馆，而专门关于心理健康的最新书籍和资料尚无统一分类。以心理辅导中心主办的《青春健康》刊物来看，数量及内容有限。在主要宿舍区楼下统一建立的健康图书馆（阅览室），可为学生提供必须、及时的心理卫生及健康知识。

4. 完善学院二级心理辅导站

目前，深圳大学仅有三个学院成立了二级心理辅导站，笔者建议在全校所有具有设备及师资基础的学院建立二级心理辅导站。每个学院设工作领导小组，配备一名专职辅导员开展工作，每个班设立两名班级心理健康信息员，全面开展本院心理健康教育与辅导工作。

第十四章　社区育人
——高校社区文化建设初探

我国高校普遍实行寄宿制,全日制普通高校的在校生基本都在学校学生宿舍住宿。即使高校实行后勤社会化改革,引进社会力量建设学生宿舍,或者租借学校邻近民居作为学生宿舍,也都实行统一管理。因此,高校的学生宿舍区,就成了学生聚居的区域。引入"社区"概念,建设高校学生社区文化,便成为高校培育人才的一条新途径。

一、 高校社区文化的基本内涵

(一) 社区与学生社区

"gemeinschaft"这一概念最先是由德国社会学家滕尼斯提出来的,他认为,社区是基于亲族血缘关系结合而成的社会共同体,是由一定数量的具有基本相同价值判断和取向的同质人口所组成的社会共同体。在这个共同体中,其成员互帮互助、互相照顾,彼此间关系密切,人与人之间不同的社会关系网在其中交织,最终实现相同的社会利益。中文"社区"一词是在20世纪30年代由以费孝通为首的燕京大学学生从英文的"community"中翻译过来的。它的初始含义是指人们生活的共同体和亲密的伙伴关系。community,其含义中一个重要的部分,就是这个"com",它和"commune" "communion"有共同的词根，就是"共同的""一起的""共享的"，也就是一群人有共同的感受、共同关心的事情，也常常有共同的命运。

高校学生社区是近年来高校改革与发展的产物，是随着高等教育大众化、后勤社会化改革及学分制的逐步实施而出现的，目前学生社区的概念已被引入高校并逐渐为大多数人所接受。高校学生社区不等同于社会上的普通社区，但又区别于传统的学生公寓。由于环境、对象、使命的特殊性，高校学生社区有着自身特定的内涵。高校学生社区主要是指以学生宿舍为中心，包括学生食堂、文体活动场所、商业服务网点等在内的课堂学习之外的学生生活、自学及群体活动的校园特定区域。伴随着高等教育大众化，以往的课堂教育已经不能满足当代大学生增长知识、提升能力、人际交往的需要。社区日渐成为学生获取信息、交流思想、沟通情感的窗口。社区不仅成为学生生活休息的场所，更成为课堂的延伸。

（二）高校社区文化

高校社区文化是校园文化的重要组成部分，是以学生社区为依托，以文化活动为载体，社区内学生和管理人员长期互动、共同创造和认可的有鲜明时代特征的文化现象的总和。高校社区文化带有鲜明的时代特征，是体现大学生的主流思想、价值观念与行为方式的物质文化、精神文化、制度文化及行为文化的总和。

高校社区文化具有独特的育人功能，这是高校学生社区文化与其他组织文化的最大区别。高校学生社区不同于一般的城市社区，它不仅仅是供人们居住、娱乐、休闲的场所，同时还是青年人聚集的地域空间，是培育青年学生的特殊育人场所，因此高校社区文化具有开放性、多元性、民主性、自治性等特征。

二、高校社区文化建设的意义

高校社区文化是社区发展的核心和灵魂。社区文化在提高人才培养质量、升华校园文化、提升思想教育实效性中，都具有不可替代的重要作用。社区文化的建设是超功利主义的，其出发点是学生的发展，最终服务于学生的全面发展。

（一）社区文化是大学文化育人的重要载体

以文养心、以文育人、以文化人，文化育人是时代的呼唤。学生社区文化从某种程度上反映了一所大学的精神实质，社区文化作为大学文化体系的一个重要组成部分，在大学教育管理中的作用日益凸显，逐渐成为大学文化育人的重要载体。通过良好的社区文化环境和氛围，高校学生社区文化将大学精神和大学文化潜移默化地内化为社区学生的价值观念和行为规范，促进社区学生的健康成长。

高校学生社区文化建设，是大学文化育人阵地的延伸和拓展，其根本目标是要实现高等教育的最终追求，即人的发展。大学是一个专业塑造的过程，也是一个人格修炼、精神丰富的过程。高校社区文化通过社区各种物质载体和精神氛围引导社区学生的价值观念和行为方式，让学生在潜移默化、耳濡目染中实现自我教育、自我提高和自我完善。发展社区文化，可以强化学生的主人翁意识，倡导健康文明的生活习惯，可以增强学生在社区内的归属感，提高学生的幸福指数。高校要结合青年学生特点，使社区成为学生温馨舒适的家园和自我提升的精神乐园。

（二）社区文化建设是校园文化建设的重要组成部分

社区文化是校园文化的重要组成部分，校园文化为社区文化提供土壤和基础，社区文化丰富和创新校园文化的形式与内容，二者有一定的共性，相辅相成。作为重要的校园文化阵地，学生社区应该营造健康、热烈、积极向上的社区文化氛围。社区文化建设的目的是给大学生的成长创造一个良好的文化环境，它使身在其中的学生受到影响，这种影响有时更甚于在课堂中学到的知识。

作为校园文化组成部分的社区文化本身有着辐射的功能，社区文化的好坏直接带动着整个校园文化的发展。培植并形成良好的社区文化氛围对社区学生的生活方式、行为方式、价值观念会产生很强的导向性，使得大学生对社区和校园文化产生强烈的认同感和归属感，从而增强社区这个生活共同体的向心力，形成一种特有的凝聚力量。良好的社区文化是无声的命令，是不成规章的行为准则，它能使学生自觉地约束自己的思想言行，抵制和排除不符合社区制度的各种行为，营造健康和谐的校园文化。

（三）社区文化建设是提高思想政治教育成效的重要途径

教育部《关于进一步加强高等学校学生公寓管理的若干意见》中明确提出："学生公寓是学生日常生活与学习的重要场所，是课堂之外对学生进行思想政治工作和素质教育的重要阵地。"文化的渗透实质上是思想的渗透。大学生社区文化具有潜移默化的教育功能，大学生思想政治教育离不开社区文化环境这个重要载体，高校学生社区文化建设的好坏直接影响着大学生思想政治教育效果的好坏。

高校学生社区为思想政治教育提供了独特的平台和渠道。加强社区文化建设有利于发挥学生社区文化的思想政治教育功能，增强思想政治教育的渗透性和吸引力，从而更好地实现大学生思想政治教育的目标。相对于教学区环境而言，学生社区环境相对宽松，在相对宽松的环境下开展思想政治教育工作，更能凝聚大学生的思想，引导大学生树立正确的思想观念，营造健康稳定的社区育人环境。加强高校社区中的思想政治教育工作，要把培育社区文化与培养人才融为一体，让学生在参与社区活动中，在社区文化潜移默化地影响中树立正确的人生观，全面提高自身的思想道德素质和文化素养。

三、高校社区文化建设普遍存在的问题

（一）重物质文化建设，轻精神文化建设

陈平原教授曾这样说过："大学以精神为最上。有精神，则自成气象，自有人才。"高校的组织特殊性决定了其文化首先应表现为一种精神的文化、育人的文化。高校社区的建筑等物质基础绝非只是简单的物质存在，社区的物质存在是社区文化的载体，社区文化可能因已渗透在一砖一瓦、一草一木中而产生想象不到的感染力，成为无可替代的宝贵的教育资源。目前中国高校里的许多社区，虽然外观的形态越来越现代化了，处处高楼耸立，一派繁华景象，但社区物质基础的内涵是否有相应的变化？社区的精神文化是否有所积淀？这是令人质疑的。许多高校对学生社区文化建设尚不够重视，学生社区建设只强调"硬件"建设，重视物质环境的改善，却忽视"软件"建设，忽视了学生社区的育人功能，不能正确指导学生社区文化建设，使学生社区的建设偏离了育人的目标。许多高校在老社区的改建和新社区的扩建中容易丧失多年来形成的校园个性，社区景观环境建设常常千篇一律，缺乏创新，忽视了社区人文景观的营造。无社区之"神"的社区之"形"即使外表再壮观，也只是虚有其表。仅靠现代化的条件支持，再美的社区也不可能成为洋溢着人文气息、生命气息的精神家园。没有文化的滋润护养，社区的物质只能流于表面化、空壳化。

社区精神文化是抽象的、看不见摸不着的，检测其优劣的标准也远不如社区物质文化那样直接、明确。精神文化的形成不是一蹴而就的，不可能毕其功于一役。在社区建设过程中，部分高校领导目光往往仅停留在物质文化这个层面上，从而使社区的精神文化发展得不够全面、深入，也使得物质文化的建设缺乏明晰的目标。如果高校社区的建筑只是钢筋水泥的堆砌，而没有展现出物质文化设施的精神文化意义，那么也只是见其形而不见其神。应

该说，离开了社区精神文化建设，单纯的物质文化建设就失去了它应有的意义。虽然物质文化是社区文化发展不可缺少的基础和条件，但精神文化才是社区文化的深层内核，也是物质文化建设的最终目的。学生社区基础设施建设的目的应该是使它成为承担精神文化的载体，更好地发挥其育人功能。

（二）重管理轻教育与服务，社区文化育人性缺失

许多高校在社区管理方面形成了一套严格有序的规章制度，以此来约束学生在社区中的行为，以便更好地管理社区学生。比如，社区一般有统一断电熄灯时间，常设置有统一的门禁制度、卫生制度、用电限制等，社区管理人员的主要职能也集中在规范化管理社区。在社区制度文化建设上，当前的社区制度多是自上而下由管理部门制定并要求学生严格遵守，管理层在制定制度时很少征求学生的意见，社区制度在监督、反馈、效果评价等环节都不够完善。多数学生只是被动遵守，缺乏了解社区制度的热情和遵守制度的自觉性。应该说，这对于规范社区管理、稳定社区秩序起到了有效的作用。然而，社区管理人员纯粹以管理者的面目出现，无法与学生深入交流，更谈不上做学生的思想教育工作了，学生与社区学生工作队伍之间的矛盾日益突出，"育人为主"的社区文化建设目标与"以管为主"的传统社区管理目标的冲突不断加深，限制了社区文化功能的发挥。

社区管理是为了维护社区秩序，但社区的稳定和秩序是为了更好地实现以学生的成长为本的理念。有制约性的制度的初衷并不在于约束，而在于引导，引导学生养成规则意识，引导学生养成良好的习惯，引导学生向积极的方向发展，这本身就蕴含着教育的成分。所以，所谓的管理并非只是单纯的管理，对学生的管理绝不是像管理机器那么简单，在学生管理中，教育自始至终都是第一位的。社区规章制度的制定必须广泛征求学生的意见，通过协商、沟通机制，使规章制度能为广大学生所认可，只有这样，规章制度才能真正发挥约束大学生不文明行为的作用，进而调动大学生参与社区建设的积极性。因此，只有加强人文性的制度文化建设，重视社区文化建设的教育服务职能，才能真正实现社区文化育人。

（三）社区文化建设的认知度、参与度不足

很多高校的领导和在校大学生把学生社区简单定位为学生生活、休息的场所，把大学生社区建设定位为硬件环境的改善，没有把学生社区作为素质教育的重要阵地来看待，忽视社区的文化建设，学生也缺乏积极参与社区文化建设的主动性。目前高校学生社区文化建设有过强的行政色彩，学生社区的管理人员起着主导作用。而学生社区的另一主体——在校大学生往往处于

被动状态，他们对社区文化发展决策和实施的参与度较低。社区文化的建设往往都是自上而下地进行，高校与学生互动性较差，学生被动地接受高校社区文化的影响，导致其积极性不高。另外，社区文化建设出现了部分追求声势的形式主义工作，社区文化建设多以开展学生文体娱乐活动为基本手段，人们简单地认为社区文化就是轰轰烈烈的娱乐活动，将社区文化建设停留在浅层次文化的活动上，往往丢失了社区文化的育人性，忽视了社区学生的精神需求。

社区文化建设并非只是某个管理部门的责任，浓郁丰厚的社区文化建设需要依靠师生的整体努力，需要调动相关部门和广大师生参与社区文化建设的积极性。那种认为社区文化建设只是某个部门的责任的狭隘意识，是目前社区文化建设不尽如人意的重要原因，也是阻碍社区文化建设进一步发展的最大障碍。只有广大师生充分认识到自己在社区文化建设中应负的责任，才能从根本上改进社区文化建设的现状。

四、加强高校社区文化建设的路径探析

（一）回归生本理念，打造人文社区

学生社区取代单纯宿舍区是高等教育大众化、教育体制改革及后勤社会化的必然要求。然而，加强学生社区建设必须理解推行社区管理的真正意义，而不是打着"社区建设"的旗号依然做着传统的宿舍管理工作。学生社区并非只是简单的学校给学生提供的住宿环境，社区管理也并非只是传统的对宿舍、水电等硬件设施的简单管理。学生社区取代单纯宿舍区的目的在于逐步实现高校在宿舍管理上从对物的单一管理转向对人的综合培养，变"以物为中心"为"以人为中心"。

因此，学生社区建设应回归生本理念。坚持生本理念，就是要把握大学生的思想规律和心理状况，以学生需求为导向，鼓励学生参与社区管理，倡导采用引导、激励、启发、反思、内省等方式，引导学生成人成才。回归生本理念强调把学生作为一个平等的主体，作为一个服务的对象，站在学生的角度来实施管理。一味地强调学生的服从性而忽视其独立性、自主性和建构性，易造成在社区文化建设中对学生主体性和主体地位的忽视，影响学生参与社区文化建设的积极性、自主性和能动性，导致学生主体无法与其他管理主体形成高效的管理合力，不利于社区文化建设的有效开展。因此，高校需要转变"管理者主导与学生从属"的思维模式，确立以生为本的理念。为此社区学生工作必须围绕学生发展的目的，尊重学生的权利，鼓励学生民主参

与，并积极引导学生自我管理、自我服务和自我教育。

回归生本理念意味着为了贴近大学生的生活与思想，高校必须把满足学生多方面的成长需要放在首位，从学生视角去看待学生社区文化建设，必须了解学生中存在的主要问题是什么，学生普遍关心的问题是什么，学生迫切需要解决的问题是什么，学生未来的发展方向何在，学生发展的需求是什么，等等，为学生提供更加完善的学习生活服务。当然，以学生需求为导向并非意味着要盲目地迎合学生的任何需求，学生工作者应加强引导，充分了解学生的心理诉求，才能建立起与学生心理沟通的桥梁，主动成为大学生成长成才的引导者，并努力激发学生的内力，使其转化为建设学生社区的动力。社区文化建设要坚持以人为本的原则，倡导人文理念，培育人文精神，把"塑造人"和"提升人"作为学生社区文化建设的根本目标，并将其贯穿于社区工作的始终，打造一个和谐向上的社区文化环境。

（二）倡导全环境育人，营造积极健康的社区氛围

苏联著名的教育家苏霍姆林斯基在《帕夫雷什中学》一书中说过，用环境，用学生创造的周围情景，用丰富的集体精神生活的一切东西进行教育，这是教育过程中一个微妙的领域。高校学生社区文化就是这样一个微妙的领域。学生社区是大学生人文精神养成的重要载体，社区的人文环境不仅对于大学精神的培养有重要的意义，而且为大学生的全面发展和自我实现提供有利的社区环境。积极健康的社区氛围会使大学生自然而然地受到感染和熏陶，这种熏陶会在学生的价值观、精神状态和行为习惯中反映出来。学生在其中接受熏陶所形成的精神动力，不仅会对他的学习和生活产生影响，而且会对他的将来产生影响。环境作为"隐性课程"，是一门鲜活的、立体的、形象的能切实感受到的内容丰富的教科书，有利于激发学生对真、善、美的追求，促进人格的自我完善，自觉规范日常行为，养成高尚情操。社区社会生态的优劣对学生的人格塑造、道德取向、行为规范、心理品质和文化认同有着深刻的影响。良好的学生社区社会生态实质上是营造一种有利于学生成长与发展的社区环境。

因此，高校社区作为培育和教育学生的重要场所应尽可能地去创造一个有利于年轻人成长的育人环境，帮助学生在社区中产生良好的内心体验，这种体验能够成为促使学生主动学习并形成良好行为习惯的重要因素。这就需要注重发挥自然景观和人文景观的熏陶功能、规章制度的规范功能、文化氛围的引导功能及人文关怀的发展功能，落实学生社区全环境育人的目的。

（三）加强社区文化建设的组织管理力量

1. 建设高素质的社区学生工作队伍

很多高校由于对学生社区的组织建设和管理队伍建设不够重视，学生社区往往成为管理和教育的"盲区"，这主要体现在思想政治辅导员数量不足、社区党团组织建设不完善、社区大学生自我管理缺乏组织和引导、社区管理和服务人员整体素质偏低等。事实上，社区文化建设需要社区学生工作者的"引领"，建设高素质的社区学生工作队伍是高校社区文化建设的保证。学校应充分认识到学生社区工作队伍的重要性，保证队伍的人员有足够的专业知识和技能，同时要加强社区工作人员的学习和培训工作。高校学生社区的管理人员必须具备教育服务青年学生的热情，具备良好的道德修养，具备较强的组织协调能力，具备敏锐的洞察力及分析问题和解决问题的能力，具备应对学生突发事件的能力等。社区工作人员应该与学生建立平等民主的关系，既要教育引导学生，又要关心帮助学生。通过巡视宿舍，或与学生谈心，引导大学生营造健康和谐的宿舍文化，及时发现学生情感和生活等方面的问题并进行积极引导。

2. 加强学生自我管理队伍建设

良好的社区文化不是自发形成的，更不是某个管理部门一蹴而就的政绩工程，它需要一代又一代的师生精心营造和维护，而学生就是社区文化建设的中坚力量。现代大学生精力充沛、思想活跃，具有强烈的主体意识和社会参与意识。只有充分发挥学生在社区文化建设中的主体作用，才能逐渐树立起学生的主人翁精神，增强学生对社区的认同感和归属感，学生才能主动承担责任维护社区的环境。广大学生既是"教育、管理、服务"的对象，又是"教育、管理、服务"的主体。因此，高校社区管理要求建立"三自"（即自主探索、自我管理、自律发展）机制，加强学生自我管理队伍建设，改变学生在社区管理中从属和被动的地位。社区的主体是学生，社区的育人对象也是学生，调动学生参与的积极性，把建设社区、美化社区和塑造社区形象的任务转化为广大学生的自觉行动，是社区育人工作的一项重要内容。因此，在大学生社区管理中，高校必须尊重学生的独立性和自主性，引导学生进行自我教育、自我管理和自我服务。

自治是社区的本质特征和基本原则，学生社区自治可以模拟真实社会生活，增强全体大学生的公民意识和社会适应性。社区管理部门应引导学生参加到社区内的公共事务中，增强学生的社会公德，并培养学生对社区的归属感。创建"三自"机制，鼓励学生参加学生社区的管理，可以增强学生的责任感，使学生通过组织活动锻炼才干。通过学生骨干的管理作用，潜移默化地影响更多学生自觉遵守社区的各项制度。学校实行学生社区自治不代表没有问题,更不代表回避问题、压制问题,而是要有通畅的渠道来解决问题。在遇到问题时,大学生不能选择沉默,而应学会参议和处理,并逐步养成自觉遵守社会公德、遵守制度法规的良好行为习惯。因此,高校社区管理不是单单依靠规章制度、法规条例等外在强制力,更重要的是依靠人的内心力量,从反思自省中产生一种内在的驱动力,激发人的主动性、积极性。这种内驱力会把学生的外在要求内化为学生的自觉行动,能够促使大学生主动遵守规章制度,并学会做事、学会做人、学会共同生活。

五、 深圳大学推进社区文化建设的探索与实践

(一) 构建契约化社区管理模式,推进民主管理文化建设

学生社区不仅是大学生日常学习、生活、人际交往的公共空间,而且创造并遵守相应的社区规范,强调社区认同感,能够培育青年大学生的公民意识、公共参与能力、担当精神和社会责任感。深圳大学学生部学生社区管理中心推行《深圳大学学生住宿协议书》,强化学生住宿契约精神、法纪观念和自律意识。社区管理部门将以往《学生住宿守则》中对学生提出的要求和注意事项变成契约中一条条具体的条款,是学生入住必须履行的义务。同时,管理部门也建立起自身的义务履行体系,将以往的日常事务量化、程序化,变成契约中管理部门对学生的承诺,从而切实地体现出双方在主体上的平等关系。学生在入住社区前与社区管理中心签订住宿协议,以书面契约的形式明确双方的权利与义务,明确了社区管理中心管理服务的具体内容、学生住宿费用的支付、违约的责任及争议的解决方式等。协议一经签订就具有了法律效力,受国家法律的保护和制约。通过订立契约,管理部门的工作才有章可循,才能依"约"行事。签订后的契约就成为社区内学生主要的档案材料,也是联系、制约双方最重要的法律文书。管理部门的一切工作均以契约为依据和出发点,日常的工作成为一种遵守和维护契约的行为。契约化管理体现了高校教育中的"双主体结构",尤其是在校园生活领域,全面实现了学生与管理部门在生活事务中的主体对等性。

同时,为了打造学生社区的人文景观,引领学生学会过社区共同体生活,学生社区管理中心组织有关人员拟定了《深圳大学社区学生公约》,推进学生社区规约化管理,引领学生在阳光规则下平安、健康、快乐地过社区共同体生活。此外,经过广泛搜集、汇总、研究本校及其他高校宿舍管理方面的相关规定,学生社区管理中心在后勤部原《深圳大学学生宿舍管理办法

（讨论稿）》基础上起草修订了《深圳大学学生社区住宿管理办法》初稿（以下简称"办法"）。该办法针对学校因机构调整造成的业务流程变化进行了具体规定，明确了各部门权责，优化了学生住宿流程，增加了对住宿生权利、义务的规定，对加强社区学生工作起到积极作用。

（二）打造品牌文化活动，建立社区文化建设长效机制

社区管理部门通过开展包括影视、书法、音乐、体育等在内的一系列活动来规范学生社区的生活秩序，丰富学生在社区的文体生活，提高学生的综合素质。活动主要立足于学生社区来开展，让学生在社区文化活动中感受青春、展示自我、体验快乐、学会成长。

社区文化系列活动旨在营造宽松、健康、活泼的社区文化氛围，打造社区文化品牌，寓教于乐，以社区文化活动引领学生快乐地过社区共同体生活。学生可以在活动中增进友情，提高人际交往能力、活动组织能力等。社区管理部门还将进一步组织大学生开展丰富多彩、高雅健康的社区活动，增强学生社区文化的思想性、教育性、实效性，达到社区文化的育人目标。

（三）建设学生社区自治文化，倡导大学生自我管理

通过选拔一部分优秀的研究生和高年级优秀本科学生干部，担任社区兼职辅导员，进驻学生宿舍，与学生同吃、同住、同学习，重点发挥社区兼职辅导员在宿舍逐一巡检和安全隐患排查等方面的"全天候""全覆盖"作用。同时，引导学生党员骨干融入社区生活共同体中带头做事、多做事、做好事。通过培育一大批优秀学生党员骨干，以朋辈的身份走近普通学生，开展党员骨干"朋辈教育"帮扶活动，发挥党员骨干在纪律教育、困难帮扶、情绪疏导、矛盾化解、舆情引领、危机管控等方面的"正能量"。学生社区管理中心还将学生党员骨干（党支部书记）动员组织起来，扎根学生社区，协调落实学生党员和入党积极分子开展夜间作息巡查、宿舍卫生检查等义务性、志愿性工作，寓自我教育、自我管理于自主活动之中。

社区还在各学生公寓楼建立了由学生公寓楼长、学生公寓层长、学生公寓舍长组成的学生自我管理组织。通过选拔一批品学兼优的学生干部担任学生公寓楼长、层长，实行学生干部逐级负责制，协助社区辅导员调解学生中的矛盾，并积极组织开展各类活动。学生公寓楼长、层长与广大社区学生经常进行沟通，增进了学生之间的信任和理解，增强了学生的集体意识和和谐意识。

（四）完善社区服务文化，打造和谐人文社区

学生是教育的主体，是学生社区服务的主要对象。生活在社区内的当代大学生的需求不断多元化，他们不仅追求舒适的住宿环境，同时也有更高的文化品质要求。他们期待在传统的住宿生活区域得到消费、活动、学习、锻炼等多样服务，探寻休息活动、课堂延伸、能力提升的新领域。

深圳大学学生宿舍以斋、楼为单元，这也是学生社区的单元，是社区文化的载体。营造各具特色的斋文化、楼文化，是学生社区文化建设的基础。不同专业、不同年级的学生在同一所斋、同一栋楼中共同生活，相互学习、交流，取长补短。深圳大学在学生中倡导并营造友爱、包容、上进、和谐的氛围，培育积极向上的斋楼文化。为进一步美化提升深圳大学学生社区的休息生活环境，营造温馨舒适的社区文化氛围，学校在学生社区设立"学生之家"。为引导学生多读书、读好书，学校还开辟了社区报刊阅览室及配套使用的自修室，为学生就地就近充分利用时间多读书创造了条件，给学生提供更加完善的学习生活服务。社区管理部门还在各楼栋入口及走廊悬挂名人名言板，在公共场所张贴文明标语、书画海报等，以营造高雅的社区文化氛围。这不仅为学生社区文化建设增添了一道道亮丽的人文景观，提高了社区文化品位，更主要的是起到了潜移默化、润物无声的教育效果。

此外，用心、悉心经营新媒体平台，逐渐融入青年学生群体，吸引学生并影响学生。在新媒体时代，社区学生工作者不断加强对新媒体的学习和认识，提高自身运用新媒体开展思想政治教育工作的能力，努力为学生带来更多的正能量。同时，在社区硬件的建设上也不断提升服务意识，加强"以学生为本"的人性化设计理念，切实解决学生在社区生活中可能遇到的实际困难，让学生在优质的服务中体会社区大家庭的温暖。

第十五章 校友资源育人功能研究

非洲的一句谚语"抚育一个孩子需要集村庄之力",道出了一个朴素的道理,即教育是开放的,需要动员一切可以动员的力量,达成最广泛的参与。

在高度开放和信息化的现代社会,高等学校的学生工作必须在开放的平台上寻求更广泛的外部资源。一所大学仅仅依靠自己单方面的力量对学生施加教育影响,显然远远达不到教育目标,需要充分发挥学校和社会等各方力量,这也包括对校友资源的开发。高校校友资源具有极强的育人功能,将其充分有效地注入学生工作,有助于进一步加强和改进学生工作。

一、校友工作与学生工作的关系

(一)校友与校友资源

简单地说,校友是指在同一所学校有过(各种类别和各种层次)学习和(正式或非正式)工作经历的人员。

在国外,校友管理被认为是大学一项非常关键的工作。美国许多大学在建校之初就成立校友会,开展校友工作。曾担任过"美国教育支持促进委员会"主席的盖瑞·奎尔认为:"加强校友管理非常重要,校友工作者不仅要为高等教育的发展从事这项工作,还要为社会的发展从事这项工作。"美国大学从领导层到普通师生都很重视校友工作。校长将校友工作视为主要任务之一来对待，把校友作为学校发展的最重要资源。为此，校长们常常用大量时间直接指挥和参与校友活动。

在中国，校友工作虽起步较晚，但其重要性与日俱增，越来越多的高校为之投入大量的人力、物力和财力，正是基于这样一种普遍性的认识和现实，即校友作为与高校有着特殊情感联系的群体，是一种资源，是助推高校自身发展的重要力量。

清华大学校友总会牵头的教育部重点课题"中国高校校友资源的综合研究与开发"，把校友资源界定为："校友自身作为人才资源的价值，以及校友所拥有的财力、物力、信息、文化和社会影响力等资源的总和。"这一界定，体现了校友资源是一种以情感为生成条件和采掘方式的多种资源的综合统一。在属性上，它既是物质性资源，又是精神性资源、知识性资源；在功能上，它既可作用于教学研究，又可为学生工作提供正能量。

（二）校友与学生工作

就时间而言，校友是曾经的学生；就空间而言，校友与学生因共享同一片精神家园而建立特殊的情感和精神联系。因此，校友工作与学生工作不是两个孤立的范畴，二者不是单向度关系，而是双向的。

校友工作的基础状况在很大程度上取决于在校期间校友文化的培育程度。高校培养校友对母校的感情，需要从校友在校学习时做起。这就需要包括学生工作干部队伍在内的广大教师和各类工作人员，在教育教学、管理和服务工作中认真做好每一项工作，赢得学生的尊重，唤起学生心中最真诚的情感。

美国大学注重把在校学生教育与校友工作结合起来做，用多种方式组织在校学生与校友进行交流，培养在校学生的校友意识，终身与母校荣辱与共。

在国内，将校友资源注入学生工作也方兴未艾。东华大学的徐效丽指出："校友资源在学校发展中的作用，校友是学校对学生进行素质教育和心理辅导的资源，校友是学校的科研资源，校友是学校招生宣传及就业的资源。"总而言之，卓有成效的学生工作能够为校友工作做好铺垫和打好基础，而校友工作亦可反哺学生工作，两者相辅相成，相得益彰。

二、校友资源导入学生工作的基本原则

（一）坚持育人本位原则

在学校与校友合作过程中，碍于校友的财气或名气，校方因处于受让方地位，往往难以主导合作过程，只是客气而热情的执行方。实际上，校友资源不应只被简单地注入学生工作，双方合作应提升至维护教育主权的层面，以"导入"的姿态进行，也就是从育人的根本目的出发，由校方掌握主动权，对导入"何种校友资源"及"如何导入校友资源"进行人文拷问和法律纠偏，切实保障学校和学生权益，防止因对资本权力"将就"或"屈就"而扭曲育人目标。

（二）坚持全面均衡原则

中国高校校友工作起步较晚，在认识上也还存在一些误区。其校友工作的兴起和开展不可避免地带有功利主义色彩。校方开展校友工作的出发点和目的多以募集办学资金为主，并以此为主要硬性指标评价校友工作的成效。校友工作与学生工作的结合多局限在狭隘的经济层面进行，如校友捐资设立奖学金、助学金等。

实际上，校友资源是综合性资源。美国大学的校友会并不仅仅是为了募捐甚至说不主要是为了募捐，其校友工作的目的呈现多元化。学校的发展需要校友全方位的支持，包括精神上的、物质上的、道义上的和舆论上的。

从学生成长成才的角度来说，高校学生和学生工作最稀缺的并非物质性资源，而是精神性和知识性资源。但在实际工作中，校方往往更"务实"而不"务虚"，热衷于追求捐款额度，因其是更易于评价、更具新闻效应的显性资源，以至于忽视精神性和知识性财富，即便偶尔"务虚"，也是点缀式应时应景地安排，而非将其作为一种战略性资源。

三、校友资源导入学生工作的前提

要积极主动地达成校友资源在学生工作中的战略作用，必须要进行相应的体制、机制和人员安排。

第一，在制度层面，高校可将支持学生工作的相关内容列入校友工作部门的职责中，建立校友工作与学生工作联席会议制度，定期正式或非正式地开会碰面通报相关工作信息，协商相关问题。

第二，在组织层面，高校可将校友工作与学生工作有效嫁接。在学校层面，由同一位校领导统一分管这两项工作，以便更方便有效地进行内部沟通协调；在学院层面，由主管学生工作的党委副书记兼管学生工作，由辅导员及学生干部兼职从事校友工作，以确保两项工作的连续和衔接；校友工作职能部门领导则由具有学生工作经历的干部担任。以上安排可有效确保两项工作目标对接，形成强大的工作合力，并产生良性循环。

四、充分发挥校友资源的育人功能

（一）进行强大的精神范导

榜样的力量是无穷的。对于在校大学生来说，杰出校友无疑是最好的榜样。他们的品格和成就，对在校学生具有很强的示范性和导向作用，其事迹本身就是生动的德育题材。因其系出同门，同根同源，而可敬可爱可学，这种相似的学习和生活经历，相同的校园文化熏陶，使他们更容易产生共鸣。

但是，当前一些高校在校友宣传时存在不良倾向，以成败论英雄，以财富排座次，以至于唯"物"主义、功利主义泛滥。诚然，校友是学校声誉的主要来源，是学校的"品牌形象"。在就业率攸关学校生死存亡的情况下，企业家校友获得更多曝光度，无可厚非，但言必称某某，则与大学倡导的人文价值相悖，也无益于国家和社会发展，更不利于大学生全面成长。

大学生处于世界观、人生观、价值观正在形成和确定的过程中，学校的教育价值导向至关重要。高校要培养合格的社会主义事业接班人，既要呼应市场现实，积极推介个人奋斗的创业英雄，又要守住政治根本和人文底线，大力宣扬甘于奉献的国家英雄和社会楷模。

深圳大学杰出校友的评选侧重于企业家校友，同时兼顾国家英雄和社会楷模。在深圳大学长期重点宣传的杰出校友中，既有马化腾、史玉柱等一系列著名企业家，又有战斗英雄史光柱等有功于国家和社会的精英。

深圳大学以五年一次的"校庆"、一年一度的迎新送旧等大型活动为契机，以"校友大讲堂"等各类讲座为载体，并开辟校友进课堂的制度性通道，如授聘客座教授等，积极邀请优秀校友回校为在校学生讲述成长经历和创业历程。他们有理有据的现身说法，使广大在校学生更易于接受，也使得大学生们认识到当代大学生不应仅仅停留于个人发展和幸福，而应思考和培养为社会做些什么，肩负起祖国繁荣发展的使命和重任。

（二）植入丰富的知识性资源

校内课堂与校外课堂相结合，是大学生成长成才的必然要求。毕业于各专业、就业于各行业、阅历丰富的各层次的校友是大学取之不竭的教育资源，是校外课堂最好的老师。深圳大学虽年轻，但培养的毕业生并不逊于很多重点大学，各行各业均涌现出以马化腾、史玉柱为代表的领军式人物。如何将这些宝贵的校友资源充分转化为教育教学资源，是校友工作者和学生工作者共同的责任和使命。

在多年的探索和实践中，深圳大学校友联络部和学生部等相关部门共同打造了一系列高端交流平台，使在校学生学习校友成功经验，感受榜样魅力。

第一，精心编撰深圳大学校友会会刊《深圳大学校友》。以"凝聚校友情感，辐射荔园文化"为宗旨，面向广大校友和在校学生，在内容上注重"深度""广度"，重在讲述荔园故事和校友故事，分享校友成长、成才、成功经历和经验，在版面上力求"精致""厚重"，在可读性上下功夫，打造精品。为充分挖掘杂志的育人功能，聘请学生记者参与杂志采编。采访、撰稿等每个环节都被作为教育教学过程，重在培养学生的（文字、口头）表达能力、交往能力、思维能力、信息采集分析能力，提高学生的自信心和责任感，发挥综合教育功能，不将学生作为工具，以杂志刊发为唯一目的，力求学生在工作中锻炼能力、端正态度、开阔眼界。

第二，倾力打造"校友大讲堂"。以"培育校友文化，激励成长成才"为主题，旨在打造"主题宽泛、内容开放、全面展示校友成长经验、社会阅历、职业理念、人生感悟"的大舞台；形式灵活、全面互动的大课堂，帮助在校学生领略校友风采，继承和发扬深圳大学传统，培养学生对母校的归属感、责任感和自豪感，有助于学生汲取宝贵经验，并纳入社会视角，确定奋斗目标，建立职业规划。

第三，建设好校友会网页，并通过更多的新媒体平台，如微信公众号等，全面及时地向更多的大学生开放深圳大学丰厚的校友资源。

第四，聘请杰出校友担任学生导师。在大学生素质基础、知识结构、能力体系的构建中，相对于校内教师的理论知识，校友的社会阅历和行业背景是非常有益的补充。

当前，国内各高校正积极迎接"大众创业、万众创新"的时代热潮。大学生创业方兴未艾。资金和经验是成败的关键。校友企业家恰恰集二者于一身，既可提供创业融资，又可作为创业导师，开设创业课程。目前，深圳大学一批年轻校友企业家成立了创业与投资联合会，今后可与大学生创业园等开展深度合作。

鉴于深圳大学毕业生主要在深圳就业、创业的优势,一批地区校友分会应运而生,如深圳大学校友会广州分会、揭阳分会、紫金分会、吴川分会、饶平分会等,许多在校学生纷纷加入校友会,参与事务性工作。共同的地缘和学缘背景,促成在校学生与校友们互动交流,达成与社会的无缝对接,在校友活动中得到校友指导,得以成长进步。

(三)提供雄厚的物质性支持

第一,提供经费支持,设立奖学金和助学金。这是学生工作对校友资源最为普遍的运用方式。以深圳大学为例,校友捐款中最大份额投向了奖学金,如华强新生特等奖学金和华强新生奖学金。自2014年起,深圳大学校友梁光伟担任董事长的深圳华强集团每年向深圳大学捐款500万元,设立华强新生特等奖学金和华强新生奖学金,前一类用于奖励高考时文化课成绩特别突出的考生,每人奖励5万元;后一类奖励高考优秀新生,每人奖励1万元。

由校友马化腾、张志东、陈一丹、许晨晔等4名腾讯创始人联合腾讯公益慈善基金会向深圳大学捐赠3 000万元。其中,总额达1 600万元且专项奖学金4万元的腾讯创新、进取奖学金,是针对博士研究生、硕士研究生和寒门学子设立的。创新奖重点针对具有优秀创新精神和研究能力的硕士研究生和博士研究生,进取奖重点针对贫困本科生中有进取和自我超越意识的寒门学子。腾讯良师益友奖总额达1 000万元,设立2万元的"良师奖",针对有责任感和使命感的深圳大学一线优秀授课教师、教育管理人员;针对优秀班级辅导员、班导生、公益社团负责人和杰出志愿者等在大学生成长中起到引路人作用的师生,设立最高1万元的"益友奖"。

此外,总额达300万元的腾讯创新创业基金旨在鼓励开发深圳大学创新创业课程、精品课程,奖励优秀创新创业教师。另外,针对受重大疾病和突发性困难影响的深圳大学师生,设立总额为100万元的腾讯师生关爱基金。除此之外,每个学院都有由校友设立的奖学金、助学金。

实践表明,这些奖助学金能够吸引更多优秀学生报考深圳大学,并对学生的学习和成才起到激励作用。

第二,为学生活动提供经费支持。校友及校友企业可为校院两级的各类庆典等重大活动提供赞助,为学生社会实践、学术及体育竞赛提供经费支持。比如,传播学院每年的迎新晚会"玛莎之夜"由玛莎集团董事长区绮文校友提供全额赞助。

第三,为学生工作研究提供经费。以邓学勤校友为董事长的正中集团捐资 450 万元设立"正中思想政治教育基金",面向全校学生工作队伍,用以支持深圳大学思想政治教育研究。

第四,为学生提供学习、培训、实践基地。许多学院在校友企业挂牌设立学习、实践基地。以肖扬校友为总经理的深圳市飞扬实业有限公司作为化学与环境工程学院的学习和培训基地,每年接收大量学生参与学习和培训。腾讯公司为深圳大学学生建立创新俱乐部,一批批学生参与腾讯公司的学习、研究和创新活动,成为很有特色的学生学术性社团。

第五,为毕业生提供就业指导和就业岗位。依托校友资源,拓宽就业渠道,是各高校的通行做法。校友既是母校的"人才产品",也是母校的"品牌形象"。校友队伍是高校拓展公共关系的重要媒介,是大学生择业就业的桥梁和纽带。

深圳大学校院两级校友会经常性地邀请校友回校讲座,帮助大学生了解专业前景、就业形势,克服就业误区,树立正确的择业观和职业发展观,提高就业竞争力。

学校每年邀请校友企业参加校内招聘会,或举行校友企业专场招聘会,为毕业生择业、就业提供长期稳定的渠道。一些著名大型校友企业,如腾讯公司专门来深圳大学举办专场招聘会。如今,除了几名腾讯创始人外,还有数百名深圳大学校友在腾讯就职,其中数十人担任各级管理人员。

综上所述,校友工作和学生工作是有机共生体,互为因果、相互促进。全方位、多层面地认识和开发校友资源,并使之与新时期高校学生工作有机结合,才能进一步激发和增强学生工作的活力和成效。

第十六章 国外大学生事务管理理论与实践及其启示

高校学生事务管理是一门学问，涉及学生的在校学习生活，在学生的学习和成长过程中扮演着十分重要的角色。

一、学生事务概念及其内容

具体什么是学生事务，虽然研究者众多，但是得出统一的定义很难。"学生事务和学术事务是一组相对的概念，而在早期的美国大学里并没有这样明确的区分，只是从19世纪开始，学生事务才从学术事务中分离出来，具有其独特的意义和专门的用法。"[1] 可见，学生事务是从学术事务中分离而出的，是相对于学术事务的存在，可以说没有学术事务就没有学生事务。即使是当前，这种观点仍旧没有过时，邢国忠借用国际关系理论中的依附理论，将学生事务管理看作是依附于教学活动，认为"高校学生事务管理只能选择全面依附于教学活动，以教学活动为中心，才能获得生存发展的机

---

[1] 蔡国春. 高校学生事务管理概念的界定：中美两国高校学生工作术语之比较[J]. 扬州大学学报（高教研究版），2000（2）：56-59.

会"[1]。"学生事务管理"一词源自欧美，主要涉及学术以外的事务，但又是依附于学术事务，其核心是为学术事务服务。目前国际上比较流行的关于学生事务的定义是指高校中通过规范、指导、服务学生以促进其全面发展的非学术性组织活动。[2]

在国内，学生事务往往与学生工作、学生管理等概念相混淆，虽然都是指涉及学生学术以外的工作，但是在不同时期却又有不同的内涵。方巍是这样定义的："学生事务，指的是学生非学术性活动或课外活动……所谓学生事务工作，指的是学生课外的一切活动及其管理。"[3] 蔡国春认为："学生事务是指高等学校通过非学术性事务和课外活动对学生施加教育影响，以规范、指导和服务学生，丰富学生校园生活，促进学生成才成长的组织活动。"[4] 虽然语言表述有细微的差异，但是国内外关于学生事务的认知基本一样。

由这些定义我们知道，学生事务涉及学生在学校学习与生活的方方面面，事无巨细，全面服务于学生。高校发展到当今的程度，各国学生事务基本上已经趋同，有一套完备的体系，但因为社会、文化及经济发展程度等因素的不同，学生事务在不同国家所涉及的具体工作又有些细微的差别。

具体来说，学生事务管理主要包括四个方面：一是辅导，比如心理咨询、就业指导等。二是生活服务，比如宿舍提供与管理、饮食服务等。三是经济资助，比如补助金、奖学金管理和发放等。四是活动管理，比如维持纪律、协调学生组织及其活动等。[5] 另外，在国外因为宗教信仰问题，有些学校可能还涉及校园教派事务。例如，乔治城大学就有校园教派管理，主要目的是帮助学生深化他们对于尊重非难以及帮助等观念的宗教信仰。[6] 而在中国，学生事务管理最早承担的任务是，入学与注册、学籍管理、纪律与考核、毕业分配等事项，到如今也有一套完备的体系。但是与国外相比，始

---

［1］邢国忠. 我国高校学生事务管理现代化的路径选择［J］. 现代教育管理，2009 (7)：78 – 81.

［2］张丹. 中西高校学生事务管理比较及启示［J］. 武汉科技学院学报，2009 (6)：47 – 50.

［3］方巍. 美国高校学生事务工作与启示［J］. 高教与经济，1994 (4)：48 – 51.

［4］蔡国春. 高校学生事务管理概念的界定：中美两国高校学生工作术语之比较［J］. 扬州大学学报（高教研究版），2000 (2)：56 – 59.

［5］朱炜. 发达国家高校学生事务管理比较及其启示［J］. 黑龙江高教研究，2003 (6)：150 – 152.

［6］于伟，韩丽颖. 美国高校学生事务工作的理论基础与职能［J］. 外国教育研究，2003 (4)：40 – 44.

终承担着学生思想政治教育的工作,而思想政治教育,是中国高校学生工作的特色,是不可缺少的一部分。[1]

二、中外大学生事务管理理论

理论是行动的指南,不同的理论具有不同的导向作用,要做好学生事务管理,离不开科学的理论指导。梳理国内外关于大学生事务管理方面的理论,吸收和借鉴先进理论,有助于我们更好地开展学生管理的相关工作。

(一)国外大学生事务管理理论

自启蒙运动以后,西方自由、平等、民主等价值观成为社会主流价值观,深入到社会生活的各个方面,高校自然不例外。自由平等的思想对学生管理产生深远影响。学生管理工作的最终目的就是要建设一个和谐且具有活力的校园,使学生自主地管理自身事务,学生的积极性和主体性得到充分发挥,人性得到张扬,学生自由平等地进行知识探索,实现学生的全面发展,使其最终成为对社会有用的优秀毕业生。

国外大学生事务管理理论,具体涉及咨询理论、人的发展理论、组织与管理理论。这几种理论,体现了国外大学在学生事务管理中对于人的尊重,对于科学的重视。

1. 咨询理论

咨询和人格理论旨在帮助人们理解学生个体的行为调适、人格功能、个体动机和志向以及在团体中的行为等,可帮助咨询和治疗对象避免或消除不良的心理因素和社会因素的影响,使其认知、情感或态度有所变化,解决学习和生活中出现的疑难,从而更好地适应环境,保持身心健康。[2]

心理咨询就是运用心理学知识、理论和技术,通过语言、文字等中介给青年大学生以帮助、启发和指导,从而提高他们的心理自助能力和社会适应能力。心理咨询的普遍规律、理论原则和操作方法可以使高校的德育工作理论化、科学化。"来访者中心理论"是心理咨询理论中重要的理论。"来访者心理咨询理论"由美国心理学家罗杰斯提出,他认为人性发展的基本倾向是建设性的,人有追求美好生活、为美好生活而奋斗的本性。健康代表着人

---

[1] 吴亚玲. 英国高校学生事务概况及启示[J]. 中国高教研究,2005(5):54-55.

[2] 于伟,韩丽颖. 美国高校学生事务工作的理论基础与职能[J]. 外国教育研究,2003(4):40-44.

格的健全和人性的丰满发展，病态是健康人格的异化。心理疾病患者并没有失去自身固有的潜能，咨询员要相信来访者的自我指导能力，创造有利于来访者发挥潜能的良好氛围。应以来访者为中心并对来访者给予无条件的积极关注、关心、尊重、信任、理解等，把来访者看作是一个具有价值和尊严的人，在咨询的每一刻，咨询者都乐于接受来访者的各种各样的情感，乐于接受他们此时此地的真实自我，并努力挖掘来访者身上潜在的积极因素。[1] 心理咨询理论强调要以来访者为中心，帮助来访者自己解决问题。在具体进行咨询工作的过程中，高校教师要将学生看成与自己人格平等的个体，并且还需要具有相关职业道德，能够替学生保守秘密，具备相应的沟通技巧。[2]

英美等国在学生事务管理中都有设立咨询部，为学生提供免费的日常的咨询和专业服务。无论是个人问题，还是职业发展问题、学术研究问题，咨询部都会尽力提供专业的帮助。咨询部的职员包括心理学专家、全科医生、精神病专家、学习技巧专家、社会工作者等。咨询部的工作旨在帮助不愿意通过家长或朋友的帮助来解决问题的学生。它的咨询服务是建立在免费和保密的基础之上的，具体服务内容主要包括：①常见心理健康问题自助服务。通过为学生提供可下载书籍的网站解决常见问题，如酗酒、愤怒、焦虑、丧亲之痛、缺乏自信、抑郁症、乡愁、饮食失调、恐慌症、完美主义、压力、担心朋友等帮助学生学会自我调节。②夜线咨询服务。学生可匿名拨打夜线电话获得倾听、支持和信息等服务。美国的心理咨询中心还为学生提供学习服务，帮助学生们掌握学习领域的技巧，包括阅读理解能力、学习方法、考试策略等；测试服务，为学生提供各类标准测试。此外，还包括饮食混乱评估、性侵犯咨询、药物治疗、紧急干预。[3]

咨询部的理论主要依赖于咨询理论。咨询理论始终遵循着教育模式，其咨询的对象是在日常生活中疲于应付各种压力的正常人。这些人在咨询后能够学会模仿一些策略和行为，最大限度地发挥出自己已有能力和随机应变能力。在高校中，咨询理论强调理解学生的个体差异，通过咨询改变学生的认知或者情感，以进一步解决学生在学习、生活中遇到的问题，更好地适应大学生活。

---

[1] 陈美荣，曾晓青. 论心理咨询理论和技术对高校德育工作的启示 [J]. 江西教育学院学报（社会科学版），2007（1）：45-47.

[2] 邱敏. 人本主义心理咨询理论与高校学生管理工作 [J]. 吉林工程技术师范学院学报，2008（10）：35-37.

[3] 于伟，韩丽颖. 美国高校学生事务工作的理论基础与职能 [J]. 外国教育研究，2003（4）：40-44.

2. 人的发展理论

西方社会对人的发展的关注甚早,文艺复兴、宗教改革时期倡导人权,提倡关注人的发展。同时,提倡人的全面自由发展也是马克思主义的最高命题。马克思主义坚持以满足人的需要和促进人的全面自由发展作为评价经济社会发展的重要价值尺度。高校本来就是学生成长发展的地方,关注学生的发展也成为顺理成章的事情。

学生发展理论兴起于20世纪早期美国大学的就业指导运动,其后又受到了心理学和社会学等学科的深刻影响,逐渐成为指导重点高等院校学生个体的成长和发展的重要理论。学生发展理论就是为了解释大学生在自我成长的过程中是怎样慢慢地具备了解自我、他人及世界能力的过程。从20世纪60年代起,美国学者就开始系统地研究大学生发展理论,其中对大学生阶段研究成果最具影响力的是奇克林的七向量发展理论。该理论依据社会心理学原理研究人的一生从婴儿到老年各个阶段对个人发展影响最大的思想、情感、行为和事件。他提出七个方向分别是影响个人发展的重要因素,因此也称为七向量理论。这七个方向是能力感、情绪、独立性、人际关系、自我评价、目标与理想、人生观。[1]

高校关于人的发展理论不仅仅包括学生身心发展,还有诸多发展理论认知的发展阶段论,著名发展心理学家皮亚杰将个体的认知发展分为四个阶段:感知运动阶段、前运算阶段、具体运算阶段、形式运算阶段。人格发展八阶段论是美国著名精神病医师埃里克森提出的,他将自我意识的形成和发展过程划分为八个阶段:婴儿前期、婴儿后期、幼儿期、童年期、青少年期、成年早期、成年中期、成年后期。

国外学生事务管理事务部门都特别注重人的发展理论在实际中的运用,比如英国将以人为本的理念渗透在学生事务管理的方方面面,在英国莱斯特大学的官网中可以看到其阐述行政权力时写道:良性管理的一个重要的原则就是不允许行政权力直接决策大学日常事务,要尊重学生的意见,将了解学生作为工作的出发点。学生发展理论深刻影响了学生事务管理实践,为学生宿舍管理、学务咨询、心理咨询等重要的学生事务管理领域提供了理论指导。

3. 组织和管理理论

当今世界,人们越来越意识到管理的重要性,不夸张地说,管理已是继科学、技术之后,推动人类文明发展的又一重要因素。管理的好坏,在某种

---

[1] 邬光燕,许彬奇. 高校学生事务管理简论[J]. 中国电力教育,2008(19):142–144.

程度上直接决定某一组织的生存与发展。管理学是适应现代社会化大生产的需要产生的，研究旨在现有的条件下，如何通过合理的组织和配置人、财、物等因素，提高生产力的水平。管理学自诞生以来，自身便经历了两次大的发展，即从经验管理向科学管理的飞跃和从科学管理向人文管理的飞跃。管理学本身的发展，使管理从以技术为中心到以人为中心。目前，管理的最大特点是以人为主体，强调人的作用，要求尊重人、激发人的潜在力量，发挥人的主动性，让人们在组织中实现自我。人是管理的施动者，又是管理的受动者，运用一定人性化的收单实施管理，目的也是服务于人。

组织和管理学具有很强的应用性，自然而然地被高校借鉴于学生事务管理。在高校，组织和管理理论有助于人们理解诸如分配资源、决策、人事管理、领导、增强院校活力、组织发展以及终止方案等过程。高校的组织与运营中，充满了大量的组织和管理理论。[1] 高校学生事务管理工作的实质就是要健全大学生的人格，促进他们的成长，激发他们积极向上的热情，这不仅是学生事务管理的内容，也是管理的手段。当前，国外高校的组织和管理越来越强调学生自身的主体性，强调发挥学生自身的主观性，实施人本管理，以此来实现学生与高校、学生与教师、学生与学生工作者之间良性的发展。

（二）我国大学生事务管理理论

我国高校的学生事务管理工作起源于"思想政治教育"，其最初出现是为了维护学校正常的教育教学秩序，因此我国的大学生事务管理理论根植于马克思列宁主义、毛泽东思想、邓小平理论、"三个代表"重要思想和科学发展观。

中华人民共和国成立以后，高校就一直是我国思想政治领域的重要阵地之一，高校学生事务管理工作自然而然地要服务于国家的政治工作，学生事务管理的核心也即为使学生树立正确的政治意识。学生事务管理工作完全围绕着政治思想教育开展，主要内容包括时事政治教育、党团组织活动、思想政治教育、榜样模范学习等。作为高校政治工作的一项内容，学生管理工作并没有形成完整系统的管理体系，学生管理工作的指导思想也较为单一，其谈不上有什么管理理论，更多的是管理内容上的思想政治理论。

改革开放以后，随着市场经济的确立，高校本身也经历了剧烈的变化。高校的人才培养模式由国家计划分配向现代大学转变，学生事务管理这个概

---

［1］邬光燕，许彬奇. 高校学生事务管理简论［J］. 中国电力教育，2008（19）：142-144.

念也随之出现。此前我国高校学生事务管理工作一直由"学生工作"这一概念替代。2003年,胡锦涛提出以科学发展观作为国家建设和发展的指导思想,以人为本的核心思想开始在高校学生事务管理中得到诠释。2004年,中共中央、国务院颁布和施行的《关于进一步加强和改进大学生思想政治教育的意见》文件,充分体现了新时期学生事务管理工作理念的转变,"以人为本""以学生为本"的理念正式融入学生事务管理工作中。

当前,随着国际交流的日益增多和我国高校国际化建设的进行,越来越多的高校管理者意识到国外先进学生事务管理理论的重要性,并不断引进、吸收并运用在学生事务管理中。教育学、心理学、管理学等方面的知识,在我国高校学生事务管理实践中越来越受到重视。

三、中外大学生事务管理实践

(一)国外大学生事务管理实践

高校学生事务管理实践做得比较好的主要有北欧和西欧的国家,以及美国、日本、新加坡等。下文主要选择在学生事务管理方面具有代表性的国家,主要是英国、美国、德国与法国等国家高校学生事务管理相关实践。

1. 英国大学生事务管理实践

英国高等教育历史悠久,其高校在世界大学排行榜上也名列前茅。英国高校之所以取得成功,其学生事务管理功不可没。英国高校学生事务管理经历了从牧师关怀式的导师制到建立以为学生服务的专业部门等过程,如今,英国高校学生事务管理以尊重学生、以学生为本等工作理念,以及高度职业化、专业化和个性化为特色,受到了世界上许多国家的推崇。

在学生事务管理体制上,英国大学生事务管理分两级管理,在学校有专门的处理学生事务的委员会,对校务委员会和学术评议会负责。委员会成员包括校长、副校长、学校有关部门负责人、牧师代表、学生代表。其职能部门为学生事务机构,面向全校学生开展工作,提供服务。而在院系一级,院长和系主任负责学生事务,并为每个学生安排一位导师。

在管理模式上,有集中式和分散式之分。集中式以莱斯特大学为代表,学校设立了教育发展支持中心,其职责是为学生、教师、未来的学生和毕业生服务,中心下设7个部门,包括学生学习中心、职业部、残疾学生中心、咨询部、学生医务所、福利部、教学部。教育发展支持中心要对学校学术评议会相关委员会负责。分散式以诺丁汉大学为代表,该校涉及学生事务的部门有三个中心:学生支持中心,与院系和其他部门合作,支助残疾学生,为全体学生提供学习支持；职业发展中心，为学生提供职业教育、信息和指导；国际交流处，招收留学生，为留学生提供支持与帮助。[1]

在具体的学生事务管理执行上，英国高校学生事务管理体现了以学生为本的理念；工作方式、方法比较灵活，现代化的服务手段值得称赞；学生事务与学术事务密切联系，为学术事务提供有力的支持。

2. 美国大学生事务管理实践

在当前的国际高校排行榜上，美国高校几乎占据半壁江山，在全世界居绝对领先地位。毋庸置疑，美国高等教育的快速发展与美国高等教育管理的发展是密不可分的，而高校学生事务管理作为高等教育管理中的重要组成部分，自然是推动美国高等教育发展的重要因素之一。美国是分权比较彻底的国家，再加上社会自治的传统，导致美国高校学生事务与其他事务一样，主要是地方与大学自身的事情。美国几乎所有高校都设置独立的学生事务管理组织机构，自主开展学生事务工作。

在美国，高校学生事务管理的主要重点在于对学生行为的指导和福利方面的工作。按照每项学生事务工作的性质分类，美国高校学生事务管理可分为：学生活动，包括学生组织与学生活动，主要指社团活动；教学辅助活动，包括招生、注册、就业指导；生活辅助活动，包括新生定向指导、住宿生活、经济资助、心理咨询、健康服务；等等。美国的学生事务管理主要体现了以下特点。

第一，规范性、制度性强。美国高校学生事务管理的发展，在很大程度上得益于完善的法律法规的支撑和完善的行业规范的影响。美国高校在校园里一般都有一套纪律管理监督和仲裁体系。管理者依据相关条例对学生进行管理。另外，全国性教育组织还接连出台了在此领域的一系列指导文本和工作准则，作为学生事务管理的基本规范，对学生事务管理思想与原则做出宏观指导。

第二，专业化工作队伍，学历高。美国的学生事务管理人员普遍具有高学历，申请进入学生事务领域的工作人员要求具备心理咨询、职业指导、学生事务等方面管理的硕士学位。

第三，垂直化管理体制。美国高校学生事务管理采取的是一级管理体制，条状管理方式，机构设置和权限划分在学校一级进行，院和系没有学生事务管理组织，各种学生事务根据职能不同分别成立学校一级的办公室或中心，直接面向学生开展工作。管理方式上各校根据自身的实际情况，呈现灵

---

[1] 吴亚玲. 英国高校学生事务概况及启示[J]. 中国高教研究, 2005 (5): 54-55.

活多样的特点。[1]

3. 德国与法国的大学生事务管理实践

德国与法国的大学生事务管理不是由大学自身承担，而是由社会机构承担。以德国为例，高校学生事务管理的最大特点就是社会化运营。德国学生事务管理不由大学承担，学生服务工作由社会化机构来承担，高校则成立联络办公室，在本校学生与社会性服务机构之间起沟通和协调作用。主要体现为以下特点。

第一，学生事务由校外机构承担，社会化程度高。在德国，这种组织被称为"大学生事务局"，它是带有企业运作特点的自治性组织，所提供的产品就是针对学生的各种服务，诸如食宿、打工、就业、文化等，财政上自负盈亏，服务的质量和价格成为其能否立足与发展的关键。

第二，学生事务实行国家与地方两级管理。带有官方色彩的德国"大学生事务局"分国家和地方两级，全国性的主管机构是联邦学生事务局，管理地方大学生事务局。大学生事务局的管理构架充分体现出自治、制衡的特点，分三级管理层次：代表大会、董事会和总经理。[2]

第三，学生高度自治化。学生的自治化主要体现在学生自主学习、通过学生组织或团体进行课外自我管理以及通过行政管理机构参与学校管理等方面。作为大学生的最高组织机构的学生议会，拥有财政权和教学管理的相应权利，与校方关系完全平等。学生联合委员会是由学生议会选举出的，联合委员会对内和对外代表所有学生的权益，负责学校一级的日常学生工作，是学校决策的重要力量。[3]

（二）我国大学生事务管理实践

我国高校的学生事务管理工作可以说是从政治挂帅到尊重教育自身发展规律的转变中不断发展起来的。改革开放之初，高校学生工作由人事处负责。到了 20 世纪 80 年代中后期，高校才设有学生工作部（处）。到了 21 世纪，为了应对 1999 年高校扩招形成的就业高峰，从 2003 年开始，高校就业工作在教育部明确要求"三定"即定岗、定编、定经费的情况下，得以从学工部（处）分离出来。2006 年，在国家成立大学生资助管理中心的情况下，高校资助贷款工作得以从学工部（处）分离出来。到目前为止，我国高校在

---

[1][3] 张丹. 中西高校学生事务管理比较及启示 [J]. 武汉科技学院学报，2009 (6)：47-50.

[2] 朱炜. 发达国家高校学生事务管理比较及其启示 [J]. 黑龙江高教研究，2003 (6)：150-152.

学生事务管理上，基本上建立健全了各种基本的职能机构，管理人员自身素质得到加强，科学的管理方法也不断运用，但与国外高校相比总体上仍有不足之处。如在管理体制上，党政合一、两级管理、条块结合的管理体制易造成多重领导；学生事务工作者的职业素养和专业化水准有待提高等，这一切都是需要加强和改进的地方。

四、国外大学生事务管理理论与实践对我国的启示

进入21世纪后，我国高等教育取得了长足的发展，经营管理越来越具有现代特色。近年来国内许多大学，不断借鉴国外先进大学的办学经验，积极走出去，提出了要建设世界一流大学的愿景，虽然取得了成效，在世界高校排行榜上的排名有所进步，但是与国外高校相比，仍有一些差距。而在高校学生事务管理这一领域，虽然我们有自己的特色和优势，但国外仍有许多值得借鉴和学习的理论与做法，他山之石可以攻玉。

（一）以生为本，增强服务学生理念

以人为本、以生为本的理念，无论是在高校学生事务管理理论还是管理实践上，都是国外高校最基本的价值出发点。咨询理论强调"来访者为中心"，人的发展理论强调学生的主体性，即使是管理学理论也要求加入人文关怀，强调人的因素。我国高校在适应教育全球化的过程中，虽然提出了以学生为本的理念，但是落到实处还需要教育工作者和全社会的进一步推动。目前我国大多数高校的学生事务管理人员属于政工编制，工作意识上更倾向于"管人"而非"管事"。往往注重社会发展、学校现实、学生整体的需要，忽视学生个体、学生未来的需要。因此，我们需要确立以生为本的工作理念，突出学生的主人翁地位，充分尊重学生和关爱学生，将严格的管理与良好的服务相结合，寓管理和教育于服务之中。"以生为本"是教育的根本目的，"以生为本"就是要求学生事务管理者在管理过程中营造优良的校园环境、人文环境，服务并引导、促进学生全方位的发展。要求树立学生的主体意识，充分尊重学生的个性发展，把学生视为重要的合作伙伴共同有效地开展学生事务工作，确信学生自我教育在自我发展能力素质培养中的重要性。当然，"以生为本"，也需要有度，不能单纯地只是满足学生的一时偏好或者是在校期间的愉悦生活，毕竟学生在学校学习知识也是最重要的任务。

（二）加强大学生事务管理者队伍的建设

目前，与国外发达国家相比，我国大学生事务管理工作者本身还存在问

题。在美国等发达国家，大学生事务管理工作是专业性很强的一项工作，学生事务工作队伍是职业型和专家型队伍。"21世纪的学术事务管理者，需要拥有知识、技能、受过训练等"[1]，提高专业化水平是我国高校学生事务管理发展的必然趋势。学生事务管理工作的专业化体现在多个方面。首先，学生工作必须成为一门职业工作，有其职业标准和职业地位，应该得到社会的认可，社会应该给予这些工作者更多的尊重，各高校也应该为大学生事务管理者营造更好的社会环境和工作环境。其次，各高校应该提高学生事务管理者的准入标准，提高学历水平和调整专业范围，选拔专业素养过硬、职业道德高的工作者。同时，也需要加强对他们的专业培训，如定期举办专业知识培训、咨询沟通技巧培训、管理实践培训等，以提高工作者的职业素质和实际工作能力。另外，全国范围内也可成立专业的协会和组织，进行认证、评估和督导。最后，高校学生事务管理者也应该注重自我素质的提高。积极借鉴国内外优秀的实践经验，勇于把新思路、新想法应用到实际工作中，不断总结经验教训，提升自身专业化水平。

（三）创新学生事务管理工作方式

在学生事务管理实践方面，好的工作方式方法也可以起到事半功倍的效果，特别是当今世界日新月异，各种高新技术、新理念层出不穷，我们可以借鉴国外高校学生事务管理上灵活多样的工作方式方法。学生事务部门可以为学生提供个体咨询、小组咨询，定期举办研讨会、工作室、讲座，学生可以根据自己的需要和兴趣自愿参加。学生事务部门可以建立多职能部门联合的学生事务中心，方便学生办事。另外，学生事务部门也可以加强和学生的交流，特别是在当前数字时代，"学生事务进入2.0时代，新技术为学生事务决策者提供了所需的学生信息"[2]，因此我们积极借鉴当前互联网新媒体，做到及时、高效地与学生互动。而在社会化的外包服务方面，也可以积极地借鉴国外有益经验。当然，这一切都对相关工作人员的工作提出挑战，这就要求我们的工作要做细做实，切实关注学生的诉求，听到学生内心的声音，深入了解学生的需求，提供学生真正需要的东西。

---

[1] ELKINS B. Looking back and ahead: what we must learn from 30 years of student affairs assessment [J]. New Directions for Student Services, 2015 (151): 39-48.

[2] CABELLON E T, JUNCO R. The digital age of student affairs [J]. New directions for student services, 2015 (151): 49-61.

(四) 改革学生管理制度和体制

目前,我国高校学生管理体制是条块结合,多级设置,纵向层级烦琐冗杂,横向部门功能模糊交叉,造成领导重叠,这样不利于学生事务管理工作的开展。我们应该积极借鉴国外高效管理机构扁平化的组织体系,在学校高层领导中设立学生事务负责人,组织机构独立设置,职能清晰高度分化,各部门根据分工直接面向学生和学生组织。这种结构的组织体系,减少了中间层级,提高了执行效率。[1] 而学生自治组织也是一样,尽量减少学生组织的中间层级。通过机构精简、职能整合,将学生事务的管理权归并到学生处或学生事务处,直接由一名副校级领导分管,同时成立学生学习辅导、心理辅导、学生资助和职业发展等多个学生事务和发展中心,构成学生事务管理的网状结构,可以大幅度减轻管理人员的工作量,实现学生事务组织机构由"条块化管理"向"扁平化管理"转变。[2]

当前,在高校学生事务管理工作方面,中国与国外高校存在一定程度上的差距。但是我们也不应该感到自卑,毕竟高等教育在国外发达国家起步早,已经有三百多年的发展历史,高等教育体制和运行机制十分成熟。而我国的高等教育起步晚,历史较短,在探索上一度出现过曲折。作为发展中国家,我们庆幸的是国际上有成熟的理论和实践经验可以学习,因为高等教育和高校学生事务管理内在发展规律是相似的,只要我们加强研究,结合自身的国情,不断汲取国外有益的经验和做法,我国高校学生事务管理必然会做得更好,必然会进一步促进我国高等教育的发展。

---

[1] 张晓艳. 中外高校学生事务管理内容的比较分析与启示:以中美英三国为例 [J]. 教育教学论坛,2014 (15):1-2.

[2] 罗立顺,李同果. 发达国家高校学生事务管理的经验及启示 [J]. 学校党建与思想教育,2015 (8):92-94.

第十七章　高扬主旋律，形成新常态
——关工委在培育与践行社会主义核心价值观中的探索

中国关工委于1990年2月由国务院批准成立，现在全国各地各级和大中小学都有关工委组织。全国各地关工委组织广泛动员和组织离退休老同志，特别是那些长期在党政部门担任过领导职务和各行各业的德高望重的老同志，各个领域的老学者、老专家、老劳模等，发挥他们的优势，深入厂矿、农村、机关、学校、街道等基层单位，以丰富多彩的活动形式对青少年进行革命传统、爱国主义、集体主义、社会主义教育，法制和科学技术教育。关工委已经成为关心、培育青少年健康成长的一支重要力量。

全国的公立高等院校都有关工委。深圳大学关工委成立于1999年。近年来，深圳大学关工委在学校党委和行政班子的领导下，在上级关工委的指导下，认真贯彻落实党的十八大精神，把关心下一代工作与日常的教育教学工作紧密结合起来，以立德树人、培养和践行社会主义核心价值观为主线，服务大局，面向学生，面向青年教师，做到学校、学生需求，尽关工委所能"三位一体"，发挥老教师、老同志的优势，创新工作局面，形成新常态，并做了一些有益探索，取得一些可喜进步。

一、加强自身建设，创新工作方法，形成工作制度新常态

深圳大学关工委领导班子和全体委员十分注重学习，关心时政。近年

来，深圳大学关工委深化了党的十八大精神的学习，衷心拥护以习近平总书记为核心的党中央加强党风建设，深化改革，推进有中国特色社会主义建设的举措，决心紧跟时代前进步伐，建设一个学习型、创新型的班子和一支弘扬"忠诚敬业、关爱后代、务实创新、无私奉献"精神的关工委队伍。

深圳大学关工委不断加强制度建设，形成长效工作机制。经过几年的探索，深圳大学关工委建立了"一联三会五组"的工作制度，形成"新常态"。"一联"是建立了学校关心下一代工作联络单位联席会议制度。学校的党委办公室（以下简称"党办"）、学校办公室（以下简称"校办"）、组织部、宣传部、团委、学生部、教务部、后勤部、离退休办和信息中心等，都是联络单位。每年至少举办一次联络单位的联席会议，充分发挥联席会议沟通、协调、互动的重要作用。"三会"是学校关工委建立三个会议制度常态化：由主任、副主任、秘书长和办公室主任参加的领导小组会议每一到两周就开一次，经常学习和了解国家国际形势、学校发展大事和上级关工委有关文件精神，及时研究新问题，提出工作对策；由领导班子和五个工作小组的组长参加的核心小组会议每学期开两到三次，互相沟通工作情况，推进工作任务的完成；由学校全体关工委委员参加全体会议，增加了各学院关工委主任和特派党建组织人员参加，一年两次以上，全面布置和检查工作，对新的工作发起动员，总结经验，表彰先进。"五组"是成立党建、学生、督导、调研和网站五个工作小组，将关工委的主要工作分解，充分发挥五个工作小组的积极性，各自主动开展工作，五个小组的组长认真负责，工作积极性很高，除了完成本年度工作任务，还开拓了新的工作领域，创新工作方式方法，充分发挥特邀党建组织员、五老报告团、主题教育活动、青蓝工程、校园文化传承、社团指导、大学生生涯指导、帮困助学、专题调研、老少共话等十个工作平台的作用。

"一联三会五组"的工作制度"新常态"，使学校关工委工作有了制度保障，形成了长效工作机制。

二、高扬主旋律，持续深入开展"中国梦"教育，形成工作内容新常态

习近平总书记提出"中国梦"的伟大构想之后，2013年教育部党组、教育部关工委发出关于开展"老少共话中国梦"活动的通知，深圳大学关工委立即行动，联合学校离退休工作办公室、团委和学生工作部，在全校范围开展"荔园师生共话中国梦"的系列活动，主要做了以下工作。

第一，认真学习，周密计划。习近平总书记关于"中国梦"的一系列重

要讲话发表以后，深圳大学关工委结合落实《中共教育部党组关于加强全国教育系统关心下一代工作委员会建设意见》（教党〔2009〕20号，以下简称"20号文件"）的精神和教育部、省教育厅关工委的有关安排，认真学习讨论，制定开展"老少共话中国梦"的活动计划，并把这项活动与加强深圳大学关工委建设紧密结合起来。

第二，开展有关"中国梦"的系列讲座和主题报告会。通过各种形式、各个层次的讲座和报告会，对青年学生进行"中国梦、兴国梦""中国梦、我的梦"等教育，引导青年大学生寻梦、筑梦、追梦、圆梦。系列讲座的主讲，既有学校关工委成员、老教授吴俊忠和杨移贻等，也聘请了深圳市的老领导、老同志和老专家。深圳市关工委主任、原深圳市人大常委会副主任刘秋容和深圳市关工委副主任、原深圳警备区司令李友烈，分别来校做了题为"热爱共产党，共同实现中国梦"和"中国梦、强军梦"的精彩演讲。两位老领导的讲座在学生中引起很大反响，深受学生欢迎。

第三，开展"老少共话中国梦"的征文活动，借此广泛发动群众，将活动引向深入。深圳大学关工委联合离退休党委、校团委、学生工作部，共同在全校开展"老少共话中国梦"征文活动。校团委和学生工作部结合新生入学，开展"我的中国梦"教育活动和征文，一共征集到3 000多篇文章。深圳大学关工委和离退休党委在离退休老同志、老教师中开展活动，既发动"五老"用自己人生的经历和感悟，向青年学生进行"我的中国梦"教育，同时也动员他们写出文章，加入"老少共话中国梦"的征文活动，共征集到老教师文章近20篇。

第四，充分利用网络、微博、微信等现代传媒技术，以及座谈、访谈、辩论等多种形式，开展"中国梦"教育活动。学校关工委网站开设"老少共话中国梦"专题，及时宣传和报道深圳大学师生开展活动的情况，刊载"老少共话中国梦"的文章。

第五，出版《荔园师生共话中国梦》一书。该书内容包括三部分：一是将上述深圳市关工委领导、深圳市老同志和本校老教授来校开设"中国梦"的系列讲座主讲人的演讲整理成文，编入本书；二是在离退休老同志、老教授的文章中遴选出一批，编入本书，校关工委主任王宋荣、副主任梁桂麟都亲自撰写文章；三是在已经征集到的3 000多篇学生文章中，精心挑选出30余篇，提出修改意见，让相关作者对稿件进行修改、充实和润色后，编入本书。该书在2014年上半年印刷出版，反响很好。

"老少共话中国梦"是深圳大学关工委主持的一次培养与践行社会主义核心价值观的持久深入主题活动，这样的活动逐步形成一种工作内容的新常态。就是牢牢抓住"立德树人"这条主线，以高扬社会主义核心价值观为指导思想，围绕一个中心议题，开展深入持久的活动。

2015年，深圳大学关工委以关爱青年教师为中心议题，召开了青年教师座谈会，并发起以研究新时期高校学生工作为主题、以深圳大学学生工作的创新实践为研究对象、以青年教师为研究骨干的大型调研计划。课题组由学校关工委联合校团委、学生工作部等单位联动，发动20余名青年教师参与，其指导思想包括：一是遵循高等教育发展和大学人才培养规律，贯彻落实党和国家教育方针及相关政策文件，继承和发扬中国传统文化，借鉴世界先进经验，探索中国特色高校学生工作规律；二是深入分析新时期高校学生工作面临的新形势、新挑战、新任务、新思想、新方法，关注热点，正视难点，把握重点，突出特点，展示创新点，努力形成一批具有一定理论水平、有深圳大学特色，并对实际工作有一定指导意义的研究成果，并争取出版一本关于高校学生工作新探的专著；三是通过本课题的研究，培养和践行社会主义核心价值观，提升深圳大学青年教师特别是学生工作辅导员的使命感、光荣感、工作热情和理论研究的能力，为他们职业生涯发展提供助力。现在一批研究成果已经出来，正在整理编辑为可供出版的专著。

三、发挥基层关工委的积极性，开展丰富多彩的活动，形成工作方法新常态

深圳大学关工委每年都有工作计划，抓住一个工作重点，干成数件工作实事。2014年以来，工作重点之一就是加强学院关工委的建设，要求学院关工委把关心下一代工作与日常的教育教学工作紧密结合起来，发挥基层积极性，因地制宜地开展丰富多彩的培养和践行社会主义核心价值观活动。许多学院关工委都努力完成学校关工委提出的工作任务。

传播学院关工委立足于对大学生在校期间的学习、生活进行全程引导和跟踪教育的理念，关心青年大学生的成长。他们关心少数民族大学生的身心健康与学习生活，开展个别谈心、座谈会、午餐会等活动，深入了解少数民族学生的想法与近况，不仅加深了教师和少数民族学生们的感情，同时也为每一位学生明确地指出了未来发展的方向，解开了学生们对于大学以及毕业后工作的疑惑。管理学院关工委为加强少数民族学生之间的沟通与交流，促进少数民族学生更好地融入深圳大学这个大家庭，组织少数民族学生参访了以"创建民族团结进步模范社区"为目标的宝安区新安街道宝民社区。管理学院的教师、学生们和社区领导、居民代表、少数民族居民展开了一场别开生面的座谈会，交流工作、学习和生活的方方面面。通过访问和交流，学生深入了解特区基层党组织和关工委的工作情况，深受教育。物理科学与技

学院关工委在建党日召开了新党员入党宣誓仪式。该院关工委主任和特邀党建组织员在会上发表讲话，希望党员学生们要时刻树起党员先进旗帜，发扬党的优良传统，树立党员良好形象，让其他学生们以我们为榜样，以此带动良好的风气。生命科学学院关工委重视工作方式方法的创新，拓宽工作渠道。他们抓住学生入学和毕业两个关键时段开展关爱活动。他们挑选高年级学生当辅导员，做新生的工作。邀请老生、校友畅谈如何选专业、选课，如何适应大学生活，如何参加社团活动，如何做好职业生涯设计，如何应聘、就业、创业等，将这些谈话录制成微视频，在微信圈里传播，为学生们喜闻乐见。经济学院邀请创业成功的校友回校与即将毕业的同学交流，对学生的毕业、就业和创业起到很好的指导作用。

师范学院的工作尤为突出。该院在过去一年中为引导广大青年深入学习党的重要文件精神，承办了市青联"四个全面精神"的学习研讨会，同时开展了主题团日、双休日社会实践、心理拓展培训和入党教育等形式的学习活动，这些活动都有助于社会主义核心价值观的传播和践行。我们重点加强新媒体思想传播建设，在网络、微博、微信、手机客户端等平台发展新的阵地，全面优化提升思想传播的广度和深度。他们创办了"荔园灯"文化品牌，建立了"荔声主播团"与"深夜听书"平台。"荔园灯"读书分享会为同学们提供更多的交流平台，拉近与名师的距离；"荔声主播团"发挥主持专业特长，为校内各演出活动提供专业主持人，既服务大家也锻炼自己；"深夜听书"拓宽校内知识传播途径，提高传播效率。他们在体育娱乐类阵地中打造了"新青年"和"荔战"两个品牌，开展主题迎新晚会、摇滚音乐节、三人篮球对抗赛、涂鸦彩色跑、"Running Girls"女生节大赛等活动，学生参与积极性很高。针对互联网改变青年生活及交流方式的现状，该院积极建立新媒体体系，打造新型推广模式。依托学院专业优势，组织专业学生团队设计和运营新媒体平台。现今已搭建了"深圳大学师院学生会"微博、微信；"深夜听书"网络平台；"深圳大学时刻"新闻平台；"师院周刊"手机APP等。他们利用各类媒体优势建立具有深圳大学师范学院特色的新媒体体系，不断加强各平台的品牌性，拓展影响力。师范学院在"党建带团建"的工作推进下和以发挥学生"自我服务、自我管理、自我学习"为目的，学院团委、学生会、学生社团的组织架构得到了进一步完善，各系党、团干部成员队伍逐渐壮大，形成了以团组织为枢纽核心，以院、系学生会为主体，以义工团队、学生社团为骨干力量的工作格局。师院义工分会创新义工服务活动模式，拓宽义工服务领域，逐渐形成具有学院专业特色的义工组织，并将志愿服务纳入日常工作重点，使志愿服务工作实现规范化、日常化、项目化、品牌化。现已形成了"爱心家庭""小书房""南油社区""四点半课堂""偏远山区支教"五个常规品牌项目，获得"优秀社会实践"团队称号。2014年至今，该院已有24位义工获得市级、校级"五星义工"称号。

四、努力发挥关工委在高校学生工作中的作用

高校是高级专门人才培养的部门，也是知识分子集中的地方。深圳大学虽然是一个历史不长的大学，但随着时间的推移，每年都有一批老教授、老干部退出教学管理第一线。他们中有相当部分是党员，政治素质好，一辈子以教书育人为己任，有丰富的人才培养和青年工作经验。退下来以后，大部分老同志身体还很好，精力依然旺盛，他们很希望能够继续为培养祖国需要的人才出力，关心下一代的工作热情很高。高校关工委，就是要充分调动这些老同志的积极性，挖掘和发挥他们的专长，创建高校关心下一代工作特色，使关心下一代工作成为高校贯彻落实党的教育方针，培养有中国特色的社会主义事业的建设者和接班人的重要辅助力量。

深圳大学关工委的常规工作是由五个工作小组以立德树人、培育与践行社会主义核心价值观为宗旨去完成的"新常态"。

第一，参加党建工作。对大学生进行党的知识教育，进行人生观、世界观的理论辅导，是关工委工作重点之一。学院关工委配合学院党委，在新生入学军训开始，就对大学生进行"知党、信党、爱党"的教育，通过讲座、党校培训、个别谈心等方式，使广大大学生更加深刻地认识中国共产党的历史、性质、宗旨、纲领、理论等，增强了对党的信仰和入党决心。近年来又开展了广泛深入的党史、国史教育。许多关工委的委员、特邀党建组织员，都到学院给学生讲党的知识、做形势教育、讲治学做人的道理。他们的讲座生动活泼，既有丰富的个人经验体会，又有理论高度，入情入理，有血有肉，深受青年人欢迎。

第二，开展形式多样的学生思想政治教育，支持义工联工作。关工委经常聘请学校和校外的专家学者、老党员、老领导在学校给青年学生开设讲座，从思想、学习、生活各个方面为青年大学生引路。关工委支持和协助学生开展各种社团工作，特别是志愿者（义工）的活动。深圳大学义工联合会成立于1996年，深圳大学人的义工足迹分布在孤儿院、老人院和贫困山区，遍及大学生运动会、中国国际高新技术成果交易会、中国国际文化产业博览交易会、一级方程式（简称"F1"）摩托艇世界锦标赛，形成支教、献血、捐赠、义卖等系列活动，常年执行"雏鹏计划""萤火虫计划""西部计划""育苗计划""小橘灯计划"，汶川地震、玉树地震等突发性灾难的捐赠和公共场所的义工服务就不计其数了。深圳大学义工文化从无到有，从薄到厚，

形成了深圳大学义工独特的传统。深圳大学义工（志愿者）活动得到学校党委的高度重视和支持，其中也有关工委的工作。特别是学院关工委的教师，直接指导义工活动，为他们提供各种条件。我们把义工作为学生社会实践的一个重要窗口，通过义工活动培养他们对社会的责任感、爱心和奉献精神。

第三，参与教学督导。学校十分重视离退休老同志政治素质好、群众威望高、工作经验丰富等优势，挑选部分老同志担任教学督导和管理督导工作。这些参与督导的老同志，认真负责，勤勤恳恳，活跃在本科教学、研究生教学、成人教育和教学科研管理的整个过程。他们听课、检查试卷、监督考试、抽查教案、巡视相关管理环节，进行全方位质量控制和评估工作，对存在的问题及时提出意见和建议，对年轻教师进行传帮带。由于加强了督导工作，深圳大学年轻教师的教学水平提高很快，课堂纪律和考风考纪也大为改善。

第四，开展课题调研。调查研究是开创关心下一代工作新局面最实际、最有效的工作手段之一，也是高校关工委发挥老教授、老学者科研能力强的优势去创建深圳大学关工委工作特色的重要途径。多年来，深圳大学关工委围绕学校中心工作，组织老教师对学生政治理想信念、家庭困难学生资助、就业问题、消费问题、勤工俭学以及师范教育改革等进行过深入细致的调查研究，为有关部门的科学决策提供了有用的信息。这些老教授、老同志开展的调研选题针对大学生实际问题，问题覆盖面广，调查一丝不苟，研究以社会科学研究的范式进行，深入认真，有一定的理论深度，能够较好地反映学生实际，有助于把握学生思想脉搏，为学校领导有关学生工作的决策起到出谋献策的作用。

第五，加强新媒体建设。互联网的勃兴改变了信息传播模式，特别是以智能手机为工具的移动互联通信手段，已经成为大学生日常生活方式。深圳大学关工委十分注重做好网站建设，2012年建立起深圳大学关工委网站，架起一座与青年学生沟通的桥梁。为了使网站传播的信息更加贴近学生，2014年建设起一支学生通讯员队伍，每个学院关工委配备一名学生通讯员。学生通讯员积极将学院关工委和学生活动情况写成通讯报道稿，在深圳大学关工委网站刊发，使网站信息渠道畅通，内容丰富多彩，成为培养和践行社会主义核心价值观的大平台。最近，还注册建立了深圳大学关工委的微信公众号，利用微信这一大学生人人使用的移动网络即时通信的强大功能增强了关工委的宣传力度。

深圳大学关工委在工作中有如下几点深刻的体会。

第十七章 高扬主旋律，形成新常态——关工委在培育与践行社会主义核心价值观中的探索

1. 依靠学校党政领导，踏实加强基层建设，搭建关心下一代工作的平台，是关工委工作发展的基础

深圳大学党政领导对关工委的工作非常关心，党委书记、校长、主管关工委工作的党委副书记都经常听取关工委的工作汇报，指导关工委的工作。学校十分支持关工委立足基层、创建特色的工作方针，重视建立和完善关工委长效工作机制，为关工委和老同志工作营造良好的工作环境和舆论环境等。学校落实关心老同志工作，调动老同志工作积极性；统筹关心下一代工作，将离退休部、学生部、团委、督导室等部门的工作，纳入关心下一代工作范围，调动各方面积极性；继续加强学校关工委建设，落实相关政策，进一步改善工作条件和工作环境。

依靠学校党委领导，组建学院一级关工委，聘请老同志担任特邀党建组织员，加强和完善基层关工委组织，这是落实20号文件和教思政厅〔2010〕2号等文件精神的重要工作。这一工作使高校关心下一代工作有了一个坚实的平台，工作有了抓手，大大推进了工作的开展。关工委工作落到基层，就能够和学校培养人才的第一线工作紧密结合起来，关工委工作就不会"空对空"。学校二级关工委成立时间还不长，有一些学院还没有成立。下一步的工作，第一是要继续加强基层关工委的组织建设，在短期内完成所有学院关工委的组建，形成一个完整的学校关工委工作网络，扩大二级关工委的影响力。第二是持之以恒地抓好特邀党建组织员工作，增强责任感、使命感，坚持抓规范化等自身建设，为他们的工作提供良好的条件。第三是树立典型，表彰先进，推动工作进展。要开展基层关工委和特邀党建组织员的评先选优活动，坚持典型示范，激发老同志胆识才情。

2. 充分发挥老教师优势，创建关心下一代工作的特色，是关工委工作活力之所在

这些年的经验证明，高校老同志都是学富五车的专家学者，充分发挥他们的热情和才干，就能开创高校关工委工作的好特色和新局面。高校老同志长期从事教育科研工作，他们看问题不会停留在看表面现象，总要探究来龙去脉，进行理论思维。他们也善于和乐于用科研的眼光和方法来分析当今青年人关心的问题。因此，调动和发挥老教师老专家的优势，将关心下一代的工作从一般的日常工作延伸到开展调研和理论升华，是创建高校关心下一代工作特色、增加工作活力和提高工作效果的好途径。深圳大学关工委动员和支持老同志开展各种有关青年学生成长问题的调研，包括大学生入党动机、政治理想信念教育、贫困家庭学生学习生活状况、大学生消费结构和消费教育、就业与创业、勤工俭学等专题的调研。既通过调研取得第一手资料，深入了解大学生的现状，他们的所思所求，又深入分析其原因、影响、发展趋

势，再进一步提升到理论高度来思考，最后提出相应的对策和建议。这样做出来的调研报告，有理有据，既能让青年学生信服，又能够给领导决策参考，并使关心下一代工作更加有的放矢。同时，调研过程中往往有学生参与，使他们在这个过程中也深受教育。

3. 针对青年学生特点和需求，拓宽关心下一代工作的领域，是关工委工作成效的来源

老同志有丰富的生活经验，他们经历中华人民共和国成立到整个社会主义建设的过程，对党和国家走过的艰难曲折有切身体会，对党和国家充满感情。以他们的经历经验和理性思考来教育青年学生，有一定的优势。但是时代在前进，特别是改革开放以来社会发生翻天覆地的变化，各种文化和思潮、新的生活方式和以网络为代表的新的信息传播方式令人眼花缭乱。关心下一代工作也要与时俱进，要有新的方法和新的载体。因此，必须拓宽工作领域，创新工作方法，使之更加符合当代青年大学生的特点和需求。深圳大学关工委在这方面也做出了一些探索，在学生活动的各个领域，都有老同志活跃的身影。其中，协助开展义工活动就是一个很好的例子。我们把在大学生中开展义工活动作为关心下一代工作的一个新载体，通过义工活动，让学生接触社会，融入社会，培养他们的社会责任感和团结奉献精神。又如，李梦梅副主任带领一班老同志，组成老教师合唱团，通过他们的歌声，传递革命热情，传递对真善美的追求，深得广大师生好评。

深圳大学关工委将更加深入地学习党的十八大精神，要解放思想、敢于创新、实事求是、与时俱进，在把握和解决青年教师、青年大学生的热点、难点问题上，要有新的进展和突破，在思想观念、工作方式、工作方法、工作载体、工作品牌和体制机制上，要有新的发展和创新，不断探索有益于青年教师、学生健康成长的新理念、新途径和新方法，为提高青年的思想道德素质、科学文化素质和身心健康素质，把大学生培养成为有理想、有道德、有文化、有纪律的中国特色社会主义事业合格建设者和可靠接班人做出新的贡献。

参 考 文 献

［1］杨国洪，施颂华. 香港高等院校学生事务研究［M］. 北京：中央文献出版社，2004.

［2］亚里士多德. 尼各马可伦理学［M］. 廖申白，译. 北京：商务印书馆，2003.

［3］伽达默尔. 真理与方法［M］. 洪汉鼎，译. 上海：上海译文出版社，1999.

［4］颜一. 亚里士多德选集：政治学卷［M］. 北京：中国人民大学出版社，1999.

［5］常晋芳. 网络哲学论纲［J］. 现代哲学，2003（1）.

［6］李维斯. 媒体等同［M］. 上海：复旦大学出版社，2001.

［7］拉兹洛. 决定命运的选择［M］. 北京：生活·读书·新知三联书店，1997.

［8］中共中央马克思恩格斯列宁斯大林著作编译局. 列宁选集：第2卷［M］. 北京：人民出版社，2012.

［9］毛泽东. 毛泽东选集：第1卷［M］. 北京：人民出版社，1969.

［10］中共中央马克思恩格斯列宁斯大林著作编译局马列部，教育部社会科学研究与思想政治工作司. 马克思主义经典著作选读［M］. 北京：人民出版社，1999.

［11］胡锦涛. 坚定不移沿着中国特色社会主义道路前进 为全面建成

小康社会而奋斗：在中国共产党第十八次全国代表大会上的报告［J］. 前线，2012（12）.

［12］共青团中央，中共中央文献研究室. 毛泽东邓小平江泽民论青少年和青少年工作［M］. 增订本. 北京：中央文献出版社，2003.

［13］徐京跃，霍小光. 青年要自觉践行社会主义核心价值观　与祖国和人民同行努力创造精彩人生［N］. 人民日报，2014－05－05（1）.

［14］中共中央办公厅印发《关于培育和践行社会主义核心价值观的意见》［N］. 人民日报，2013－12－24（1）.

［15］中共中央关于构建社会主义和谐社会若干重大问题的决定［N］. 人民日报，2006－10－19（1）.

［16］王泽应. 社会主义核心价值观的基本特征［N］. 光明日报，2007－04－03.

［17］中共中央马克思恩格斯列宁斯大林著作编译局. 马克思恩格斯选集：第3卷［M］. 北京：人民出版社，1995.

［18］中共中央马克思恩格斯列宁斯大林著作编译局. 列宁选集：第3卷［M］. 北京：人民出版社，1995.

［19］李纪岩. 当代大学生社会主义核心价值观培育研究［D］. 山东师范大学，2010.

［20］张福记，李纪岩. 高校思想政治教育研究［M］. 成都：四川教育出版社，2009.

［21］陈万柏，张耀灿. 思想政治教育学原理［M］. 2版. 北京：高等教育出版社，2007.

［22］刘新庚. 现代思想政治教育方法论［M］. 北京：人民出版社，2008.

［23］王彬. 论大学生社会实践活动［J］. 思想政治教育研究，2005（4）.

［24］王芳. 科学发展观与大学生全面发展［J］. 当代青年研究，2005（12）.

［25］吴倬. 关于社会主义核心价值观问题的理论思考［J］. 教学与研究，2008（6）.

［26］钟明华，黄荟. 社会主义核心价值观内涵解析［J］. 山东社会科学，2009（12）.

［27］覃轶珊. 大学生社会主义核心价值观培育和践行的过程模式研究［J］. 思想教育研究，2014（4）.

［28］陈秉公. 试论思想政治理论课教材体系向教学体系转化的规律性

[J]．思想理论教育导刊，2008（9）．

[29] 占永琼．当前高校校园文化存在问题与对策分析［J］．福建工程学院学报，2008（4）．

[30] 林晓燕．高校大学生思想政治教育与大学生社区建设研究述评［J］．北京青年政治学院学报，2012（1）．

[31] 王贺．网络时代大学生思想政治教育实效性探析［J］．思想教育研究，2012（5）．

[32] 张丁杰，曾贤贵．论大学生社会主义核心价值观教育模式的构建［J］．四川理工学院学报（社会科学版），2013（2）．

[33] 张革华，彭娟．高校辅导员工作探索与创新：一名辅导员的职业化践行之路［M］．北京：中国社会科学出版社，2009．

[34] 张耀灿，郑永廷，等．现代思想政治教育学［M］．北京：人民出版社，2006．

[35] 教育部关于加强普通高等学校大学生心理健康教育工作的意见［J］．思想理论教育导刊，2001（4）．

[36] 邓小平．邓小平文选：第2卷［M］．2版．北京：人民出版社，1994．

[37] 张晔，秦华伟．人格理论与塑造［M］．北京：国防工业出版社，2006．

[38] 论语译注［M］．杨伯峻，译注．北京：中华书局，1980．

[39] 袁祖社，等．四书五经［M］．北京：线装书局，2002．

[40] 费孝通．论文化与文化自觉［M］．北京：群言出版社，2007．

[41] 张晓京．美国高校学生事务管理：基于八所大学的个案研究［M］．北京：中国传媒大学出版社，2010．

[42] 冯刚，赵锋．走进英国高校学生事务管理［M］．北京：中国人民大学出版社，2008．

[43] 邓俊华．高校学生一站式服务中心的研究与构建［J］．南宁职业技术学院学报，2013（6）．

[44] 徐斌，葛晓华，冯桂梅，等．高校大学生事务"一站式"服务管理模式探索与实践［J］．吉林医药学院学报，2015（1）．

[45] 蔡宝鸿，齐平．国内外高校心理健康教育的模式比较［J］．科技信息，2011（28）．

[46] 李明忠．美国一流大学心理健康教育工作的特色分析［J］．比较教育研究，2006（1）．

[47] 李小鲁．从英国牛津大学心理健康教育模式看广东大学生心理健

康教育的创新［J］．高教探索，2006（2）．

［48］陈晔．香港高校心理辅导工作对内地高校的启示：以香港浸会大学为例［J］．学理论，2011（34）．

［49］任霞，冯爽，李征．内地港台地区高校心理健康教育的比较及启示［J］．思想政治教育研究，2010（3）．

［50］邱鸿钟．当代大学生心理健康教育研究［M］．广州：广东高等教育出版社，2005．

［51］《中国大百科全书》总编委会．中国大百科全书［M］．北京：中国大百科全书出版社，2002．

［52］李成超．高校学生社区文化建设刍议［J］．中国高等教育，2012（10）．

［53］教育部思想政治工作司．加强和改进大学生思想政治教育重要文献选编（1978—2008）［M］．北京：中国人民大学出版社，2008．

［54］陈平原．大学何为［M］．北京：北京大学出版社，2006．

［55］时长江，徐绪卿．论高校学生社区独特的育人功能［J］．高等工程教育研究，2003（6）．

［56］斯威兹，莱曼，加德纳，等．美国教育界对我国1978年全国高校入学考试（数理化）的评价［J］．外国教育动态，1980（4）．

［57］王玉，罗伟．论行业语境下高校校友资源的开发与利用［J］．北京化工大学学报（社会科学版），2009（4）．

［58］雷旭东．让校友资源成为促进大学建设发展的重要源泉［J］．福建教育学院学报，2010（2）．

［59］戴成兰．我国高校人力资源开发与管理研究［D］．扬州：扬州大学，2007．

［60］欧敏．中美大学校友会比较研究：以中国H大学和美国ISU大学为例［D］．武汉：华中科技大学，2009．

［61］蔡国春．高校学生事务管理概念的界定：中美两国高校学生工作术语之比较［J］．扬州大学学报（高教研究版），2000（2）．

［62］邢国忠．我国高校学生事务管理现代化的路径选择［J］．现代教育管理，2009（7）．

［63］张丹．中西高校学生事务管理比较及启示［J］．武汉科技学院学报，2009（6）．

［64］方巍．美国高校学生事务工作与启示［J］．高教与经济，1994（4）．

［65］朱炜．发达国家高校学生事务管理比较及其启示［J］．黑龙江高

教研究，2003（6）．

［66］于伟，韩丽颖．美国高校学生事务工作的理论基础与职能［J］．外国教育研究，2003（4）．

［67］吴亚玲．英国高校学生事务概况及启示［J］．中国高教研究，2005（5）．

［68］陈美荣，曾晓青．论心理咨询理论和技术对高校德育工作的启示［J］．江西教育学院学报（社会科学版），2007（1）．

［69］邱敏．人本主义心理咨询理论与高校学生管理工作［J］．吉林工程技术师范学院学报，2008（10）．

［70］邬光燕，许彬奇．高校学生事务管理简论［J］．中国电力教育，2008（19）．

［71］张晓艳．中外高校学生事务管理内容的比较分析与启示：以中美英三国为例［J］．教育教学论坛，2014（15）．

［72］罗立顺，李同果．发达国家高校学生事务管理的经验及启示［J］．学校党建与思想教育，2015（8）．

［73］CABELLON E T, JUNCO R. The digital age of student affairs［J］．New directions for student services, 2015（151）．

［74］ELKINS B. Looking back and ahead: what we must learn from 30 years of student affairs assessment［J］．New directions for student services, 2015（151）．

［75］CLARK B R, NEAVE G R. The encyclopedia of higher education［M］．Oxford: Pergamon Press, 1992.

［76］BRAND M. The Challenge to change, reforming higher education［J］．Educational record, 1993（4）．

［77］ALTBACH P G. International higher education: an encyclopedia［M］．New York: Garland Publishing, Inc., 1991.

跋
因事而化、因时而进、因势而新，
做好高校学生工作

深圳大学 1983 年创办于中国改革开放试验区，伴随深圳经济特区的发展而发展，至今已经走过 33 年的历程。无论是当年"卖了裤子也要创办深圳大学"的特区领导和人民，还是从全国各大名校南下，筚路蓝缕甘当开荒牛的创校校长、教授，他们创办深圳大学的初衷，不仅是为了满足经济特区对人才的渴求，而且怀抱改革创新理想，要办一所"不走老路""真正新型的大学"。因此，深圳大学从创办伊始，就以改革为使命，在校内管理体制、人才培养模式、教学和科研各个领域，开展深入持续的改革。当年，深大人以"敢为天下先"的勇气，在全国高校率先进行改革的试验：率先在全国实行大学生上学收费制度、毕业生不包分配和推荐就业的制度；率先在全国高校实行奖学金制度、学分制度；率先在全国高校全面推行勤工俭学、社会实践和创业教育改革；率先在全国高校开展学生心理咨询和心理健康教育；率先在全国高校开展就业指导和职业生涯设计；率先在全国高校实行教职员工全员聘任制度；率先在全国高校后勤部门推行社会化管理的改革；率先在全国高校成立半工半读学院，使高等成人教育规范化、制度化、规模化……30多年来，深圳大学有了令人瞩目的长足发展，这不仅得益于全国高等教育发展的大环境和特区这块沃土，更是深大人不忘初心，没有忘记立德树人的目标，没有停止改革创新的步伐的结果。高校以人才培养为首要任务，我国高等教育以培养全面发展的社会主义合格建设者和可靠接班人为目标。因此，加强高校学生思想政治工作，是中国特色高等教育题中应有之义。习近平总书记在去年12月北京召开的全国高校思想政治工作会议上发表重要讲话强调，我国高等教育肩负着培养德智体美全面发展的社会主义事业建设者和接班人的重大任务，必须坚持正确的政治方向。他指出思想政治工作从根本上说是做人的工作，必须围绕学生、关照学生、服务学生，不断提高学生思想水平、政治觉悟、道德品质、文化素养，让学生成为德才兼备、全面发展的人才；做好高校思想政治工作，要因事而化、因时而进、因势而新；要遵循思想政治工作规律，遵循教书育人规律，遵循学生成长规律，不断提高工作能力和水平。改革开放给高等教育发展带来大好机遇，但也给我们的人才培养带来纷繁复杂的问题，使高校学生工作面临严峻的挑战。我们必须认真学习和贯彻习近平总书记的重要指示精神，不断加强和改进高校学生思想政治工作。

深圳大学从建校之日始，就不断加强和改善学生工作，在工作体制机制、内容、方法途径等方面进行许多改革探索，也对学生工作的思想理论进行思索研究，取得较好效果，积累了一批有益经验。但是过去对学生工作的系统总结不多。这次学校关工委牵头、学生工作部和校团委参与，以从事学生工作和思想政治教育的青年教师为骨干开展的"特区高校学生工作创新与实践"课题研究，就是弥补这一不足，较为系统地总结深圳大学学生工作的经验。作为研究成果，这本《使命、挑战与创新——特区高校学生工作创新与实践》内容很丰富：有新时期高校学生工作的挑战与应对；有"大德育"、思想政治理论课教学改革和"基于协同育人理念的创业教育"的创新与实践；有"高校德育情景模拟训练"的探索；有在大学生中培育与践行社会主义核心价值观、高校辅导员工作的坚守与创新；有学生事务"一站式"服务的创新实践与思考、以学生发展为本的职业生涯教育与就业指导、寓教育于资助的高校资助系统构建的创新与实践；也有对传统文化在大学生健全人格培育中的作用、高校社区文化建设等的思考；还有新媒体与大学生思想政治工作、大学生心理健康教育与辅导理念与实践、校友资源育人功能研究，以及探讨国外大学生事务管理理论与实践对我们的启示。不仅有较大的涵盖面，有鲜活的例子，有成功的经验，还有一定的理论水平。2009年我从广州调入深圳大学工作，有一段时间分管学生工作，对深圳大学在加强和改进学生思想政治工作、深化学生管理体制方面所做的努力深有体会。我相信《使命、挑战与创新——特区高校学生工作创新与实践》不仅可以为深圳大学学生工作的加强和改善提供蓝本和指南，而且也会对全国高校学生工作提供案例和借鉴。

值得一提的是，上述课题和成果是在学校关工委的主持、指导下进行和获得的。深大关工委是以离退休老教师、老党员、老领导为主体的志愿者队伍，他们以关心青年教师和学生健康成长为使命，退而不休，紧密配合学校中心工作，深入细致地开展对青年教师和学生的关爱工作。本书的最后一章，就是反映我校关工委老同志如何发挥余热，在大学生中开展培育和践行社会主义核心价值观的。而这一"特区高校学生工作的创新与实践"研究课题以及这本书，既是深大关工委对学生工作的重视，也是他们关爱青年教师成长的一个举措。通过调动从事学生工作的青年教师开展科研的积极性并指导他们，为他们构筑发展平台，充分体现深大关工委对青年教师的关爱真正落到实处。深大关工委老同志"壮心何惧桑榆晚，不用扬鞭自奋蹄"的精神令人感动，令人敬佩。我相信，有深大关工委的参与与奉献，深圳大学的学生工作一定会做得越来越好。

李凤亮

2017 年 3 月 10 日

（李凤亮曾任深圳大学副校长，现为南方科技大学党委副书记，博士，教授，博士生导师）

后　记

　　2015年，深圳大学关工委启动了关爱青年教师的专项活动。这项活动的内容包括帮助青年教师提高教学水平和指导从事学生工作的青年教师开展科研，帮助他们构筑发展平台。前者主要是通过教学督导、结对帮扶等方式，提高青年教师教书育人的思想觉悟，提升他们的教学水平和科研能力；后者则主要是组织一个以深圳大学学生工作为研究对象的调研课题，发动青年教师参与，并将成果选编出版。

　　2015年3月19日，深圳大学关工委联合学生工作部，召开了辅导员座谈会，听取辅导员们对学生工作的意见，并提出开展对深圳大学学生工作的调研，希望青年辅导员们积极参与。3月26日，深圳大学关工委主持召开了由学生工作部、校团委、党委组织部、校友会办公室、社科院等部门的相关同志参加的"新时期特区高校学生工作创新与实践"研讨会，宣布正式启动调研课题。深圳大学关工委主任王宋荣同志首先说明召开这次研讨会的目的。他指出：关工委的工作就是关心下一代的健康成长。在我们高校，主要就是关心青年大学生和青年教师的成长。2016年深圳大学关工委的一个工作重点是为辅导员队伍的建设做一点工作。辅导员直接面对大学生的学习、生活和思想，是高校学生管理和思想政治工作的主力军。这支队伍建设得如何，关系到人才培养的质量。而这支队伍本身的成长，需要有关部门为他们创造条件。深圳大学处于改革开放前沿，多年来在学生工作上做出许多探索。我们通过对工作的总结，提升到理论水平上开展研究，有利于加强和改善学生工作,也有利于辅导员队伍的成长。深圳大学关工委副主任梁桂麟同志进一步说明深圳大学关工委在这方面的工作及下一步计划。他表示,设立一个对新时期特区高校学生工作的研究课题,组织包括辅导员在内的青年教师开展以学校学生工作为对象的调查研究,目的是遵循高等教育发展和大学人才培养规律,贯彻落实党和国家教育方针及相关政策文件,继承和发扬中国传统文化,借鉴世界先进经验,探索中国特色高校学生工作规律;深入分析新时期高校学生工作面临的新形势、新挑战、新任务、新思想、新方法,关注热点,正视难点,把握重点,突出特点,展示创新点,努力展示学校学生工作的创新和特点,为搞好学生工作提供方向;提升学校学生工作人员特别是年轻辅导员的使命感、光荣感、工作热情和理论研究的能力,为他们的职业生涯发展提供助力。2016年5月19日,关工委召开"新时期特区高校学生工作创新与实践"研究课题的分工会议,进一步明确课题的目的、意义、开展步骤和分工。整个课题分为20个子课题。在学生工作部、团委、组织部、社科院等单位的大力支持下,各子课题的负责人(作者)已经落实。在这次座谈会中,各位作者将各自负责的课题调研和撰写的提纲在会上交流。

2015年年底,各课题组陆续完成子课题的调研,逐步形成规范的论文。2016年上半年,开始本书的选篇和统稿,直到暑假之后,《使命、挑战与创新——特区高校学生工作创新与实践》终于完成初稿。原定的20个子课题,因为各种原因,有少数未能完成,现在编撰成书交付出版共17章,也就是17个子课题的研究成果。

本书各章的作者如下:第一章,杨移贻;第二章,课题组组长江潭瑜,成员有邢锋、徐海波、杨国洪、傅鹤鸣;第三章,刘志山;第四章,傅鹤鸣、戴洪晖;第五章,杨华林、张革华;第六章,孙正辉、张革华;第七章,袁梓杰、李卫英;第八章,周浩江;第九章,课题组组长邢锋,成员有徐晨、姚凯、陈智民、孙忠梅、王晖;第十章,阮彬;第十一章,赫连佳鹏;第十二章,熊媛媛;第十三章,周红;第十四章,姜慧颖;第十五章,胡文明;第十六章,朱俐蓉;第十七章,杨移贻。

可以看出,本书17章的作者中,有10位是年轻的辅导员,有7位是学生和思想政治教育工作者,还有深圳大学关工委成员。值得一提的是,这些中年教师和关工委退休教师,在课题研究中热情支持和辅导青年教师(辅导员)。像张革华、李卫英两位老师,他们也是从辅导员成长起来的,现在是学院的党委书记,也是有高级职称和博士学位的学者。他们的成长经历足以成为青年辅导员的榜样,同时他们也热情关怀青年辅导员的成长,指导他们开展科研,而在成果的署名时却甘心排在青年辅导员的后面。他们这种甘当人梯的精神很值得我们学习。

  感谢学校领导和相关部门对深圳大学关工委工作的一贯支持，感谢他们对这一科研课题和专著出版的大力支持；感谢学校领导为本书写了序言和跋及对我们工作的肯定。同时，也感谢广东高等教育出版社为本书出版所做的贡献。

  《使命、挑战与创新——特区高校学生工作创新与实践》出版了，但高校学生工作面对的挑战和改革创新还有很多需要我们深入研究的，我们关心下一代工作也还有许多要做的事情。深圳大学关工委将秉承"急教育所急、帮青少年所需、尽关工委所能"的职能定位，不断前行。

编 者
2016 年 10 月